O CASAL
GRÁVIDO

O CASAL GRÁVIDO

Disposições e dilemas da parceria igualitária

Tania Salem

ISBN — 978-85-225-0611-8

Copyright © Tania Salem, 2007

Direitos desta edição reservados à
EDITORA FGV
Rua Jornalista Orlando Dantas, 37
22231-010 — Rio de Janeiro, RJ — Brasil
Tels.: 0800-21-7777 — 21-2559-4427
Fax: 21-2559-4430
e-mail: editora@fgv.br — pedidos: pedidoseditora@fgv.br
web site: www.editora.fgv.br

Impresso no Brasil / *Printed in Brazil*

Todos os direitos reservados. A reprodução não autorizada desta publicação, no todo ou em parte, constitui violação do copyright (Lei nº 9.610/98).

Os conceitos emitidos neste livro são de inteira responsabilidade do autor.

1ª edição — 2007

COORDENADORAS DA SÉRIE: Clarice Ehlers Peixoto, Maria Luiza Heilborn, Myriam Lins de Barros

PREPARAÇÃO DE ORIGINAIS: Talita Arantes Guimarães Corrêa

EDITORAÇÃO ELETRÔNICA: FA Editoração Eletrônica

REVISÃO: Aleidis de Beltran e Mauro Pinto de Faria

CAPA: aspecto:design

ILUSTRAÇÃO DE CAPA: André Bethlem

APOIO: Grupo de Estudos sobre a Família Contemporânea
GREFAC

Ficha catalográfica elaborada pela Biblioteca
Mario Henrique Simonsen/FGV

Salem, Tania
    O casal grávido: disposições e dilemas da parceria igualitária / Tania Salem. — Rio de Janeiro : Editora FGV, 2007.
    232p. — (Família, geração & cultura (FGV)).

    Originalmente apresentado como tese da autora (doutorado – Museu Nacional, Programa de Pós-Graduação em Antropologia Social), com o título: Sobre o "casal grávido": inclusão em um universo ético, 1987.

    Inclui bibliografia.

    1. Maternidade. 2. Gravidez. 3. Marido e mulher. 4. Igualdade. I. Fundação Getulio Vargas. II. Título. III. Série.

CDD — 301.42

Para Carlos, companheiro de tantas (outras) viagens

Sumário

Família, geração e cultura	9
Prefácio	11
Introdução	21
O problema e o ponto de vista	21
Sobre individualismo e camadas médias	29
Chegando ao casal grávido	46

1. O movimento de revisão do parto: ideário e inflexões — 53

As teses — 56

O parto sem dor e o pós-parto sem dor: análise contrastiva — 69

O ideário do pós-PSD e a convulsão dos anos 60 — 81

A rede social envolvida na gestação e no parto — 89

2. Gestando o casal grávido — 97

Etnografia dos encontros observados — 99

Produzindo uma realidade: a gramática dos encontros — 113

Produzindo uma realidade: a relação entre os profissionais — 122

O parto natural	127
Das tensões entre princípios	132

3. Quem são eles? Classe e ética — 139

Sobre classe	141
A configuração ética e seus princípios estruturantes	149
As práticas alternativas	160

4. Da gravidez ao pós-parto: disposições e dilemas do casal igualitário — 171

Ideal de conjugalidade: o casal igualitário	172
Relação entre o casal e as famílias de origem	181
O projeto do casal grávido	185
Da gravidez ao pós-parto	187
Conclusão	210

Referências bibliográficas — 217

Família, geração e cultura

As pesquisas sobre as práticas e comportamentos familiares nem sempre foram um objeto de estudo caro aos antropólogos, excetuando-se os tradicionais estudos de parentesco. Ainda que os fundadores do pensamento sociológico tenham se debruçado sobre o estudo da família e a tornassem um dos objetos a serem observados na amplitude das variações decorrentes das revoluções política e industrial, foi preciso esperar os anos 1960 para que os pensadores contemporâneos recomeçassem a se interessar pelas relações familiares. Paralelamente a isso, as teorias e os métodos evoluíram consideravelmente ao longo do século XX, o que muda muito nossa percepção dos fatos familiares e fica difícil detectar, ao mesmo tempo, qual a medida real dessa mudança.

Muito se discute sobre a "crise" da família, conseqüência da baixa taxa de fecundidade, do aumento da esperança de vida e, conseqüentemente, da crescente proporção da população de mais de 60 anos, mas, também, do declínio da instituição do casamento e da espraiada aceitação social do divórcio. De fato, o que observamos não foi exatamente o enfraquecimento da instituição família, mas o surgimento de novos modelos familiares, derivados desses fenômenos sociais e, sobretudo, das transformações nas relações de gênero, que se exprimem através do maior controle da natalidade, da inserção intensiva da mulher no mercado de trabalho, das mudanças ocorridas na esfera da sexualidade, entre outros fatores. As relações entre família e sexualidade vêm sendo modificadas significativamente nas últimas décadas. De um lado, presenciamos um longo processo que tornou a conjugalidade um domínio relativamente autônomo da família, orientado por dinâmicas internas nas quais a sexualidade ocupa um lugar central. E, de outro lado, verificamos que o exercício da atividade sexual deixou de ser circunscrito à esfera do matrimônio. Essas mudanças redefinem os vínculos entre esses dois pólos; em nome da sexualidade (e do amor como ideologia) e da dinâmica societária que produz novos direitos ligados a tal esfera, tem origem o fenômeno das famílias homossexuais ou homoparentais. O cenário torna-se, assim, cada vez mais complexo.

Esta série tem o objetivo de divulgar trabalhos sobre família, geração e cultura contemporânea, de forma a incentivar debates e pesquisas cuja tônica seja esta temática, pois acreditamos que o intercâmbio de experiências de pesquisas elaboradas em contextos socioculturais diversos enriquecerá a reflexão socioantropológica sobre as relações familiares no Brasil.

Clarice Ehlers Peixoto
Maria Luiza Heilborn
Myriam Lins de Barros

Prefácio

> *O clichê é que o escritor está resolvendo problemas pessoais em seus livros. De modo algum. O que ele faz é tomar algo que lhe interessa na vida e então resolver o problema do livro, qual seja, como escrevo sobre isso? O engajamento é com o problema que o livro suscita, não com os problemas que você toma de empréstimo da existência. Estes não são resolvidos, eles são esquecidos no gigantesco problema de encontrar uma maneira de escrever sobre eles.*
>
> Philip Roth, 2004

Este livro foi originalmente tese de doutorado apresentada ao Programa de Pós-Graduação em Antropologia Social do Museu Nacional/ UFRJ e defendida em setembro de 1987 (Salem, 1987). Algumas de suas conclusões foram objeto de publicação. "Casal igualitário: princípios e impasses" (1989) sumariza o capítulo 4. "O individualismo libertário no imaginário dos anos 60" (1991) retoma as considerações feitas na tese sobre essa década, introduzindo mudanças e acréscimos (cap. 1). Já "Manuais modernos de auto-ajuda: uma análise antropológica sobre a noção de pessoa e suas perturbações" (1992) expõe, de forma abreviada, a representação "estratigráfica" de indivíduo (cap. 2). Além disso, em quase todos os trabalhos subseqüentes que publiquei, fiz alusão à tese, às vezes como contraponto comparativo. Ou seja, ela permanecia referência importante para mim.

Em julho de 2006 Maria Luiza Heilborn, Myriam Lins de Barros e Clarice Ehlers Peixoto, organizadoras da série Família, Geração e Cultura, sugeriram publicá-la. Dada a inviabilidade de atualizá-la, busquei ao longo de sua revisão argumentos para justificar por que o trabalho, escrito há quase 20 anos, merecia ser publicado na sua forma original. Este prefácio expõe os passos percorridos na procura de uma resposta. Comecei, como estratégia de argumentação e de (auto) persuasão, enfrentando as razões pelas quais eu *não* deveria editá-la.

Prefácio

Um primeiro constrangimento adviria da constatação de que o "casal grávido" (CG) não existe mais. Simplesmente desvaneceu-se, saiu de moda. A contingência não era provável; ainda assim, ela não podia ser afastada, tendo em vista a voracidade, ou nervosismo cultural, com que as classes médias e superiores brasileiras absorvem novidades para logo em seguida descartá-las. Em breve consulta ao Google, o termo CG apareceu em diversas entradas, na maioria dos casos indicando cursos informativos para gestantes e seus parceiros sobre gravidez, parto e cuidados com o bebê, que eram oferecidos até em estabelecimentos públicos. Tal como entendido neste trabalho, o CG, mesmo quando tomado em sentido estrito, denota mais do que isso: ele prevê, sim, o envolvimento do pai já na gravidez e no parto, bem como a participação dos cônjuges em cursos pré-natais. Contudo, na sua forma original, os propósitos desses cursos iam além da simples informação. Mais importante, o CG dos anos 80 tinha, como marca distintiva, a adesão ao "parto natural" ou de cócoras a ponto de as duas expressões apresentarem-se, muitas vezes, como intercambiáveis. Hoje, pelo contrário, elas se dissociaram, ao menos em certos meios. Conclui-se daí que, ao mesmo tempo em que a expressão CG se vulgarizou, ela parece ter perdido algumas de suas características instauradoras. Entretanto, a pesquisa realizada na internet não esclarece se ainda existem redutos de CG que preservam os atributos primitivos ou se, por outro lado, tanto o fenômeno quanto a expressão que o designa se diluíram nos últimos 20 anos.

Por via das dúvidas, insistamos na hipótese do pior cenário: o improvável ocorreu e o CG no seu formato original definhou. Daí o passo seguinte: mas qual o significado que o CG tem no trabalho? Como é que ele foi pensado e elaborado? Obviamente, ele importa em si e a ele dedico atenção. Mas o CG encerra, sobretudo, uma proposta analítica, e é ela que faz com que o objeto exceda a si mesmo. Além de abordado como exprimindo e pressupondo um código moral particular, o CG é concebido como uma *experiência sintetizadora*. O conceito instaura, em termos analíticos, uma via de mão dupla. De um lado, o projeto do CG, seus valores e ideais fazem (mais) sentido quando remetidos a uma visão de mundo mais abrangente, que se assenta fundamentalmente em três princípios éticos: *psicologicidade* (isto é, a representação do indivíduo como um ser psicológico), *igualdade* (que expressa sua aversão à hierarquia) e *mudança*. Em suma, o fenômeno CG é entendido como expressão de uma modalidade de individualismo que contém conotações psicologizantes e libertárias. Decorre daí o outro lado analítico envolvido no conceito de experiência sintetizadora: o CG expõe, de modo radical e condensado, disposições e dilemas próprios dessa configuração moral. Dessa perspectiva, ele se apresenta como pretexto para discorrer sobre a ética individualista e suas complicações constitutivas. É justamente esse duplo movimento analítico previsto no conceito de experiência sintetizadora que faz com que, para além de suas particularidades, o fenômeno CG transcenda a si mesmo.

Em outras palavras, estou sugerindo que a estratégia analítica de identificar o CG a uma experiência sintetizadora confere a ele uma perenidade maior do que se ele fosse tomado apenas em sentido empírico mais estrito. Mesmo que o fenômeno tenha se extinguido, o trabalho permanece atual pelo que elabora sobre a configuração cultural na qual o CG está imerso e da qual é porta-voz: o individualismo igualitário com coloridos psicologizantes e libertários. Essa ideologia e seus preceitos perpassam todo o livro, seja na fala dos informantes, nos manuais e nas reuniões para CG, ou no próprio movimento de revisão da gravidez e do parto que, a partir dos anos 70, coloca em pauta o CG e o "parto natural". Sem me preocupar com a origem última desse fenômeno, postulo que tanto o CG quanto o individualismo que ele expressa mantêm sintonia ética com o espírito dos movimentos que irrompem dos anos 60 (ver cap. 1).

A questão conduz a um segundo possível constrangimento: o trabalho estaria desatualizado em virtude de uma eventual perda de vitalidade, ou transfiguração significativa, da modalidade de individualismo nele examinada. De fato, ao longo da revisão da análise dos anos 60 percebi com certa nostalgia que lidava com algo que mudara radicalmente. Lamentei menos o abatimento de suas utopias (algumas das quais seguiram atalhos

14 | Prefácio

bem complicados) e mais o esmorecimento do *tom* e do *espírito* da década. Guerras e a iminência de uma catástrofe atômica faziam parte da cena, bem como a vocalização de indignação, revolta e mesmo desespero. Ao mesmo tempo, porém, os anos 60, sobretudo quando vistos em retrospecto, preservavam a crença na superação das mazelas do mundo. O estilo moral dos protestos era voluntarista (quando não onipotente), jovem e arrojado. O dispositivo que designo *indivíduo plural* – que, embora não exclusivo dos anos 60/70, se manifesta paradigmaticamente neles – é ilustrativo: ele exprime o anseio e a certeza de ser possível transcender classificações e normas sociais em prol da expressão plena dos sujeitos. Nesse preceito está embutido, tal como na década de 60, uma inclinação libertária. O indivíduo plural pode ser uma aberração sociológica, porém revela potência e confiança. É a presença dessas qualidades que marca uma diferença fundamental em relação aos tempos correntes: o cenário afigura-se mais sombrio e pessimista. Arriscando falar em nome da minha geração, ou de parte dela, penso que hoje estamos *desencantados* – no sentido literal do termo, não no weberiano. É possível que a sensação se acirre ainda mais pelo fato prosaico, mas altamente significativo, de estarmos todos 20 anos mais velhos, com tudo o que isso envolve de mais ponderação, ceticismo e, em certos casos, ironia.

Além disso, pelo menos no Brasil, o "psicologismo" que qualifica o tipo de individualismo aqui focalizado também parece ter perdido parte de sua força. Referindo-se às classes médias brasileiras na década de 80, Sérvulo Figueira (1981a) afirmou que a psicanálise e o psicologismo, sua versão difundida, passaram a ser "visão de mundo". Parece que não mais o são. É claro que pessoas continuam a recorrer à psicanálise, mas suspeito que não mais como as gerações precedentes, que a consideravam uma espécie de estética de existência ou recurso de autoconhecimento, de cultivo e de aperfeiçoamento pessoal. O cuidado para consigo parece ter se deslocado, em boa medida, para o corpo: conta-se atualmente com procedimentos que vão das terapias alternativas até as mais diversas técnicas de aprimoramento e/ou de reconstrução corporal, passando pela não menos importante medicalização do sofrimento psíquico.

Essas considerações, se pertinentes, não implicam admitir a superação do individualismo psicologizante-libertário? Ainda perseguindo o mais inconveniente dos cenários, suponhamos uma resposta afirmativa. O que então subsiste deste trabalho?

Do ponto de vista mais etnográfico, ele se conserva como depoimento de uma época e de uma ética própria das camadas médias "modernas" brasileiras. Este livro dá assim continuidade à tradição inaugurada com *Nobres e anjos*, de Gilberto Velho ([1975] 1998), que focaliza a ética individualista na sua versão psicologizante. Se essa configuração moral sobreviveu apenas como memória, esta produção serve ao menos de contraponto comparativo para outras pesquisas que também privilegiam o tema da moralidade, seja dos segmentos modernos ou de outros.

As demais dimensões do trabalho que parecem resistir reportam ao plano conceitual e ao propriamente analítico. Em primeiro lugar, subsiste a *construção da argumentação*. O uso da noção de experiência sintetizadora autoriza, e mesmo impõe, um contínuo trânsito entre a particularidade e a generalidade do fenômeno examinado; quer dizer, mesmo quando o CG é tomado em sua especificidade máxima, a análise desemboca em questões de ordem mais geral. Esse duplo movimento analítico é notável em todos os capítulos. Mas restrinjo-me aqui a pinçar apenas alguns exemplos.

Tome-se uma das características mais particularizantes do CG: a adesão ao parto natural ou de cócoras. Mais do que redutível a um modo físico e corporal de parir, ele anuncia uma forma sociológica de fazê-lo. Com efeito, nele embute-se um discurso antimédico e antinormativo, bem como o igualitarismo conformando idealmente as relações sociais. Além disso, nele está estabelecido quem deve participar e quem deve ser excluído do evento. É essa condensação de significados no parto natural que permite inferir ideais de sociabilidade e de conjugalidade que são característicos dos segmentos modernos individualistas. O parto natural é assim trabalhado simultaneamente como um atributo singular do CG e como expressão simbólica de disposições éticas do individualismo.

Passemos a outro exemplo. Uma das sugestões apresentadas neste trabalho é que o CG, mais do que dizendo respeito à maternidade e à paternidade, dramatiza um ideal de conjugalidade que adquire forma no que designo *casal igualitário*. É esse ideal que elucida não só seu projeto *stricto sensu* como também a "crise" deflagrada no pós-parto. Além disso, a hipótese estipula que, mais do que uma excentricidade do CG, essa modalidade de parceria é constitutiva do ideário individualista. Assim, novamente se impõe o trânsito entre a particularidade e a generalidade do CG. De fato, a análise do percurso típico que o CG perfaz da gravidez ao pós-parto trata do fenômeno em sua máxima especificidade e ao mesmo tempo narra disposições e dilemas envolvidos na conjugalidade igualitária. Justo por se inserir no plano propriamente analítico, esta *forma* de argumentação tem uma perenidade maior do que a eventual fugacidade do CG.

Em segundo lugar, resistem *conceitos* propostos como *experiência sintetizadora, indivíduo plural, casal igualitário* e *complementaridade simétrica* (como base da organização conjugal desse tipo de parceria). Creio que também persistem a utilidade e a atualidade da distinção entre *individuação* e *individualização*, da análise "estratigráfica" de indivíduo, da interpretação dos anos 60, do contraste entre o individualismo calvinista e o aqui examinado etc. Todas essas questões têm longevidade maior do que o CG tomado em sentido estrito. Pelo menos, assim espero.

Por último, subsiste o *percurso analítico* cumprido no trabalho, o qual, ao contrário dos conceitos, não pode ser extraído do contexto nem ser fragmentado. Para explicitá-lo, adianto o argumento de que o casal igualitário coloca em cena princípios e premissas que regem a ordem individualista mais geral e exprimem dilemas que lhe são inerentes (conclusão do cap. 4). Dito de modo sucinto, essa modalidade de parceria enfrenta o problema de equacionar a unidade-casal com sujeitos que se auto-representam como independentes, que incitam a diferenciação e autonomia dos parceiros (na linguagem nativa, sua "discriminação") e que, além do mais, revelam-se avessos à hierarquia. Tal dilema, que sintetizei na fórmula *unidade com dois*, é homólogo ao de instaurar e manter a unidade na diversidade, que afeta a ordem individualista e pluralista mais geral. Trata-se, em ambos os casos, de formar um *nós* assentado em uma fragmentação igualitária. Essas considerações fundamentam a proposição de que são tensões lógicas, inerentes ao princípio de organização individualista, que em boa parte elucidam as complicações enfrentadas pelo casal igualitário. Esclarece-se assim o percurso deste trabalho: ele parte de um objeto pontual (o CG), passa pelo casal igualitário e finalmente desemboca no próprio princípio de organização individualista-igualitário. Em outras palavras, o caminho trilhado parte de um microcosmo e alcança a coluna vertebral de uma cosmologia que, apesar de sua, em muito o exorbita. Sabe-se que há freqüentemente um hiato entre aquilo que o autor quer dizer e como ele é compreendido. Este trajeto resume o modo pelo qual eu própria entendo este trabalho, e é assim – se me permite o leitor – que gostaria que ele fosse lido. O que daí se deriva é que tudo é bom para pensar, dependendo de como se pensa.

Por essas razões este livro apresenta-se quase que integralmente na sua forma originária. Meu distanciamento não foi suficiente para rejeitar os conceitos propostos, o modo de construção da argumentação e o percurso efetivado, e são eles, a meu ver, que conferem a este livro um caráter ainda contemporâneo, independentemente do destino do CG. Pelos mesmos motivos mantive, *grosso modo,* as interpretações originais, o que não significa que, hoje, eu repetiria todas elas. A convicção de 20 anos atrás se devia, em boa parte, à intensidade que a tese suscitou em mim.

Desse ponto de vista, aliás, teria sido melhor publicá-la na época: seguir o conselho de Wittgenstein – "quando pego em sua ignorância, repita o que você já disse, mas em voz mais alta" – é mais fácil quando se está confundida com o trabalho. O leitor não imagina a quantidade de advérbios reiterativos (os "decerto"; os "sem dúvida" etc.) suprimida durante a revisão.

O maior distanciamento permitiu perceber algumas incongruências e/ou hesitações interpretativas. Mas a maioria das interpretações concatenava-se de forma tão interligada que alterar uma delas implicaria ter que rearrumar todo o quebra-cabeça. No entanto, quando possível, fiz alguns ajustes no decorrer da revisão. Por exemplo, notei uma indecisão entre entender o intenso anseio de distinção simbólica do CG em face das famílias de origem ora como uma peculiaridade sua, ora como implicado no próprio ideal de conjugalidade vigente. Acabei optando por uma solução intermediária ao postular que, mais do que uma relação de necessidade imperiosa, existe uma *sintonia* entre esse impulso de discriminação moral e o modo como se representa o casal no universo considerado. Preservei, contudo, o argumento de que o CG exprime esse projeto distintivo de maneira especialmente aguda.

Outro exemplo de ambigüidade interpretativa manifesta-se na oscilação entre qualificar as fronteiras que separam os parceiros do casal igualitário ora como fluidas e porosas, ora como espessas. Entendê-las como mais cerradas é, de certo ponto de vista, mais apropriado. Os parceiros são inegavelmente ciosos de suas fronteiras, sobretudo após a fase da "paixão", e a prevalência dos indivíduos sobre a díade é tese central da literatura nacional sobre os "casais modernos". Por outro lado, e apontando na outra direção, mantenho a interpretação de que no casal igualitário é intenso o anseio de construir uma *unidade com dois*, bem como a de que ele exprime um modelo forte de existência conjugal. Ao mesmo tempo em que os parceiros valorizam e incitam a discriminação, eles salientam que tal movimento, quando exagerado, é sintoma de crise conjugal ou induz a ela. Confirma-se assim, às avessas, que os limites impostos pelo "eu" devem ser dosados em sua intensidade. Pode-se reler essa hesitação interpretativa como sinalizando que essas tendências aparentemente opostas quanto à espessura das fronteiras entre os cônjuges sejam, na verdade, uma coisa só, e que elas componham, precisamente, uma duplicidade constitutiva do casal igualitário: os parceiros anseiam por formar um casal e, simultaneamente, resistem a ser encapsulados por essa unidade maior.

Acho que fui também precipitada na leitura das práticas alternativas, tanto as corporais quanto as místicas, que se revelaram etnograficamente relevantes no universo do CG. Ainda que na revisão eu tenha feito ajustes no sentido de suavizar a interpretação, conservei o argumento central de que o modo como o CG se apropria delas não colide com o sentido individualista e psicologizante de sua cosmologia, antes o referenda. Entretanto, olhando em retrospectiva, é possível que o CG estivesse prenunciando inflexões que talvez eu tenha sido apressada em descartar. Por outro lado, mesmo admitindo que o CG já insinuasse uma transição moral, não estou convencida de que as diferenças entre ele e os *nobres* estudados por Velho ([1975] 1998) sejam significativas a ponto de justificar uma fronteira simbólica entre eles. Continuo sustentando que, para além de suas dissimilaridades, eles se encontram no compartilhamento, nos moldes de um tipo ideal, dos princípios da psicologicidade, da igualdade e da mudança. Daí a sugestão, também mantida, de que o CG é *irmão sociológico* mais novo dos *nobres*.

O atributo de *mais novo* é fundamental para entender o CG. O fator etário, aliado aos significados múltiplos e densos do primeiro filho nesse contexto moral, elucida o extremismo com que ele abraça o projeto *stricto sensu*. A variável geracional é igualmente relevante para entender o radicalismo com que o CG manifesta predisposições e até tensões inerentes ao individualismo aqui examinado. O próprio entendimento do que seja um casal e, sobretudo, o que dele esperar não estão imunes à consideração etária. Esta é, aliás, uma das vantagens do meu objeto de investigação: tudo nele se expressa de modo tão extremado que alguns dos informantes (inclusive os do material secundário) se assemelham a tipos ideais *in vivo*.

Apesar de as interpretações originais só terem sido alteradas marginalmente, o texto passou por uma intensa revisão. Eu mesma traduzi as passagens e transcrições que estavam em língua estrangeira. Não há um parágrafo que não tenha sido reescrito, e o livro apresenta-se em formato bastante reduzido. Em apenas um dos tópicos houve acréscimo: a análise dos anos 60 recebeu alguns novos insumos com base em artigo posterior (Salem, 1991). A introdução, originalmente dedicada à discussão mais propriamente teórica, foi a parte que mais sofreu cortes. Também suprimi do capítulo 3 as ilações sobre a articulação entre classe e ética. Em alguns casos fiz os cortes com pesar e, numa espécie de negociação comigo mesma, incluí por vezes essas considerações em notas de rodapé, ora apenas aludindo a elas, ora mais raramente sumariando-as. Ao final, nada do que restou da parte teórica é supérfluo: tudo se presta à análise. Terminada a revisão, tenho a sensação de estar dizendo melhor o que quis dizer antes. Torço para que essa suspeita se confirme.

Introdução

É o ponto de vista que cria o objeto.
Saussure, 1969

O problema e o ponto de vista

Este livro trata de um fenômeno designado "casal grávido" (CG), cuja afirmação em centros metropolitanos brasileiros data do início dos anos 80. A expressão denota o intuito de casais de lidarem com a gestação e o parto, bem como com a maternidade e a paternidade, de forma distinta da "tradicional" em dois sentidos principais. Primeiro, prescreve-se o envolvimento masculino em assuntos e domínios geralmente reservados à mulher. Mas avança-se na caracterização do objeto quando se considera, conforme a própria expressão indica, que é prevista a incorporação do homem já na gravidez e no parto. Consultas médicas mensais, freqüência a cursos pré-natais, leitura de manuais especializados, escolha do obstetra e do pediatra pressupõem a participação de ambos os parceiros. Do mesmo modo, a presença do pai da criança no instante do nascimento é condição *sine qua non*. Gravidez e parto são, em suma, experiências a serem compartilhadas a dois.

Segundo, o CG também se vê comprometido com o propósito de realizar o parto da maneira mais "natural" possível, isto é, com um mínimo de interferência médica. Embora se possa estabelecer uma disjunção entre os termos, o fato é que, no universo pesquisado, as expressões CG e "parto natural" (ou de cócoras) são freqüentemente intercambiáveis.

Essa modalidade de parição faz restrição ao emprego, considerado abusivo, da moderna tecnologia obstétrica. Mas de modo algum o CG prescinde de especialistas. Além de recorrer a médicos que também se declaram críticos do sistema de saúde dominante, o casal em questão encontra-se ligado a profissionais de outras áreas – particularmente a psicólogos e àqueles dedicados a trabalhos corporais. O vínculo é justificado pela própria insistência no parto natural, porquanto se alega que seu sucesso pressupõe não só a transmissão de informações sobre a fisiologia da gravidez e do nascimento para ambos os parceiros, como também uma preparação da gestante com base em exercícios físicos especiais. A imprescindível preparação psicológica do casal, ainda que encarada como mais um requisito para um parto bem-sucedido, na verdade o supera: as experiências vividas são consideradas muito delicadas do ponto de vista das psicologias feminina e masculina e por isso merecem exame e reflexão. Cursos pré-natais para CG sob a coordenação de médicos, psicólogas e profissionais em trabalho de corpo destinam-se a cumprir todos esses requisitos simultaneamente, e participar deles constitui outra característica exemplar do fenômeno em pauta.

Mas quando nos detemos com mais atenção na *expressão* CG, inferimos predisposições éticas que remetem para além da descrição fornecida. É bastante sugestivo que o rótulo coloque o foco no casal, designado de agência à qual concerne o nascimento de uma criança. Com isso se insinua que as famílias de origem, senão excluídas do drama, nele ocupam papel coadjuvante. A expressão alude, em suma, a um formato familiar que, em vez de ressaltar os laços que vinculam os parceiros aos grupos de proveniência, valoriza a díade em seus próprios termos.

O rótulo também evoca uma modalidade particular de relação, entre cônjuges e entre gêneros, comprometida com o valor da igualdade. O preceito recebe, na expressão, tratamento paroxístico: a imagem do homem grávido reveste de ilegitimidade não apenas as demarcações diferenciais de gênero, mas também as de sexo. Anuncia-se assim uma ética que postula uma *com-fusão* entre identidades, e mesmo entre corpos, femininos e masculinos. Não se assuste o leitor: o CG não acredita que o homem fique *realmente* grávido. Acredita, sim, em uma linguagem e disposição psicológicas capazes de transpor, ou ao menos relativizar, os constrangimentos biológicos, erigindo o homem, de fato, a um "grávido". A psicologicidade afirma-se, pois, como mais uma premissa embutida na expressão. Essas considerações revelam que a expressão CG é denotativa e condensadora. Ela encerra e pressupõe um elenco de temas e de valores que extravasa questões atinentes à maternidade, paternidade, gravidez e parto. O rótulo CG indica, em síntese, um código moral que lhe é intrínseco e necessário.

O tratamento dispensado à expressão sintoniza com a forma como cerco analiticamente o fenômeno que ela designa. Visa-se aqui compreendê-lo de um ponto de vista específico: o da configuração de valores que ele cultiva, prescreve e pressupõe. Privilegiando-o basicamente como um fenômeno ético, busco uma "descrição densa", no sentido de Geertz (1978), do universo simbólico no qual ele se insere e do qual é porta-voz.

Da mesma forma que a expressão é condensadora de significações éticas, o fenômeno CG também o é. Concebo-o como uma *experiência sintetizadora* (Salem, 1986a), isto é, ele é expressivo de uma visão de mundo mais abrangente, e seus preceitos sobre gravidez, parto, maternidade e paternidade são derivações possíveis dela. Como resultado, as propostas que particularizam o CG só adquirem sentido pleno quando remetidas a esse sistema moral mais geral, que efetivamente é requisito necessário, embora não suficiente, para a adesão à experiência.

Justamente por expor e pressupor uma configuração particular de valores, o CG atende, em termos analíticos, ao requisito de "localizar experiências suficientemente significativas para criar uma fronteira simbólica" (Velho, 1981:16). Isso não significa que seja pertinente demarcar uma fronteira em torno do CG, como se ele fosse uma espécie de gueto ético. Pelo contrário, afirmar que o CG revela uma cosmologia maior equivale ao reconhecimento de que, para além de suas singularidades, o fenômeno transcende a si mesmo. Dessa perspectiva, ele se oferece como porta para penetrar em um universo simbólico que – adiante – gravita em torno do individualismo. Mais precisamente, o CG é aqui privilegiado como dramatização de disposições e tensões constitutivas dessa configuração moral. Esta é o outro aspecto analítico implicado no conceito de experiência sintetizadora.

Mas especificidades próprias ao CG também merecem atenção. Parafraseando Simone de Beauvoir, proponho que o CG não nasce "grávido", porém se torna "grávido", e afirmo ainda que a dinâmica das reuniões pré-natais desempenha papel capital na sua gestação. Em outras palavras, a interação que os casais travam entre si e com os profissionais que coordenam os encontros não só confirma, como também conforma, a experiência em pauta. Esta é uma das hipóteses trabalhadas no capítulo 2, e o material etnográfico no qual me apóio resulta primordialmente da observação de seis encontros para CG. Esse mesmo material permite ainda aceder a questões muito mais gerais, também examinadas nesse capítulo: sugiro que a gramática que norteia as reuniões para casais fala de disposições éticas que não lhes são peculiares. De modo similar, a noção vigente de indivíduo, bem como a complexa articulação entre o natural, o psicológico e o social que ela comporta, transbordam o ideário do CG.

A hipótese de que o CG, tomado em sua especificidade, é gestado em um contexto de interação funda-se em premissas que informam a noção de construção social da realidade (Schutz, 1970; Berger e Luckmann, 1973). Mais ainda, ela aproxima-se do postulado do interacionismo simbólico segundo o qual a interação social forma a conduta humana, em vez de apenas expressá-la (Blumer, 1969). Não se trata, porém, de desconsiderar determinações sociais nem de conceder aos indivíduos e/ou à interação um caráter de possibilidade absoluta.[1] A hipótese aqui proposta

---

[1] Essas críticas são familiares e recaem sobre os estilos acadêmicos que focalizam a "subjetividade" do ego, ou a "ação", a expensas das "condições objetivas" ou da "estrutura". Esta é, por exemplo, a crítica de Giddens (1978:32) a Schutz; de Bourdieu (1972:163) ao conhecimento fenomenológico (no qual inclui a escola interacionista e a etnometodologia); de Alexander (1986) e Fischer (1985) à antropologia interpretativa sedimentada na Universidade de Chicago nos anos 60.

estabelece que, se é na interação que o atributo simbólico de "grávido" se forja ou ao menos se consolida, ele próprio pressupõe, por outro lado, um código ético previamente partilhado pelos profissionais e sua clientela específica. Esse código não decorre da interação, sendo, antes, sua condição imprescindível. Desse ponto de vista, a qualidade de grávido resulta de negociações menores, cujas condições de possibilidade são fornecidas por uma ética preestabelecida e pré-dada.

Procedo ao exame da configuração ética contida e pressuposta no fenômeno CG por meio de uma dupla entrada: penetrando nos dispositivos morais do movimento que lhe deu origem e discriminando os princípios éticos que informam a visão de mundo dos que aderem ao ideário. Estes são, respectivamente, os temas contemplados nos capítulos 1 e 3.

No capítulo 1 examino o movimento de revisão do parto e do nascimento que surgiu na cena internacional nos anos 70, colocando na ordem do dia propostas de "parto natural", "casal grávido" etc. Como material etnográfico, utilizo manuais escritos em sua maioria por obstetras e direcionados a um público que, como eles próprios, faz sérias restrições ao sistema médico dominante. O movimento é abordado de uma perspectiva estritamente ética: saliento o inextricável compromisso de suas teses não apenas com uma concepção particular de sujeito e de sociedade, mas também com o preceito igualitário (como conformador da relação homem/mulher e médico/paciente), e com a antinormatividade. Ainda nesse capítulo, estabeleço relações de sentido entre esse discurso e aquele anunciado nos movimentos que eclodem nos convulsivos anos 60. O argumento é que ambos mostram notável sintonia com um individualismo de cunho psicologizante e libertário. Se, como sublinha Velho (1981:44), existem "vários individualismos", a análise empreendida demarca e qualifica uma modalidade particular do mesmo.

O capítulo 3 trata da ética implicada no fenômeno CG, esmiuçando a visão de mundo dos adeptos do ideário. Para tanto, pauto-me em 12 depoimentos de sete mulheres e cinco homens que tinham adotado, no decorrer da primeira gestação, preceitos que caracterizam o CG tomado em sentido estrito. Contudo, infere-se das entrevistas algo muito mais geral, a saber:

princípios éticos que estruturam sua modalidade de ser e de estar no mundo. Postulo que seu universo moral gravita fundamentalmente em torno de três princípios: o da *psicologicidade*, isto é, o da representação do indivíduo como um ser psicológico (com notáveis repercussões sobre o modo como concebem as relações sociais e a própria sociedade); o da *igualdade*, expressivo de sua aversão a ordenamentos hierárquicos; e o preceito da *mudança*, valor que perpassa desde o nível intrapessoal até atingir o estatuto de uma categoria com base na qual eles avaliam e classificam o mundo à sua volta.

O papel estruturante que esses princípios desempenham na cosmologia do CG autoriza, e mesmo impõe, subsumi-lo a um universo ético mais amplo, armado em torno do individualismo. Instaura-se assim, em termos analíticos, uma via de mão dupla: as disposições e o projeto do CG só se elucidam quando remetidos àquele núcleo ético mais abrangente. E, simultaneamente, o CG é abordado como expressão de princípios e dilemas que o ultrapassam, ou seja, ele se converte em pretexto para discorrer sobre a ética individualista e suas complicações constitutivas. É exatamente esse movimento duplo que o conceito de experiência sintetizadora pretende denotar.

Decorre daí que, mesmo os capítulos e/ou temas que à primeira vista versam sobre peculiaridades do CG, deságuam em questões de maior alcance. A breve descrição dos três primeiros capítulos deixa transparecer esse trânsito contínuo entre a particularidade e a generalidade do objeto examinado. Ele subjaz também ao capítulo 4. Nele, e ainda apoiada nas entrevistas, reconstituo a trajetória típica que o CG perfaz da gestação ao pós-parto. A gravidez é assinalada como uma etapa de construção do CG, o parto como a condensação máxima de seu projeto, e o pós-parto como um momento de crise, quer dizer, como revelador de uma defasagem entre os ideais postulados e o implementado na prática após o nascimento do bebê. A hipótese sugerida é que a inteligibilidade desse trajeto pressupõe a consideração do modo como é representado o casal no universo. Em outras palavras, o fenômeno CG é trabalhado basicamente como dramatização de um *ideal de conjugalidade*: é este ideal que, em última instância, informa seu projeto e confere sentido às complicações deflagradas no pós-parto. Mas a hipótese vai além ao postular que, mais do que uma excentricidade do objeto, esse ideal resulta dos princípios sobre os quais repousa a ideologia individualista. Extrapola-se assim, mais uma vez, o restrito circuito do CG no qual me baseio para elaborar sobre o que designo *casal igualitário*. Ainda na conclusão do capítulo, proponho que tensões lógicas inerentes ao princípio de organização individualista elucidam, em boa parte, os embaraços que acometem essa modalidade de casal.

A sinopse explicita que a escolha teórica adotada incide o foco na ordem simbólica e coloca entre parênteses fatores de outra natureza que podem ter propiciado o surgimento do fenômeno CG. Esta é uma posição apriorística deste livro, ou, nos termos de Alexander (1986), uma de suas pressuposições.[2] Essa estratégia analítica, por definição arbitrária, assenta-se em algumas premissas sobre o estatuto do cultural, bem como de sua relação com o morfológico.[3] Duas delas merecem registro.

A primeira é que reconheço que razões usualmente identificadas como sociológicas (incluindo as históricas e as demográficas) circunscrevem um campo de possibilidades no interior do qual o CG se abre como alternativa. Todavia, é fato também que não há, entre o fenômeno e a ordem social que o abriga, uma relação de correspondência necessária. Mais importante, creio que avançamos no entendimento do CG quando o remetemos à ordem mais propriamente cultural, isto é, quando elucidamos os princípios éticos que informam a cosmovisão de seus adeptos. Esse pressuposto é reiterado no capítulo 3, no qual, sem desprezar sua qualidade de "classe", estabeleço que é o código ético abraçado pelo CG que o singulariza de outros segmentos sociais (inclusive dos que eventualmente usufruem a mesma posição de classe) e que melhor esclarece sua adesão ao ideário.

---

[2] "Por pressuposições, quero me referir às suposições gerais assumidas por sociólogos quando se deparam com a realidade. Toda teoria social e todo trabalho empírico adotam posições *a priori*, e são elas que permitem aos observadores organizar (...) os dados sensíveis que se lhes apresentam" (Alexander, 1986:26). São claras as coincidências com o modo como Weber (1946) entende a noção de "pressupostos".

[3] Para um desenvolvimento mais detalhado dessas questões, ver Salem (1987:11-13, 190-195).

A segunda premissa é que descarto, e julgo mesmo equivocado, considerar valores, cultura, ideologia e similares como *meras idealidades*, em contraste com os fatos materiais ou sociológicos, dotados supostamente de maior concretude ou realidade. Longe de mais frouxos, símbolos e significados vigentes detêm efetivamente a capacidade de forjar realidades. Conforme já disse W. I. Thomas (1970:154), "se os sujeitos definem as situações como reais, elas são reais em suas conseqüências". A potência de ideais se expressa, por exemplo, na sugestão, desenvolvida no capítulo 4, de que a crise enfrentada pelo CG no pós-parto só se elucida quando se considera o ideal de conjugalidade vigente; no limite, é esse ideal que engendra, ele próprio, a crise.

A decisão analítica de incidir o foco no cultural distancia este livro de uma vasta bibliografia que interpreta gravidez, parto, maternidade e paternidade segundo uma ótica e linguagem psicanalíticas. Focalizando tradicionalmente a mulher, e mais recentemente o homem (Parseval, 1981), essa abordagem ocupa-se do "regime psicoafetivo" envolvido nestas passagens: "fantasmas", "situações conflitantes com relação à criança", relação com a feminilidade etc. Essa literatura, além de conceber tais experiências como intrinsecamente críticas, trata de sujeitos pensados em abstrato, ou melhor, que não se qualificam socialmente, e que se especificam em função de uma história idiossincrática.[4] Em contraste, realça-se aqui uma modalidade socialmente estabelecida de lidar com tais eventos: particular é o código moral que os informa; portanto, particular é a crise experimentada.

Apesar de eu descartar a linguagem psicológica como recurso analítico, ela tem grande importância como código nativo. De fato, categorias e esquemas de pensamento derivados dos saberes psi impõem-se como lentes através das quais o CG se percebe e avalia o mundo à sua volta.[5]

---

[4] No estudo original, encontra-se referência a alguns desses trabalhos. Ver Salem, 1987:15, nota 5.

[5] Subsumir os saberes psicanalíticos e os psicológicos à mesma rubrica "psi" constitui procedimento simplificador, já que desconsideram as inegáveis diferenças entre eles. Apesar disso, justifico a decisão com base no princípio da "lógica da situação" (Dumont, 1977:17): admito que esses saberes diferem significativamente; mas, comparados à perspectiva aqui adotada, eles são semelhantes.

A mesma observação se aplica ao modo como abordo a idéia de subjetividade e premissas a ela associadas (unicidade do sujeito, sua irredutibilidade etc.).[6] Elas interessam aqui, fundamentalmente, como crenças morais. Admitir que representações e símbolos vigentes engendram realidades não leva a examinar a subjetividade segundo uma matriz psicológica. Afinal, sistemas morais que repousam no "culto do indivíduo" (Durkheim, 1970:75), que enfatizam formas de subjetivação ou que devolvem para o próprio sujeito a resposta para suas indagações também são socialmente prescritos. Um eventual resíduo, anunciador de uma qualidade irredutível do sujeito, não constitui tema ou preocupação deste livro.

Sobre individualismo e camadas médias

O conceito de individualismo é fundamental em todo este livro: é através de suas lentes que formulo minhas perguntas e norteio minhas interpretações. Um dos intuitos deste tópico é explicitar e delimitar como é aqui entendido esse conceito. E o faço por meio de aproximações sucessivas: exponho as teses de Louis Dumont sobre o tema que mais importam para meus propósitos, complemento-as com algumas de Simmel e empreendo um exercício contrastivo entre o individualismo calvinista, tal como lido por Weber, e a modalidade aqui focalizada. Por último, teço considerações sobre a tradição nacional que estuda as camadas médias urbanas, à qual este livro se filia.

Uma das principais características do pensamento de Dumont reside em sua incidência na questão dos valores, ou seja, tanto suas indagações

---

[6] Há, no trabalho original, uma discussão sobre distintos modos de apreender a noção de subjetividade. Estabeleço uma oposição entre a *matriz psicológica e a sociológica* e, em seguida, indico como essas variantes se reduplicam nas ciências sociais. Para ilustrar o argumento, confronto o conceito de *habitus* de Bourdieu (1972) com o de *inner-self* de Simmel (1971). Assinalo ainda uma recorrente tensão entre relativização e preservação do sujeito, notável inclusive em tradições que se dispõem a desnaturalizar a noção de indivíduo (como a Escola Sociológica Francesa) e/ou a historicizar a subjetividade (como, por exemplo, Sennett, 1978). Cf. Salem, 1987:11-14.

quanto suas explicações centram-se no plano do ideológico. Essa forma de proceder remete ao pressuposto (ou projeto) analítico segundo o qual a dicotomia sociedade/cultura é *resolvida* pelo sentido englobante do simbólico. Nas suas palavras, "do ponto de vista sociológico que adoto (...), a sociedade consiste antes em um sistema simbólico do que em uma coleção de homens" (1975:14). A premissa elucida o fato de "sociedade" e "ideologia" despontarem em seus escritos como termos intercambiáveis.

A tese central de Dumont gravita em torno da oposição entre individualismo, encarnação da ideologia ocidental moderna, e holismo, padrão ideológico predominante nas sociedades tradicionais. São holistas as visões de mundo fundadas no princípio onipresente da hierarquia. Nelas, a configuração de valores está cimentada em torno de uma consideração normativa abrangente – geralmente consubstanciada na religião – que engloba todos os outros níveis da vida social. É o princípio da hierarquia que, imprimindo-se nas relações sociais, atribui precedência da totalidade sobre as partes e das relações sobre as pessoas. Enfatizando a ordem e a tradição, essa modalidade de sociedade atrela a identidade e a inteligibilidade de cada elemento ao seu papel na totalidade. Os seres humanos, além de concebidos como socialmente determinados, estão orientados para fins socialmente prescritos (1970a:32-33, 1977:12-13). O princípio da hierarquia informa também a representação da relação entre sociedade e cosmos: a realização da ordem humana prevê sua subordinação à ordem universal (1970b:144).

Em contraposição, na configuração ideológica moderna, a totalidade hierarquicamente ordenada segmenta-se graças à vigência do princípio igualitário. Nesse universo ideológico, em que as partes prevalecem sobre o todo e os elementos sobre as relações, o indivíduo consolida-se como valor moral central e como sujeito normativo das instituições jurídicas, políticas, sociais e filosóficas.[7] A ele se associam,

---

[7] São dois os sentidos que subjazem ao termo "indivíduo": de um lado, ele alude ao "agente empírico, presente em todas as sociedades", e, de outro, ao "ser racional e sujeito normativo das instituições" (1966a:22). A distinção é crucial no pensamento de Dumont, que reserva a noção de individualismo para designar o valor que incide sobre o indivíduo na segunda acepção.

O casal grávido | 31

como atributos essenciais, a igualdade e a liberdade; e seu compromisso com os preceitos da "mudança" e do progresso, aliados à representação do tempo como linear e evolutivo, constitui outro pilar desse sistema de valores. Em contraste com a visão de mundo holista, que concebe a pessoa como socialmente qualificada, a ideologia individualista atribui ao indivíduo o estatuto de ser moralmente autônomo, pré-social – isto é, com existência logicamente anterior à sociedade – e, no limite, como não-social, devido à tendência em obscurecer o caráter social de sua natureza. Deriva daí uma concepção peculiar de sociedade como uma coleção de indivíduos justapostos (1970a:32). Além de concebida como um "resíduo não-humano" (1966a:17), a sociedade é representada como um fardo que constrange o pleno exercício da liberdade individual. Instaura-se assim, nessa configuração moral, algo impensável em contextos holistas: a representação de uma oposição entre indivíduo e sociedade (1970a:32).

Coerente com a precedência analítica conferida ao simbólico, Dumont explica a passagem da configuração tradicional para a moderna como decorrência de uma "revolução nos valores" que se produziu no Ocidente cristão ao longo dos séculos (1977:15).

Alguns de seus trabalhos estão voltados especificamente para a gênese da ideologia moderna. Eles importam aqui não tanto por seu valor etnográfico, mas porque anunciam outro sentido implicado no termo individualismo. Ao lado da afirmação do valor-indivíduo, a noção também comporta a idéia de uma fragmentação da totalidade, resultando em domínios que se querem autônomos e que se concebem portadores de lógicas próprias. A constituição e desprendimento da esfera do político em relação à religião (1970a, 1978) e, em seguida, do econômico em face de ambos estes domínios (1977) são manifestações dessa qualidade fundamental da configuração ideológica moderna. Essa esgarçadura da totalidade atravessa todo o tecido social, imprimindo-se, por exemplo, na organização do conhecimento (desmembrado em reinos autônomos de saber) e na concepção da sociedade como destacada da natureza e do cosmos (1966b:318).[8]

De acordo com Dumont, o princípio que impulsiona a segmentação e a individualização crescentes é o da *igualdade*. É importante reter que igualdade não se refere a uma substancialidade idêntica; trata-se, sim, de uma *disposição simbólica que recusa englobamentos e hierarquias*. Em outras palavras, igualdade implica conferir igual valor às identidades sociais e é precisamente essa *indiferenciação*, ou aplainamento das diferenças, que desautoriza encapsulações e ordenamentos hierárquicos. Essa inclinação igualitária, afirmada em nome da autonomia e da liberdade, informa a representação de indivíduo e de domínios, bem como a relação entre eles. Ela conforma também o modo como os modernos entendem a relação entre gêneros.

A oposição individualismo/holismo merece por parte de Dumont algumas qualificações que resultam em uma perspectiva muito menos estanque do que aquela até aqui apresentada. Duas interessam de perto. Em primeiro lugar, a dicotomia abranda-se na medida em que o autor se aproxima de níveis mais etnográficos. Com efeito, ao fazer referência a sociedades concretas, ele recorre a noções como "ênfases", "combinações", "dominância" ou ainda "graus". Há um reconhecimento de que, embora no "plano lógico" holismo implique hierarquia e individualismo pressuponha igualdade, sociedades holistas e individualistas não enfatizam hierarquia e igualdade "no mesmo grau" (1977:12). Ele admite ainda que cada modalidade ideológica não exclui variações nacionais (1970a) e que, no interior de cada país, podem existir diferenças sociais e regionais significativas (1977:17).

Em segundo, a oposição individualismo/holismo também se atenua em virtude do pressuposto dumontiano de uma inerência de conflitos e de contradições a configurações simbólicas (1977:31). Essa premissa se

---

[8] As duas dimensões do individualismo são claramente postuladas na seguinte passagem: "a configuração moderna de valores é atomizada por se centrar no indivíduo, mas também por aparentemente justapor domínios autônomos" (Dumont, 1970a:32).

explicita na tese de um transbordamento, em cada um dos sistemas polares, de orientações ideológicas subordinadas. O autor identifica a "estratificação" e o "racismo" como manifestações perversas (ou "resíduos") da hierarquia em um contexto no qual a retórica é predominantemente igualitária (1966b). Inversamente, o "renunciante" hindu é interpretado como a manifestação da individualidade em um universo dominantemente holista (1966c).

Entretanto, admitir que esses vazamentos possam ocorrer não autoriza que se conclua por um aplainamento das diferenças entre essas configurações morais. Segundo Dumont, duas tendências que, combinadas, resultam em uma "contradição" ou no "conflito" não mantêm entre si uma relação igualitária, porquanto uma delas necessariamente subordina a outra. Advém daí a especificidade dessas configurações: em cada uma delas a relação entre os valores englobante e englobado é inversa àquela verificada na outra. Esse ponto importa justamente porque preserva a identidade irredutível da configuração holista em face da individualista e vice-versa.

Na perspectiva de Dumont, o individualismo, além de singular à sociedade moderna, é apontado como um fenômeno "aberrante", que contradita a "necessidade universal de hierarquia"; mais ainda, ele é uma "ilusão" (1966a:32). Assim, por exemplo, ao aludir ao fenômeno da segmentação moderna, o autor salienta que os domínios que se querem autônomos encontram-se apenas "aparentemente justapostos" (1970a:32). A qualificação visa salientar que, na realidade, a fragmentação envolve retotalizações consecutivas: do mesmo modo que, destacando-se da religião, a política acaba por contê-la, também a economia, ao se diferenciar da política, termina por englobá-la. Essas reencapsulações são invocadas como mais uma evidência da inevitabilidade da ordenação hierárquica.[9]

---

[9] As sugestões presentes no artigo sobre o renunciante hindu (1966c) são desconcertantes não só porque parecem contraditar o postulado da universalidade da hierarquia, como também porque, no limite, insinuam uma necessidade universal da individualização. Duarte também destaca esse embaraço (cf. 1986b:47).

Além disso, Dumont (1970a:32) sublinha, o caráter "paradoxal" inerente à ideologia moderna, cuja lógica onipresente é fornecida pelo princípio segmentador-igualitário que, justamente, nega a totalidade. Embora admita uma distribuição diferencial da ideologia individualista no interior das sociedades modernas, Dumont não se ocupa em aplicar o modelo a segmentos particulares de uma dada sociedade. Como este é meu interesse, cabe salientar quais de suas considerações importam, quais podem ser colocadas entre parênteses e, ainda, em que ponto sua análise revela-se insuficiente, tendo em vista meus propósitos.

No que respeita ao entendimento do que seja uma configuração individualista, interessa reter as duas dimensões que ela encerra: tanto a entronização do indivíduo como valor moral central quanto a qualidade de uma fragmentação ou individualização de domínios que recusam englobamentos e hierarquias. Adotar tal definição implica estender a idéia de "indivíduo" de modo que nela sejam incorporados não apenas o "sujeito moral", mas também o grupo que se destaca (ou busca se destacar) de instâncias sociais mais abrangentes. Dessubstancializa-se, portanto, a própria noção de indivíduo, a qual, dependendo da perspectiva, pode aludir ora ao sujeito singular, ora ao sujeito coletivo. Com base nesse raciocínio, proponho que a família nuclear, como unidade desprendida de redes de parentesco mais extensas, constitui manifestação do individualismo. Tal como o indivíduo, ela é regida pelo princípio igualitário, ou seja, exprime repulsa em ser contida por uma instância mais ampla. Tendo em vista esse valor, pode-se antecipar que a relação entre o indivíduo, singular ou coletivo, e a unidade maior que o abarca tende a apresentar um caráter tenso. É precisamente essa disposição igualitária que permite estabelecer uma homologia entre a tensão que tipicamente acomete os parceiros do casal igualitário e a que se anuncia, ainda nesse universo, entre família nuclear e a extensa.

Compartilho ainda com Dumont a centralidade conferida ao "valor" na análise, embora eu não tenha a mesma pretensão de resolver a dicotomia sociedade/cultura pelo sentido abarcante do simbólico. Insisto apenas que, neste livro, as noções de "família nuclear", "casal igualitário", tal como a de "indivíduo", assumem fundamentalmente o estatuto de valores e de ideais, o que de modo algum os torna menos concretos ou reais.

Subscrevo também que contradições e conflitos são qualidades inerentes a sistemas simbólicos. Por essa razão é ocioso, para meus propósitos, discutir a pertinência do postulado da universalidade da hierarquia. Em vez disso, parto da premissa de que configurações ideológicas – sejam holistas ou individualistas – padecem de tensões que lhes são endêmicas. Com base na análise de um universo individualista, especulo sobre paradoxos e impasses constitutivos dessa configuração moral (ver, em especial, a conclusão do capítulo 4).

Por último, endosso a premissa dumontiana que identifica uma configuração moral com seus princípios estruturantes. Essa postura traduz-se, em termos analíticos, no compromisso de abordar o simbólico, menos por seus traços característicos, e mais por seus princípios constitutivos.[10] São esses pilares éticos que, funcionando como a coluna vertebral de determinada visão de mundo, conferem organicidade aos traços morais e os tornam inteligíveis. Esta é a orientação que sigo no capítulo 3.

Mas é precisamente devido à minha preocupação com princípios éticos estruturantes que as teses de Dumont sobre individualismo revelam-se insuficientes em um ponto específico: sua análise, presa ao espaço político e econômico, está também vinculada a uma visão jurídica de indivíduo.[11] As propostas contidas na noção de "individualismo qualitativo" de Simmel focalizam uma qualidade do sujeito moderno indispensável no contexto deste livro. Argumento, em suma, que o desvio do

---

[10] Na palavra do autor: "como sempre, no estudo das culturas, é importante depreender as principais linhas de força, e mesmo *o* aspecto predominante, que é como o éter que toma toda a cena, aquilo que designo aspecto englobante" (Dumont, 1977:28).

[11] Essa observação já foi formulada por Viveiros de Castro e Araújo (1977:165); por Duarte (1983), primeiro ensaio; e por Ropa e Duarte (1985:194).

36 | Introdução

foco da análise de Dumont para a de Simmel perfaz o caminho do indivíduo jurídico para o sujeito psicológico.[12]

Mesmo admitindo que o individualismo perpasse os três últimos séculos da modernidade ocidental, Simmel (1950, 1971) assinala uma mudança de ênfase na sua forma discursiva. O autor, ao confrontar as formulações do século XVIII com as do século XIX, sugere um deslocamento dos valores da universalidade, da liberdade e da igualdade para outra configuração que, mantendo a idéia de liberdade, acentua agora a particularidade, a desigualdade e a diferenciação "internas" entre indivíduos. Simmel propõe os termos "individualismo quantitativo" e "individualismo qualitativo" para designar, respectivamente, essas diferentes modalidades ideológicas que se equiparam ao ideário iluminista e ao romântico.

O que importa é a coincidência entre o individualismo qualitativo e o valor atribuído tanto ao indivíduo particular e insubstituível quanto às diferenças pessoais e subjetivas. Tal atributo, obscurecido ou subordinado em Dumont, é imprescindível para meus propósitos porque lido com um universo no qual a representação do indivíduo como sujeito psicológico é, de fato, um princípio estruturante de sua visão de mundo. Ele repercute de modo significativo na forma como os sujeitos representam a sociedade e as relações sociais, e o próprio valor da igualdade e o da mudança – aos quais também concedo o estatuto de eixos morais estruturantes – estão informados por esse princípio mais abrangente.

Como Dumont, Simmel também consente que "o conflito entre o todo e a parte é insolúvel" (1950:58), mas enquanto aquele toma partido da sociedade, o último se alia ao indivíduo. Essa diferença articula-se à sua discordância maior: se para Dumont as noções de indivíduo e de

---

[12] As análises de Sennett (1978), Ariès (1978), Lasch (1979), Foucault (1982), entre outras, também suprem esse *elo faltante* nos escritos de Dumont. E, antes deles, Mauss (1974) já havia explorado esse atributo do sujeito moderno no seu artigo sobre as transmutações sofridas pela categoria de "pessoa". O autor, partindo da noção de "personagem" como típica das sociedades tradicionais, acompanha sua progressiva individualização até chegar à concepção moderna de pessoa como "sujeito psicológico", ou seja, como confundida com a interioridade do "eu".

individualismo designam a especificidade radical da configuração moderna, em Simmel (1971:294) elas despontam como problemas universais, que encontram, na modernidade, uma expressão apenas exacerbada. Parece-me mais interessante reservar a noção de individualismo para designar um fenômeno particular à modernidade, não por motivos etnográficos ou certezas históricas, e sim como maneira de conferir maior precisão analítica ao conceito. Também com vistas a esse propósito, sugiro distinguir dois fenômenos os quais nomeio *individuação* e *individualização*. A distinção é homóloga aos dois sentidos que Dumont atribui ao termo "indivíduo". A individuação – tal como o "indivíduo agente empírico" – é um fenômeno, universal, presente em qualquer sociedade, constituindo-se até mesmo em imperativo para sua sobrevivência. Já a individualização – tal como o "indivíduo-valor" – comporta um inextricável compromisso com a ideologia individualista no sentido de o desprendimento do indivíduo (singular ou coletivo) de unidades mais abrangentes ser instigado pelo preceito da igualdade. A noção de individualização alude assim, no limite, a um relacionamento tenso entre a unidade englobada e a englobante, já que a primeira, em virtude de suas inclinações igualitárias, tende a representar a última como um constrangimento à plena afirmação de sua liberdade.

Resguardar o conceito de individualismo para aludir a uma especificidade do mundo moderno não é incompatível com o reconhecimento de que existem diferentes modalidades de individualismo. Para desenvolver o argumento recorro, a título de contraponto, à análise de Weber (1967) sobre a ética calvinista. Por meio desse exercício contrastivo, tenciono continuar avançando nas especificidades do individualismo aqui explorado.

Deve-se consentir, de antemão, que existem boas razões para qualificar o calvinismo de holista. Como qualquer seita religiosa, a doutrina apresenta uma forma de enunciação que se quer totalizante. A ordem social não faz sentido em si mesma; ela só existe para a glorificação de Deus e o empenho dos indivíduos na "organização racional" deste mundo constitui mandamento divino. O preceito implica um intenso compromisso do crente com a instância social e a política, ao mesmo tempo em que qualifica a modalidade de envolvimento ensejado. Por serem "puramente emocionais", relações de amizades são colocadas sob suspeita; em troca, canalizam-se as energias do indivíduo para o campo das relações impessoais a fim de promover o imperativo da "racionalização do mundo" (Weber, 1967:75, 169, nota 31). A doutrina da predestinação anuncia ainda que no plano religioso não há mercado nem igualdade: o sujeito já nasce predestinado para a salvação ou para a condenação, a despeito do comportamento que venha a ter neste mundo. Em suma, o calvinismo anuncia, de certo ponto de vista, uma configuração tipicamente holista: o indivíduo deve subordinar-se à ordem sociopolítica que, por sua vez, encontra-se abarcada pela divina.

De outro ponto de vista, porém, há bons motivos para sustentar o sentido individualista da doutrina em pauta. Primeiramente, considere-se que a religião calvinista traz, em seu bojo, a centralidade do indivíduo. De fato, nesse contexto, o sentido coletivo da religião é esmaecido em favor de uma relação entre consciência individual e Deus (sobre esse ponto, ver Dumont, 1970a:32). A própria doutrina da predestinação alimenta a descrença em instâncias sociais intermediárias (como a Igreja e seu corpo burocrático) para garantir a salvação. Dessa perspectiva, a ordem social é obscurecida em termos doutrinários e o foco existencial privilegiado recai na relação direta entre indivíduo e divindade. Ao lado disso, se no plano religioso os sujeitos estão irremediavelmente hierarquizados, no mundo profano eles são iguais, tanto perante o mercado como na dúvida – irresoluta – acerca de sua eleição ou não eleição. O preceito que impele o crente a buscar sinais de eleição na atividade secular (mais precisamente, no domínio do trabalho profissional) sugere que, de certa ótica, o indivíduo tem o dever moral de, pelo esforço e empenho pessoais, insurgir-se contra a ordem social, transcendendo posições sociais previamente estabelecidas. Também é importante reconhecer que o compromisso do calvinista com o social não está propriamente a serviço deste, mas atende, em última instância, a um interesse individual consubstanciado na autoconfiança em sua eleição e salvação eterna. Por último, mas não menos significativo, o calvinismo fala de um Deus que crê no indivíduo e em sua potência para conferir racionalidade ao mundo.

Optar pelo caráter individualista ou pelo sentido holista da doutrina em pauta é – como, aliás, quase tudo e quase sempre – uma questão de perspectiva e de escolha arbitrária. Para fins comparativos, interessa-me colocar em relevo o sentido individualista contido no calvinismo.

O primeiro contraponto refere-se a que, enquanto o indivíduo na ética calvinista só adquire significado quando remetido à ordem divina, na modalidade de individualismo que nos ocupa, ele assume um sentido secularizado e desencantado. Observa-se um nítido movimento de interiorização do "eu": despido de qualquer transcendência, o indivíduo se justifica por uma lógica interna a ele próprio. O discurso psi assegura e autentica essa representação.

Insiste-se, em ambos os casos, na atenção vigilante sobre o *self* e no escrutínio da subjetividade. De acordo com a leitura weberiana, a teoria da predestinação, resultando na convicção de que ninguém pode ajudar o indivíduo na busca da salvação eterna, associada à condenação dos laços pessoais e de amizade, engendra seu "isolamento espiritual" e "solidão interna" (Weber, 1967:73). O exercício reflexivo, além de repousar em uma base religiosa, é atualizado em um contexto de ensimesmamento. Em contraste, no individualismo aqui focalizado, a valorização interiorizante e a prática de "vasculhar-se" vinculam-se à compulsão a "abrir-se". Ou seja, *a disposição introspectiva apóia-se e ao mesmo tempo resulta em uma prática social compartilhada*. O psicologismo constitui corolário dessa modalidade de individualismo e ao mesmo tempo se afirma como sua mais importante ordem de legitimação.

O regime a que deve ser submetido o "eu" também é significativamente distinto num caso e no outro. No calvinismo, a "auto-reflexão contínua" consiste em exercício que tem, como fim último, subordinar a conduta pessoal a um "sistemático autocontrole" e ao imperativo da "racionalização" expressos no ascetismo (Weber, 1967:80-82). Já o individualismo aqui focalizado está permeado de uma conotação hedonista e, em termos retóricos, a autocontenção é preterida em prol de uma *libera-*

40 | Introdução

ção do sujeito. Nessa configuração, há uma *exacerbação da representação que opõe indivíduo e sociedade*. O social – particularmente o fundado em relações hierárquicas – é identificado com imposição e constrangimento e, por conseguinte, como o que deve ser transposto em nome do pleno desenvolvimento das potencialidades individuais. Em termos ideais, tudo aquilo que não passa pelo crivo da "escolha pessoal" ou das determinações "internas" merece ser rechaçado. Entende-se assim por que as energias dos sujeitos, ao contrário do que ocorre com o calvinista, são fundamentalmente canalizadas para as relações pessoais e de amizades, as quais, além de eleitas, apresentam a vantagem de serem travadas entre iguais.

Em suma, o tipo de individualismo ilustrado neste livro através do CG apresenta uma conotação *psicologizante* e *libertária*. Sem me preocupar com sua gênese, argumento, no capítulo 1, que ele adquire expressão radical e condensada nos movimentos sociais que irrompem nos anos 60.

Este livro insere-se em uma tradição que, inaugurada com *A utopia urbana*, de Gilberto Velho (1973), aborda os estratos médios urbanos de um prisma particular.[13] Em termos temáticos, sua peculiaridade reside em focar a moralidade que particulariza esses grupos. Mesmo aqueles autores que elegem a família como objeto primordial de análise empenham-se em depreender valores, visões de mundo e estilos de vida desses segmentos sociais.[14]

---

[13] Já tive a oportunidade de resenhar as premissas e as conclusões dessa produção (Salem, 1986a, 1987:15 e segs.). Restrinjo-me aqui às considerações que mais de perto importam a este livro.

[14] Para os trabalhos que focalizam a ética de segmentos médios e nos quais a temática familiar está ausente ou é tema subsidiário, ver Velho, 1975, 1981, 1986; Heilborn, 1980, 1981, 1984a, 1984b; Figueira, 1981a, 1985c; Nicolaci-da-Costa, 1987; Moraes, 1985. Daqueles explicitamente dedicados à análise de representações sobre família ou parentesco, cf. Velho, 1981, caps. 4 e 8; Figueira, 1985a, 1987; Abreu Filho, 1980, 1981; Salem, 1980, 1988, 1986b; Lins de Barros, 1986; Dauster, 1984, 1985, 1986; Nicolaci-da-Costa, 1985; Almeida, 1985; Costa, M. C., 1985; Rocha, 1985; Vaitsman, 1985.

O apelo à noção de "camadas médias" cumpre o papel de um marcador distintivo em relação tanto à vertente de estratificação social como à de classe.[15] A expressão resume ainda algumas premissas que, articuladas entre si, singularizam essa abordagem. Ainda que na caracterização do universo pesquisado seja admitida a importância de indicadores *sociológicos* (como renda, educação, inserção profissional etc.), insiste-se que eles são insuficientes para elucidar as descontinuidades em termos de *ethos* e de visão de mundo observáveis no interior desses segmentos. Afirma-se assim o pressuposto de que a condição de classe abre um leque de alternativas simbólicas e de que só se tem acesso à identidade de um grupo quando é levado em conta o código moral ao qual ele adere. Defende-se, em outras palavras, que o código ético é o que estabelece mais claramente fronteiras entre os segmentos sociais, inclusive entre aqueles que desfrutam de uma mesma posição de classe.

Outra premissa implicada no conceito de "camadas" – e já perceptível nas considerações acima – consubstancia-se na tese de uma diversidade de padrões éticos no interior do segmento médio. Argumentos fundados em razões morfossociológicas procuram elucidar sua condição plural. Oposições como Zona Norte/Zona Sul, camadas médias suburbanas (interioranas)/metropolitanas remetem para a idéia de que cada um desses pólos resume experiências sociológicas bem distintas, capazes de esclarecer padrões morais contrastantes, freqüentemente nomeados tradicionais/modernos. A análise que se segue restringe-se aos últimos, tendo em vista sua afinidade com meu objeto de estudo.

A noção de camadas prevê ainda a incorporação de qualidades culturais já no recorte das identidades sociais a serem estudadas. Quando esses atributos são levados em consideração, o mapeamento, bem como as fronteiras entre segmentos das camadas médias, assumem contornos distintos do que é estabelecido com base apenas em critérios socioeco-

---

[15] Para uma discussão dos problemas envolvidos nessas tradições teóricas, ver Velho, 1975, cap. 5; Abreu Filho, 1980: 114 e segs.; Heilborn, 1984:1 e segs.

nômicos. Por exemplo, o fato de os grupos investigados adotarem a linguagem e o *ethos* psicanalíticos afirma-se como critério para circunscrever uma fronteira simbólica em torno de um grupo: exatamente o "moderno". A justificativa para tal recorte assenta-se na coincidência entre a experiência de ser psicanalisado e uma ética que confere proeminência ao indivíduo e à subjetividade, à verbalização e elaboração das emoções e a outros valores comentados adiante.[16]

Em suma, a literatura nacional que versa sobre os "modernos" focaliza precisamente os segmentos que, no interior das camadas médias, corporificam os cultivados e os metropolitanos do tipo Zona Sul carioca. São eles ainda que, em termos típicos, abraçam o ideário individualista na sua versão psicologizante e com sua ambição igualitária. Temas como "igualdade", ênfase na "diferenciação", "autenticidade", "coerência", "projeto" e na consciência do "*self*" são, de modo invariável, destacados como os pilares que sustentam sua ética e sua visão de mundo.

Alguns autores atrelam essa configuração ideológica ao acelerado processo de modernização pelo qual atravessa a sociedade brasileira a partir dos anos 50. Argumenta-se que a ideologia desenvolvimentista, o recrudescimento da influência norte-americana e o *boom* da psicanálise, que eclode nos anos 70 nos grandes centros brasileiros, provocam alterações significativas nos valores das camadas médias, atingindo inclusive a família. Velho (1981, cap. 4) sugere que, articulada em torno de um projeto de ascensão social, a família de alguns segmentos médios contraiu sua sociabilidade, o que reforçou seu formato nuclearizado. Figueira (1981a, 1985e, 1987) propõe que essas mudanças estruturais são, em última instância, responsáveis pelo deslocamento de um ideal hierárquico de família, que prevalece nos setores médios nos anos 50, para um outro, centrado

---

[16] Diz Velho: "Os grupos que estou particularmente interessado em discutir, dentro do universo das camadas médias, aparecem como portadores mais característicos da vertente psicologizante das ideologias individualistas" (1986:39-40). Os trabalhos já citados de Figueira, Dauster, Nicolaci-da-Costa e Almeida também endossam esse recorte.

em torno da ideologia do igualitarismo. De acordo com o primeiro modelo, as identidades familiares e pessoais são definidas com base em suas diferenças estatutárias – basicamente, as sexuais e as etárias. Já no ideário moderno igualitário, essas diferenças posicionais subordinam-se, idealmente, a distinções individuais e subjetivas.

Há, em suma, certo consenso de que a modernização e/ou fragmentação da sociedade brasileira da segunda metade do século XX imprime-se na instância do simbólico. Temas como "opção", "vida pessoal, privada e subjetiva", "igualdade" ganham relevância, adquirindo maior vigor e legitimidade a partir dos anos 70. O *boom* psicanalítico observado nessa década é destacado pela literatura em pauta como conseqüência, e ao mesmo tempo causa, desse individualismo psicologizante.

Figueira se dispõe a sistematizar as razões para a notável difusão da psicanálise, bem como as conseqüências daí advindas. Embora reconheça que sua gênese possa estar associada a questões diversas – como os percalços do processo político brasileiro pós-1968 e a dinâmica do campo intelectual psi (1981a, 1985e) –, sua tese central subordina essa difusão à própria modernização acelerada que atinge a sociedade brasileira na segunda metade do século XX. O conceito de "desmapeamento", chave em suas elaborações, estabelece a mediação entre os dois fenômenos. A premissa é que mudanças sociais rápidas e "visíveis" não são acompanhadas no mesmo ritmo e intensidade pelas subjetividades individuais. Ou seja, os sujeitos incorporam identidades e ideais "modernos" sem, entretanto, eliminar os "arcaicos", que permanecem potentes, de modo "invisível", no plano subjetivo. É essa coexistência, ou esse "estado de coisas insuportável", que o conceito de desmapeamento pretende designar (1981a, 1985a, 1985e, 1987).[17] É ele que impele os

---

[17] Aplicando o modelo para a análise de família nos estratos médios, Figueira insiste que o ideal de família hierárquica foi apenas "aparentemente" abandonado ao longo do processo de modernização em prol de um modelo mais igualitário. "Aparentemente" porque, seguindo suas teses, o ideal "arcaico" persiste ativo e poderoso num plano mais inconsciente. Nicolaci-da-Costa (1985) introduz algumas qualificações na noção de desmapeamento, às quais faço alusão em outra parte deste livro.

sujeitos a buscarem, através de psicoterapias, uma coerência ou um "mapa" para esse emaranhado de ideais conflitantes. Resume o autor: "É o desmapeamento, e portanto a modernização do Brasil na base de '50 anos em 5', que estão na raiz da enorme demanda de psicanálise a partir de 1970" (1987:24).

Ainda segundo Figueira (1981a, 1985c, 1985e), a contrapartida mais notável do *boom* psicanalítico é a constituição de uma "cultura psicanalítica". A noção pretende aludir ao fato de a psicanálise difundida – ou o "psicologismo" – ter passado a desempenhar um papel orgânico nos valores e crenças de setores médios brasileiros. Nas suas palavras, "a psicanálise se tornou, no Brasil, visão de mundo" (1981a). Termos e esquemas derivados dessa disciplina despontam como "mapas" que orientam os sujeitos na sua vida cotidiana, permitindo, eventualmente, "solucionar" situações ambíguas e difíceis com as quais se defrontam (1985e).[18]

O autor argumenta ainda que toda cultura psicanalítica comporta duas dimensões: um *eidos* e um *ethos*. A primeira oferece uma lógica para o pensamento e se traduz, na cultura psi brasileira, na inclinação para buscar "sob determinados *aparentes* uma 'outra coisa' que, inscrita no domínio pessoal, possa dar a impressão de explicar, dissolvendo ou relegando a um segundo plano, o aparente" (1985b:8). Já o *ethos* psicanalítico, ou código para o manejo dos sentimentos, "privilegia a expressão da emoção, confundindo o pessoal, antes inconfessável, com o recalcado ou reprimido, dando assim a esta expressão um sabor de *liberação* pessoal-política" (1985b:8). Essas duas dimensões da cultura psi, sublinha Figueira (1985b:9), circulam e solidificam-se através do "dialeto do psicologismo". Recupero tais idéias em outra parte deste livro.

---

[18] Figueira salienta que os conceitos psicanalíticos se querem universais e democratizantes e, por conseguinte, "ao se disseminar, a psicanálise reforça a lógica do igualitarismo" (1987:21). Desse ponto de vista, é lícito especular que o discurso psi afirma-se, paradoxalmente, como mais um dispositivo que instiga o "desmapeamento".

Se a Sérvulo Figueira se deve a sistematização de questões referentes à "cultura psicanalítica", cabe a Gilberto Velho, com seu *Nobres e anjos* (1975), o mérito de inaugurar os "segmentos intelectualizados e psicanalisados" das camadas médias cariocas como objeto de investigação. O trabalho contrasta dois *networks* que, embora se distingam em termos etários, apresentam em comum, de um lado, sua proveniência de estratos médios e superiores e, de outro, sua adesão mais ou menos sistemática ao uso de tóxicos. Importam aqui os *nobres*, uma vez que é através do exame de sua visão de mundo que se inicia a tradição analítica voltada para a vertente psicologizante da ideologia individualista. Visto de outra ótica, as práticas e representações características desse grupo constituem recursos para acessar a uma ética que os transborda. Portanto, pode-se dizer que, partindo de um *network* de 25 pessoas, Velho estabelece, em termos analíticos, a passagem para uma identidade de *ethos*, isto é, para uma identidade ética que prescinde de uma ancoragem morfossociológica específica – seja na forma de um *network*, ou na de um grupo em sentido estrito. Conforme já insistido, esta é também a pretensão aqui objetivada através do CG.

Os *nobres* são a segunda geração do que o autor chama "aristocracia dos estratos médios". A qualificação é justificada em função de a prosperidade econômica que as famílias de origem alcançam ser legitimada a partir da "educação" e de seu "bom *pedigree*", separando-as tanto dos meramente prósperos quanto dos meramente educados. Os filhos demarcam em torno de si uma fronteira ainda mais espessa, combinando o aristocratismo com o "vanguardismo" e "cosmopolitismo" em termos intelectuais e existenciais. Nesse contexto, o tema do "desvio" – afirmado não apenas no uso de tóxicos como também numa "rejeição parcial à ética da produtividade" – cumpre uma função simbólica porquanto demarcadora de uma moral particular.

Na discriminação das características morais do grupo, Velho (1976:46-49, 169) destaca, entre outras, "a aguda consciência da individualidade", o tom "hedonista" e o valor da "mudança" e "aperfeiçoamentos pessoais" como "elementos liberadores tanto das convenções familiares quanto da cultura dominante". A emergência e a disseminação do discurso psicanalítico legitimam, no grupo, a importância do "pessoal", da "liberdade" e da "desrepressão". Portanto, temas hoje auto-evidentes – tanto para informantes, quanto para analistas sociais que se ocupam desses segmentos – já despontam no trabalho pioneiro de Velho.

O autor sugere que o perfil moral dos *nobres* está, em grande parte, associado à trajetória ascensional e, sobretudo, ao caráter "aristocrático" de suas famílias de origem (1975:50). A hipótese procede, mas ela parece estar também, em boa medida, informada pelo fato de o autor captar como que o momento de afirmação dessa ética no seio de segmentos das camadas médias. Creio que com o passar do tempo, mesmo permanecendo apanágio de setores médios, ela se disseminou e, portanto, se plebeizou. Isto é, ela se descola e prescinde do "aristocratismo" como base de sustentação. Meu universo de investigação apresenta coincidências éticas significativas com o grupo examinado por Velho, e não é por outra razão que, embora reconheça inegáveis diferenças entre eles, argumento que o CG é *irmão sociológico* dos *nobres* (ver capítulo 3).

Chegando ao casal grávido

Em 1979 tomei conhecimento da existência do CG por intermédio de um casal de minhas relações que estava envolvido, no decorrer da primeira gestação, em uma experiência reconhecidamente pioneira na época. Participavam do primeiro grupo carioca que, coordenado por uma psicóloga e por um profissional em trabalho corporal, se definia como "CG". Acompanhei a experiência pelas lentes desses amigos, e com alguma insistência indagava sobre a dinâmica e modo de condução do grupo. Movia-me apenas uma curiosidade descompromissada, já que não tinha na época qualquer intenção de converter o CG em objeto de estudo.

Entre final de 1980 e princípio de 1982 morei em Paris e, nessa ocasião, li com certa sistematicidade uma vasta bibliografia sobre gravidez, parto, maternidade e paternidade. Mesmo quando escrita por cientistas sociais, essa literatura, em especial a francesa, privilegiava a linguagem psicanalítica na interpretação dos fenômenos. Deparei-me também com textos que anunciavam fortes reservas à medicalização da gravidez e do parto e com outros que, de modo pioneiro, focalizavam o impacto da gravidez e do parto sobre a subjetividade masculina. Ainda assim, não li nem ouvi qualquer referência ao CG. Até que em meados de 1981, acompanhando uma amiga grávida, conheci a maternidade de Pithiviers, dirigida por Michel Odent e localizada a uns 80 km de Paris. A clínica, que se pretendia alternativa, tinha como norma inquestionável que o pai da criança estivesse presente no parto. Mas sua inovação maior, coerente com seu discurso frontalmente crítico à medicalização, referia-se à proposta do parto de cócoras e também do parto na água. Fiquei impactada com o projeto do estabelecimento: nos seus corredores, em vez de médicos e enfermeiras, transitavam mulheres em franco trabalho de parto, e a sala de nascimento era despojada de toda a parafernália médica habitual, consistindo apenas em um estrado com almofadas coloridas, uma pequena geladeira, um sistema de som e uma piscina de tamanho reduzido. Deixei Pithiviers com a impressão de ter conhecido uma experiência radicalmente inédita.

Em 1982 apresentei ao Programa de Pós-Graduação em Antropologia Social do Museu Nacional (PPGAS) um projeto de tese de doutorado no qual pretendia um estudo comparativo da gravidez e do puerpério com mulheres de diferentes estratos sociais, visando à relação com os parceiros, com as famílias de origem e com os especialistas. Mas minha atenção ia sendo despertada pela presença em livrarias de um número nada desprezível de manuais que, escritos por profissionais brasileiros, eram dedicados ao CG e/ou se antagonizavam com a medicalização desses eventos. Os títulos eram, em si mesmos, bastante sugestivos: *Nós estamos grávidos* (Maldonado et al., 1985); *O parto de cócoras: aprenda a nascer com os índios* (Paciornik, 1979); *O parto natural: a mais nova, ou a mais antiga, forma de dar à luz* (Lins et al., 1983) etc. O próprio sucesso editorial dessas publicações (algumas das quais haviam atingido sua sexta edição em dois anos) parecia indicar uma disseminação relativa, porém maior do que eu supunha até aquele momento, desta agenda ideológica. A impressão foi se confirmando quando, através de conversas informais, de cartazes afixados em instituições, em maternidades e até em lojas de vendas de produtos naturais, tomei conhecimento de uma significativa oferta de cursos, reuniões e maratonas para CG. Soube da existência, no Rio de Janeiro, de obstetras especializados no "parto natural" (ou de cócoras) e ainda de uma clínica no Maracanã especialmente equipada para essa modalidade de parição. Na época, tais constatações me impressionaram, menos porque eu as tenha tomado como evidência de uma generalização entre as camadas médias desse ideário, mas principalmente porque elas expressavam a rapidez com que esses segmentos absorviam "novidades". Isso era patente quando eu cotejava o exemplo com a sociedade francesa, muito mais impermeável a inovações (ao menos nessa época).

Através de cadeiras ministradas no PPGAS por Gilberto Velho e por Roberto DaMatta travei contato com a literatura sobre individualismo. Nos trabalhos finais de cursos ensaiei as primeiras articulações entre o tema da gravidez e esse paradigma teórico. Um deles resultou em publicação (Salem, 1983). Nessa ocasião, fui persuadida por meu orientador, Gilberto Velho, a restringir minha pesquisa às camadas médias. Foi então que se consolidou meu objeto.[19]

Em 1984 dei início à pesquisa de campo que redundou em dois outros textos. Um deles, apoiado na observação de seis reuniões para CG coordenadas por equipes multidisciplinares, foi o germe do capítulo 2. O outro, que se baseou em seis entrevistas com homens e mulheres adeptos do ideário do CG, foi publicado como artigo (Salem, 1985a) e é a forma

---

[19] Ainda assim, em 1984/85, como integrante do Programa de Políticas Públicas do Centro de Ciências Sociais da PUC-Rio, desenvolvi, com o apoio da Fundação Ford, uma pesquisa intitulada "O período pré e pós-natal: estudo de uma política assistencial sob uma ótica interativa" (Salem, 1985b). Nela, examinei a ideologia que norteia a política pública de assistência materno-infantil com base tanto na análise de documentos oficiais quanto na observação de "grupos de reflexão" para gestantes e mães das classes populares sob a coordenação de assistentes sociais e psicólogas. Fiz também, com o auxílio de Fernanda Bicalho, minha assistente de pesquisa, entrevistas com as próprias gestantes, nas quais abordava questões atinentes às suas relações com a família extensa, de um lado, e com médicos e psicólogas, de outro. Neste livro, não faço menção às conclusões a que cheguei, mas elas me deram a segurança de que o ideário do CG é, nos mais diferentes planos, rejeitado por essa população.

embrionária do capítulo 4. Descrições detalhadas do meu acesso aos grupos e aos informantes são fornecidas nos capítulos citados.

Em princípios de 1986 dei início à redação da tese. Voltei a campo no segundo semestre para obter depoimento de mais seis ex-CG, uma vez que questões que iam agora se afigurando como importantes não tinham merecido a devida atenção na primeira leva de entrevistas. É quase desnecessário dizer que a sensação de que deveria ter explorado ainda mais outros assuntos voltou a me assolar após a segunda investida.

O material no qual se apóia essa pesquisa compõe-se, em suma, de inúmeros manuais, nacionais e estrangeiros, para CG; da observação de seis de seus encontros; de relatórios de reuniões pioneiras para CG das quais não participei,[20] e ainda de 12 entrevistas com homens e mulheres que, na espera de seu primeiro filho, tinham abraçado esse projeto. Não obstante, há todo um outro conjunto de dados que foi igualmente fundamental para a confecção deste trabalho. A tese me envolveu de forma tão intensa que posso dizer, sem exagero, que passei alguns anos em estado de constante alerta, coletando material e elaborando hipóteses. Não me refiro apenas às conversas informais que mantive com especialistas, vinculados ou não ao CG, e com pessoas que, ou eram simpatizantes, ou, pelo contrário, expressavam uma profunda antipatia por ele. Minha atenção vigilante recaía sobre questões que transcendiam, em muito, o CG tomado em sentido estrito. Impunha-se, assim, um movimento peculiar: o mundo à minha volta fornecia-me material para argumentar pela generalidade do CG em sentido lato, mas admito também que, numa espécie de interpretação autocumprida, eu lia o mundo ao meu redor através das lentes de minhas hipóteses. Fui, em suma, dominada pela paixão, ou "intoxicação", de que fala Weber (1946). Via o modo de operação dos princípios éticos da psicologicidade e da igualdade em toda a parte, e o ideal de conjugalidade a que faço referên-

---

[20] Esses encontros pioneiros, ocorridos entre 1979 e 1980, foram gravados e transcritos na íntegra pela equipe que os dirigia. Os relatórios de que disponho me foram gentilmente cedidos pela coordenadora do grupo que, desde 1983, não está mais à frente desse trabalho junto a CG.

cia no capítulo 4 foi inspirado em observações e conversas que travei com interlocutores que manifestavam uma aberta aversão ao ideário CG tomado em sentido estrito. Ia assim se consolidando a proposta analítica de privilegiar o CG como expressão paroxística de valores e tensões referentes a um universo ético mais abrangente.

Constituem marca registrada de trabalhos antropológicos o procedimento de objetivação da subjetividade do investigador em face de seu universo de pesquisa e uma exploração detalhada dos deleites e agruras da aventura de campo. Certamente tive ambos, e alguns dos embaraços enfrentados na observação das reuniões para CG são comentados no capítulo 2. Mas o fato é que o duplo movimento de empatia e de estranhamento sumariza o modo como se processou minha relação com os informantes. Se esta fórmula sintética explicita com precisão minha experiência, ela parece ser, ao mesmo tempo, pouco específica, já que se aplica igualmente a outras relações sociais.

Descarto qualquer apelo do projeto CG em sentido estrito em termos pessoais. Mas tal estranhamento vinha ao mesmo tempo acompanhado de empatia com a paixão e emoção com que muitos dos informantes relatavam tanto sua adesão ao ideário quanto seu eventual desencanto. O mesmo movimento pendular entre identificação e estranhamento voltava a se impor quando retirava do CG seu sentido de excentricidade. No caso, a empatia fundava-se no fato de a visão de mundo expressa pelos informantes ser basicamente uma versão-limite de algo que me era familiar. Os entrevistados funcionavam, nessa medida, como um espelho. Contudo, a intensidade e o paroxismo de suas colocações devolviam uma imagem por vezes constrangedora, provocando um estranhamento e impondo um auto-estranhamento.[21]

Mas, para além do duplo jogo do estranhamento e da empatia, eu tinha interesse genuíno no relato dos entrevistados por razões que ex-

---

[21] DaMatta (1978:28) sugere que o trabalho antropológico implica "transformar o exótico no familiar" e "transformar o familiar em exótico". A respeito, ver Velho (1978).

travasavam as meramente acadêmicas. Acredito ter deixado transparecer curiosidade e respeito por suas experiências, mesmo quando não compartilhava delas. Essa atitude, associada à disposição ética dos informantes em "vasculhar-se" e em "abrir-se", foram, a meu ver, os maiores trunfos para obter depoimentos emocionados e ricos.

1. O movimento de revisão do parto: ideário e inflexões

Na ciência, como na vida, só se acha o que se procura.
Evans-Pritchard, 1978b

A década de 50 tem sido assinalada como um divisor de águas na forma de conceber e de lidar com o parto na cultura ocidental. A mudança deve-se à difusão da técnica do "parto sem dor", tal como concebida por duas correntes que, mesmo guardando inegáveis similaridades, apresentam origens distintas: o método psicoprofilático e o do "parto sem medo", também denominado "parto natural".

Nos anos 30, o obstetra inglês Dick-Read já anuncia, no seu *Childbirth without fear,* o papel desempenhado pelas "imagens mentais nefastas" na produção do sofrimento no parto. Mas até os anos 50 suas propostas têm restrita repercussão. Alguns autores justificam a saída do ostracismo de suas teses, a partir daí, por serem elas uma alternativa ao método psicoprofilático, gerado na então União Soviética e temido por razões políticas (Chertok, 1966:15; Revault d'Allonnes, 1976:19). Contando com o apoio de forças sociais muito ativas, a última técnica tem de imediato ampla difusão. Após estagiar durante seis meses na ex-URSS, Lamaze encarrega-se de introduzi-la na França em 1952. As doutrinas dos médicos soviéticos estão apresentadas no seu *Qu'est-ce que l'accouchement sans douleur par la méthode psycho-prophylactique?*, publicado em 1956. No mesmo ano Lamaze vem ao Brasil para apresentar as novas idéias.

A questão comum às duas correntes reside na releitura das dores do parto e na intenção de debelá-las por meios não-medicamentosos. A rigor, suas conclusões não são muito distintas: ambas sustentam que a dor não constitui fenômeno inerente à parição, mas sim expressão de distorções socioculturais. A ignorância da mulher com respeito à própria fisiologia engendra sua "passividade" no parto, daí advindo o sofrimento. A terapêutica proposta, apoiada em uma reeducação física e psíquica da gestante, visa suprimir todos esses "males" simultaneamente.

Nas últimas três décadas do século XX, paralelamente à difusão do parto sem dor para dentro e fora da Europa, observa-se o surgimento de várias outras abordagens que se pretendem "mais revolucionárias". Mesmo com o enfoque na parição, tais abordagens extrapolam o tema do sofrimento. Servem como casos ilustrativos o "nascimento sem violência" de Leboyer, as teses de Michel Odent implementadas em meados dos anos 70 na maternidade pública de Pithiviers (França) e o método psicossexual da inglesa Sheila Kitzinger.

A atenção especial conferida à criança no instante do nascimento resume o pensamento de Leboyer (1974), que teve, e continua tendo, repercussão significativa. Suas sugestões obtêm alcance internacional com a tradução, para vários idiomas, de seu *Pour une naissance sans violence*, publicado na França em 1974. No mesmo ano o médico vem ao Brasil para o lançamento de seu livro, que em 1983 atinge entre nós sua nona edição. Seu nome é invariavelmente evocado tanto em manuais para gestantes ou casais quanto em revistas de ampla tiragem vendidas em bancas de jornal.

Desde meados da década de 70, a maternidade de Pithiviers segue as diretrizes de Leboyer.[22] Com o passar do tempo, contudo, Odent e sua equipe composta de seis parteiras afastam-se de seu mentor original em direção a uma postura ainda mais crítica à medicalização da gravidez e da parição. A introdução do parto de cócoras coroa, juntamente com outras

---

[22] Ainda que Odent assuma a direção da maternidade já nos anos 60, é apenas em meados da década seguinte que o estabelecimento vai assumindo um formato cada vez mais "original" e "revolucionário".

O casal grávido | 55

propostas comentadas adiante, a ideologia que vinga no estabelecimento. Em 1984, com o lançamento do seu *Birth reborn*, Odent é introduzido à audiência americana. Na apresentação do livro, Sheila Kitzinger o compara a Leboyer e a Lamaze "por ter criado uma revolução na obstetrícia moderna". Além de artigos publicados em revistas especializadas, o médico é autor de *Bien naître* (1976) e *Gènese de l'homme écologique: l'instinct retrouvé* (1979).[23]

Sheila Kitzinger, diplomada em antropologia social em Oxford, especializou-se no tema da gravidez e do parto em diferentes culturas, tendo publicado vários livros sobre o assunto. Mas seu envolvimento com o campo não é meramente acadêmico: no final dos anos 60, ela desenvolve um método próprio de preparação para o parto que denomina "psicossexual" e se torna, além disso, orientadora de cursos pré-natais para casais em Londres. O seu *Pregnancy and childbirth*, manual dedicado a casais grávidos escrito em 1980, é traduzido para o português já no ano seguinte (Kitzinger, 1981).

Neste capítulo discorro sobre o movimento de revisão do parto tomando, como recurso de aproximação, as teses dos cinco autores citados. Meu interesse concentra-se nas versões mais recentes, ilustradas nos escritos de Leboyer, Odent e Kitzinger. Abordo-as focalizando as inflexões ou radicalizações discursivas que elas empreendem com relação aos mentores do parto sem dor. Esse exercício contrastivo não visa reconstruir a história do movimento, mas, sim, aclarar a especificidade *moral* do ideário mais recente. Tal propósito é reiterado quando, ainda neste capítulo, estabeleço relações de sentido entre as novas teses e a convulsão ideológica que irrompe nos anos 60.

A sugestão de pensar a ética das versões mais recentes como uma retradução, para dentro de um domínio específico (no caso, o obstétrico), de um elenco de temas e de valores de mais amplo alcance firma-se

---

[23] O último livro foi logo depois traduzido para o português e teve, segundo fui informada, calorosa acolhida por parte dos terapeutas bioenergéticos cariocas.

na premissa de que a ideologia é objeto instigante que merece ser examinado em seus próprios termos. Mas por meio desse exercício também introduzo assuntos desenvolvidos nos capítulos subseqüentes. A análise qualifica a modalidade de individualismo subjacente ao ideário das novas tendências, anuncia as concepções de família e de casal com as quais elas operam e discrimina ainda o papel que outorgam aos especialistas e aos grupos de preparação para parto nessas passagens. Antes porém, para familiarizar o leitor com as questões e propostas do movimento, apresento, de modo sucinto, as teses de cada um dos autores supracitados.

As teses

Dick-Read e o parto sem medo

> Medo, tensão e dor são os três males que não são normais ao desígnio natural, mas que foram introduzidos no curso da civilização pela ignorância daqueles envolvidos na assistência ao parto.
>
> Dick-Read, 1979:31

Consta ter sido Dick-Read o primeiro a sustentar uma relação entre as dores do parto e o estado emocional da mulher. Os princípios de sua teoria resumem-se na "síndrome medo-tensão-dor", segundo a qual a associação entre parição e sofrimento é atribuída a fatores socioculturais. Tal preconceito, reproduzido milenarmente pela tradição escrita e oral, imprime-se na mente da mulher engendrando o temor do parto. O medo produz a tensão mental e muscular que, por sua vez, leva à interpretação da contração uterina como dor.

Diante da questão de como romper o círculo vicioso, Dick-Read rechaça o recurso à anestesia e analgésicos. Além de convencido de que, em partos normais, as dores são o resultado de "contaminações culturais" e não de injunções fisiológicas, o obstetra anuncia sua outra grande preocupação: o "perigo" de uma "interferência médica desnecessária", interpretada como responsável por um grande número de complicações no parto, inclusive a mortalidade materno-infantil. O "perigo" resulta, em suas palavras, "da incapacidade de obstetras de assistirem e permitirem o curso natural e ininterrupto do parto" (1979:XX).

Em consonância com esse diagnóstico, Dick-Read propõe uma fórmula não-medicamentosa para prevenir, e mesmo abolir, as dores do parto. Trata-se de uma "preparação pré-natal", revolucionária na época, que prevê cursos ministrados por médicos nos quais a parturiente e seu marido recebem informações sobre anatomia feminina e fisiologia da gravidez e do parto. Essa educação – admitida como um processo de "ressugestionamento" e como forma de "fazer infiltrar a verdade no subconsciente" (1979:46) – tem como resultado suposto a dissipação do medo. Além disso, como antídoto contra a tensão, Dick-Read (1979:35) propõe um treinamento físico centrado em técnicas de respiração e de relaxamento. Assim reeducada, a mulher estaria em condições de interpretar as sensações provindas do útero não mais como dor, e sim como "mero trabalho muscular".

No que diz respeito às fontes produtoras de "imagens mentais nefastas" da parição, o obstetra invoca desde os meios de comunicação até a equipe médico-hospitalar. Especial destaque é conferido às mães e sogras das gestantes, expressamente apontadas como "uma das maiores mazelas do parto" (1979:284). Mas Dick-Read reconhece que esses agentes nada mais são do que transmissores de uma tradição muito mais antiga, cuja origem é localizada ora na "civilização judaico-cristã", ora na "civilização européia".

Os "povos primitivos" despontam como o modelo alternativo. Entre estes, segundo o obstetra, o medo do parto é menos intenso do que entre os "civilizados" e, exatamente por não interferirem no seu curso "natural", as complicações são poucas em comparação ao que ocorre entre nós. Portanto, o parto idealizado por Dick-Read recebe o nome de "parto natural" não apenas por se dispor a respeitar as leis da natureza, mas também por tomar os povos primitivos como paradigma referencial positivo. Isso não contradita seu reconhecimento aos progressos alcançados pela obstetrícia; ele insurge-se apenas contra o uso "abusivo e indiscriminado" da tecnologia médica. Ainda assim, insinua-se um dos "males da civilização": nosso distanciamento da natureza e das emoções originais. Daí a palavra de ordem (Dick-Read, 1979:80):

> Proteja a mãe das influências das contaminações culturais, e o parto será testemunhado como uma obra de arte fisiológica

Lamaze e o método psicoprofilático

> *De ignorante, e portanto passiva, durante a gravidez e o parto, a mulher grávida tornou-se eminentemente ativa graças a uma educação científica (...) O método psicoprofilático permitirá à mãe colocar sua criança no mundo não somente sem dor, como também na alegria.*
>
> Lamaze, 1956:112

O método psicoprofilático, apresentado ao meio acadêmico soviético em 1949, é obra de Velvoski e seus colaboradores. Esses psiquiatras e obstetras buscam, como Dick-Read, as causas para o sofrimento do parto, bem como formas de preveni-lo por meios psicofísicos. Após estagiar seis meses na ex-URSS, onde afirma ter presenciado mulheres parindo sem dor, Lamaze retorna a Paris em 1952, quando então se dedica a divulgar a nova técnica.

Lamaze destaca que nos seus primórdios o método do parto sem dor recorria à hipnose para debelar o sofrimento. Com base em seu sucesso, Velvoski e sua equipe concluem, contrariando uma tese corrente no meio médico, que a dor, além de desnecessária, poderia ser evitada. Mais ainda, eles preconizam que a sugestão verbal é um importante mecanismo de ação analgésica. Por outro lado, a prática hipnossugestiva padecia de importantes entraves: além de não ser possível sua aplicação em massa, ela mantinha a "passividade" da mulher. E, justamente por lidar com a dor de forma tópica, o método reiterava seu caráter inevitável.

A superação dessas limitações, sustenta Lamaze, foi possível graças à elaboração da teoria nervosa superior de Pavlov, e boa parte de seu livro é dedicada a expor seus fundamentos. Com base nela, as dores do parto são interpretadas como um reflexo condicionado típico segundo o qual a contração uterina, normalmente indolor, é lida como um sinal de dor. Essa associação espúria e nefasta entre parto e sofrimento, bem como sua inscrição no cérebro da mulher e da população em geral, são perpetuadas sobretudo pela ação da palavra escrita e oral. Ao lado dos arraigados preconceitos da própria equipe médico-hospitalar, sogras e mães são novamente invocadas como as grandes vilãs que impedem partos bem-sucedidos, ou seja, indolores. A ignorância das gestantes com respeito à fisiologia do parto as torna receptivas às mensagens perniciosas e, uma vez contaminadas, têm seu medo alimentado, o que redobra a impressão dolorosa no instante da parição.

As soluções defendidas pelos mentores do método psicoprofilático também guardam coincidências com as de Dick-Read. Além da aprendizagem de técnicas respiratórias, insiste-se na reeducação das gestantes, bem como de seus maridos. Só que aqui esse "processo pedagógico racional" baseia-se em cursos de reflexologia pavloviana, que propiciam a "reorganização do funcionamento cerebral da grávida", convertendo-a em "participante ativa" no evento (1956:51, 219).

Os teóricos russos, ainda apoiados em Pavlov, proclamam o valor e a eficácia da palavra como fator terapêutico. Da mesma forma que os reflexos condicionados dolorosos inscrevem-se no cérebro da mulher pela intermediação da linguagem, também o estabelecimento de novas ligações condicionais é possibilitado pelo recurso à palavra. No caso, a palavra é a do médico que, através de "aulas", incita a reorganização da atividade cerebral feminina.

Em suma, acredita-se que, mediante os procedimentos mencionados, o parto deixa o reino da fantasmagoria para se transformar em "uma realidade fisiológica de fácil compreensão" (1956:85). Eles propiciam não só a domesticação das emoções nefastas (basicamente o medo do parto), mas também a internalização de atitudes positivas, como "controle", "disciplina", "atenção vigilante", "consciência", "atividade", garantindo, assim, a "realização racional do parto" (1956:167).[24]

Leboyer e o nascimento sem violência

> *O que faz o horror do nascimento é a intensidade, a amplitude da experiência, sua variedade, sua riqueza sufocante. Já dissemos que se acredita que o recém-nascido não sente nada. Ele sente tudo.*
>
> Leboyer, 1974:30

A inovação introduzida por Leboyer no campo obstétrico consiste em se desviar a atenção, no instante do parto, da mulher para o recém-nascido. Partindo da premissa de que o parto sem dor baniu o sofrimento da mulher, Leboyer denuncia agora o sofrimento infligido ao bebê no evento.

O obstetra argumenta que o "nascimento sem violência" não é um procedimento com estrutura rigidamente definida, mas antes uma "filosofia de vida". Ainda assim ele sugere, de forma minuciosa, como devem se comportar a equipe médica e a parturiente de modo que "a criança nasça sorrindo". Recorrendo a uma linguagem poética, ele insiste na penumbra da sala de parto, no silêncio das pessoas presentes, e condena a prática usual de segurar a criança verticalmente pelos pés, bem como as tradicionais palmadas. Propõe que, logo após o nascimento, o bebê seja colocado sobre o ventre materno para ser acariciado e amamentado. Contrariando prática corrente, Leboyer preconiza que o cordão umbilical só deve ser cortado após parar de pulsar e que, em seguida, se banhe o bebê

---

[24] A título de curiosidade, menciono a disputa travada entre Dick-Read e Lamaze (ou os soviéticos) sobre quem seria, afinal, o pioneiro do parto sem dor. O obstetra inglês destaca as semelhanças entre suas propostas e a técnica psicoprofilática e, com base na antecedência de sua teoria, acusa os pesquisadores soviéticos de se apropriarem de suas idéias. Lamaze, por sua vez, salienta diferenças, argumentando que as teses de Dick-Read, por serem eivadas de "misticismo" e carecerem de bases fisiológicas sólidas, foram ultrapassadas pelas dos soviéticos.

em água tépida para fazê-lo reviver a "sensação de volta ao útero". Embora não haja menção à figura do pai no livro de Leboyer, seus seguidores defendem a importância de sua presença no parto, atribuindo-lhe a função de cortar o cordão umbilical e dar o primeiro banho. Leboyer declara que sua fonte primordial de inspiração provém da filosofia hindu, e as únicas citações feitas ao longo de seu livro referem-se a autores ou ditados indianos. A epígrafe do *Nascer sorrindo* é ilustrativa:

> Apesar das aparências, nada muda. E é sempre do Oriente que nos vem a luz. Sem Sw. e sem a Índia, este livro nunca teria sido escrito (...) É uma respeitosa homenagem que lhes dedico. Tento pagar uma parte da minha dívida.[25]

Ao mesmo tempo em que o Oriente emerge nos seus escritos como fonte da sabedoria, a civilização ocidental desponta como o contraponto negativo. Leboyer critica a "tecnologização", a "desafetivação" e a "perda do gosto pela simplicidade" que caracterizam a vida do homem moderno e que se imiscuem no próprio evento do nascimento. Em resposta, ele propõe que, no lugar de "orçamentos caros e recursos eletrônicos", imponham-se "a paciência, a modéstia, o amor e o silêncio" (1974:149), vistos como a única linguagem adequada para bem receber o bebê.

Leboyer recupera, portanto, temas já insinuados em Dick-Read. Ainda que este volte os olhos para a mulher que dá à luz e aquele para o recém-nascido, ambos fazem sérias restrições ao fato de o evento ser tecnologicamente informado e defendem, ao contrário, o respeito à sua "naturalidade" intrínseca. Ambos elegem ainda, como paradigma positi-

---

[25] Dados da biografia de Leboyer elucidam esse débito. Obstetra da linha tradicional em Paris, ele atravessa, aos 40 anos, uma profunda crise existencial e profissional. Na busca de novos horizontes, Leboyer embarca para a Índia, onde se submete a uma terapia regressiva. Por meio dela, o médico declara ter revivido seu próprio nascimento, coroado, de forma violenta e dolorosa, com o uso do fórceps. A partir dessa experiência, ele afirma alcançar uma compreensão sensível dos malefícios acarretados pela forma ocidental moderna de receber a criança. Origina-se, assim, o "nascimento sem violência".

vo, sociedades não corrompidas pela "civilização" ou pelo "progresso tecnológico". Anuncia-se assim um tema que volta à cena, muitas vezes com complicações adicionais, em diversos momentos deste livro: o par opositivo natureza/natural *versus* civilização/social.

Odent e o instinto redescoberto

> *Pithiviers representa uma atitude, uma crença no potencial instintivo dos seres humanos e no conhecimento inato que a mulher traz para o parto. [Pithiviers] afirma o nascimento como uma experiência sexual, encoraja a espontaneidade e, sobretudo, a liberdade.*
>
> Odent, 1984:115

Todas as teses de Odent confluem para o intuito de, tanto quanto possível, desmedicalizar a gestação e o parto. Essa postura é a tradução, para o campo da obstetrícia, de um projeto mais ambicioso com vistas a uma "crítica política da técnica" (1976:103). Inspirado em Illich e Leboyer – cujas teses são, no seu entender, "uma denúncia ao imperialismo mundial do tecnicismo" (1976:101) –, Odent propugna a subordinação "da lógica e da razão" ao "emocional e instintivo" (1976:76). A maternidade de Pithiviers é seu laboratório: ela pretende ser um reduto de resistência à parafernália tecnológica e ao sentido expropriador que o sistema médico dominante impõe aos sujeitos. Mas, acima de tudo, Pithiviers é o templo de culto do "instinto" e das *emoções selvagens*.

Ao referir-se à "primeira etapa de desmedicalização" em Pithiviers, o médico evoca, além do caráter excepcional de partos induzidos e do uso de fórceps, a presença freqüente do pai no instante do nascimento. É evidente a influência de Leboyer nessa fase: a maternidade organiza grupos de casais, coordenados por uma psicóloga de formação psicanalítica, para a leitura do *Nascer sorrindo*. Sessões informativas sobre a fisiologia da gravidez e do parto, bem como aulas de ioga, também integram a agenda de Pithiviers nos seus primórdios.

Entretanto, com o passar dos anos, Odent e sua equipe acirram as críticas à medicalização. Minimiza-se a interferência médica no decorrer da gravidez: ultra-sonografia, exames de líquido amniótico etc. não fazem parte da rotina de Pithiviers, onde também as consultas pré-natais mensais de praxe são reduzidas a duas. Entretanto, é no próprio evento do parto que o projeto desmedicalizante se manifesta de modo mais radical. Primeiro, entendido como "um evento pessoal e íntimo" (1984:94), a equipe médica dele se retrai; ou melhor, sua atuação se transfigura. Com efeito, o risco intrusivo decorrente da presença de médicos e parteiras nesse "acontecimento familiar" é minorado, ou ocultado, pelo princípio de que eles cumprem no evento um papel antes afetivo e de "apoio psicológico" do que propriamente técnico. Ainda assim, Odent adverte que não há hesitação de intervir medicamente "quando necessário".

Segundo, a maternidade passa com o tempo a conferir papel proeminente às parteiras, em detrimento dos médicos, sob a alegação de que as mulheres são "naturalmente" dotadas de um tipo de sensibilidade, mais próxima do instintual e do afetivo, que sintoniza com o estado da gestante em trabalho de parto. Inversamente, a restrição à presença do homem respalda-se na tese de sua compulsão "natural" a impor uma conduta racional e controlada, o que o torna pouco receptivo às manifestações mais primitivas da mulher no parto (1984:43).[26] O diagnóstico levanta a questão da participação do pai da criança no evento: dá-se uma tensão entre o princípio que classifica o parto como uma experiência de e entre mulheres e aquele que reconhece o nascimento como um "assunto de família" (1976:84). Até onde me consta, Odent não desenvolve o dilema em seus escritos.

Terceiro, o antagonismo à medicalização moderna corporifica-se no questionamento da postura dorsal convencionalmente assumida pelas

---

[26] É com base nessa tese que o médico declara, nas páginas finais do seu *Birth reborn,* a intenção de deixar a obstetrícia a fim de "restituir o parto às mulheres" – gestantes e parteiras. E, de fato, Odent abandona a direção de Pithiviers em princípio dos anos 80. Muda-se então para Londres, onde funda o Primal Health Research Center. A instituição pesquisa as conseqüências a longo prazo das experiências primeiras na vida do sujeito, ou seja, as que vão da concepção até o primeiro ano de vida.

mulheres no parto. Além de apontada como a menos indicada em termos mecânicos, essa posição é rechaçada por simbolizar a "passividade" da parturiente e também o próprio "poder medical" (1976:82-83). Odent propõe, em troca, que seja garantida à gestante a possibilidade de movimentar-se livremente durante todo o trabalho de parto, bem como a de ela própria escolher a posição que lhe pareça mais conveniente no momento da expulsão do bebê. Mas ressalta que, "por razões instintivas", a maioria das parturientes em Pithiviers dá à luz em posição acocorada, quando não dentro da água. A crítica à posição dorsal está, além do mais, atrelada ao projeto de "introduzir Eros na sala de parto" (1976:53); daí sua incitação para que a parturiente "expresse livremente suas emoções e sua liberdade de corpo" (1979:98). A associação entre parto e sexualidade é coroada quando o médico compara o momento da expulsão do bebê ao "êxtase sexual" (1984:14).

Por último, Pithiviers promove uma revisão radical da própria sala de parto. O recinto (sintomaticamente denominado *salle sauvage*) difere bastante das salas conhecidas, estando despojado de todo mobiliário e equipamentos médicos habituais. Como pude testemunhar, a tradicional mesa ginecológica é substituída por um estrado baixo e espaçoso, recoberto por um colchão de espuma e almofadas coloridas; a iluminação é fraca e, além de vitrola e discos, há uma pequena geladeira com água e sucos de fruta. O quarto contíguo dispõe de uma piscina pouco profunda, mas suficientemente ampla de modo que tanto a parturiente como seu companheiro possam entrar nela. O médico atesta que uma média de 30 bebês nascem por ano dentro d'água.

O ideário antimedical de Pithiviers está respaldado na premissa de que, quando a fisiologia natural do parto é respeitada, impõe-se uma "alteração no nível de consciência" da parturiente (Pithiviers, s.d.:12):

> É como se a mulher em trabalho de parto tivesse que se separar do nosso mundo, esquecer o que foi aprendido, esquecer o que é cultural. Ela deve, ao contrário, tornar-se responsiva ao que é instintivo nela própria".

O casal grávido | 65

Ingressa-se assim num tema que perpassa as teses de todos os autores citados: a oposição instinto/natureza *versus* cultura; ou, em outras palavras, o das "contaminações culturais" que comprometem o desenrolar bem-sucedido do parto. Para Odent, cabe aos que assistem a mulher no evento estimulá-la a "esquecer os condicionamentos culturais e o controle intelectual" de modo que seu comportamento seja guiado apenas pela "aprendizagem pré-cultural" (1981:8); ou seja, pelas razões do instinto. Daí suas críticas aos ideólogos do parto sem dor, em especial a Lamaze:

> O método Lamaze treina mulheres para controlarem sua respiração, seus pensamentos e a expressão de suas emoções. Em Pithiviers fazemos justamente o oposto. Encorajamos as mulheres em trabalho de parto a entregarem-se à experiência, a perderem o controle, a esquecerem tudo que aprenderam – todas as imagens culturais, todos os padrões comportamentais. Quanto menos a mulher tiver aprendido sobre o modo "correto" de dar à luz, mais fácil será para ela.
>
> (Odent, 1984:26)

A premissa da supremacia moral do instinto (ou do natural) conduz ao enaltecimento do *preceito da antinormatividade*. De uma postura que identificava o preparo para o parto com a leitura de Leboyer, Odent assume, em seu último livro, uma posição contrária a todo e qualquer treinamento pré-natal. Isso não impede que a maternidade de Pithiviers continue oferecendo uma série de atividades para os casais. Mas os encontros têm por base uma explícita "rejeição a conteúdos prescritivos". Visam, ao contrário, propiciar "uma nova forma de relacionamento entre profissionais e clientela", "favorecer a penetração de um clima familiar na maternidade" e "gerar novas redes de solidariedade para os casais" (1984:25).

O intuito de "gerar novas redes de solidariedade" pode evocar a imagem de cônjuges destituídos do suporte de teias familiares. Na verdade, a questão é mais complicada. Nem mesmo a concepção ulterior do parto como uma experiência visceralmente feminina isenta Odent de hostilizar, como todos os outros ideólogos, a figura da mãe da parturiente. As que tiveram filhos por volta dos anos 50 são temidas por terem supostamente internalizado uma concepção medicalizada do nascimento; as que pariram antes dessa data são consideradas sem condições de acompanhar as rápidas transformações que ocorrem nas práticas obstétricas (1984:44, 84). Deduz-se daí que as figuras maternas *existem* e que estão por perto. Visto de outro ângulo, o formato nuclearizado do casal, mais do que um fato, afirma-se como *valor*. Tal como Dick-Read e Lamaze, Odent (1984:44) defende a substituição da figura materna pela dos especialistas: "Este hiato [entre a experiência e o conhecimento da avó] pode ser suprido, de modo eficaz, pela companhia de uma parteira experiente e empática".

Resta uma observação importante: o império do instinto não deságua necessariamente na premissa de que, uma vez seguidos os procedimentos que ensejam sua revelação plena, os partos se tornariam iguais. Há um reconhecimento explícito de injunções e mediações psicológicas, e é com base nelas que Odent (1984:39) argumenta pela singularidade de cada caso:

> A mulher traz para o parto toda a sua experiência de vida, reportando até sua própria infância e nascimento. Cada mulher é diferente, e daí decorre que cada parto será diferente.

Kitzinger e o método psicossexual

> *A experiência subjetiva do parto não é apenas assunto do presente mas também do passado – do tipo de criação e experiências que [a mulher] teve na infância (...) O parto é uma expressão da personalidade individual.*
>
> Kitzinger, 1978a:309, 313

Os livros de Sheila Kitzinger aqui examinados são reconhecidos por ela própria como "manuais": eles fornecem material prático (na forma de informações e conselhos) para que o casal atravesse a gravidez, o parto e o puerpério da melhor maneira possível. A autora inclui sugestões sobre como conduzir conversas com os médicos, explica minuciosamente a fisiologia dessas passagens (inclusive suas eventuais complicações), discorre sobre dilemas psicológicos envolvidos e sugere maneiras de contorná-los.

Ainda assim, Kitzinger frisa que seus livros não têm quaisquer intuitos prescritivos. Assim como Odent, ela se insurge contra a "rigidez disciplinar" imposta pelo parto sem dor, recriminando-o por treinar as mulheres para reagir ao evento "sem pensar e sem sentir" e também por desconsiderar suas idiossincrasias e dificuldades específicas. Kitzinger afirma que seu método caracteriza-se, em contraste, pela "flexibilidade" e pelo respeito à unicidade de cada caso. Ainda em conformidade com Odent, ela rechaça preceitos normalizadores em nome da plena expressão, na hora do parto, daquilo que de fato a gestante "é":

> A preparação para o parto não deveria impor técnicas ou respostas condicionadas à parturiente, mas deve, sim, reconhecer que o parto pode ser um ato verdadeiramente criativo, no qual ela expressa a si própria e o tipo de pessoa que ela é.
>
> (Kitzinger, 1979:5-6)

Insinua-se, assim, uma retórica ancorada no indivíduo e no individual. Tais categorias recobrem, no caso, dois sentidos: em primeiro lugar, elas se vinculam ao "direito de escolha". Por exemplo, Kitzinger (1981:204) justifica as copiosas informações médicas que ela fornece como imprescindíveis para que os casais exerçam, a cada passo, seu "direito de escolher onde e como querem ter seus filhos". A idéia é também indicativa de que a reconquista daquilo que pertence aos cônjuges — decisões e escolhas — pressupõe a apropriação do conhecimento técnico monopolizado pelos médicos: é isso que os torna "sujeitos" em face do, ou melhor, contra o "poder médico". Assim,

> Um parto bem-sucedido envolve a participação consciente da mulher. Ela não é mais um instrumento passivo. Ela não está mais nas mãos de médicos, agindo de acordo com o que eles acham melhor. Ela retém o poder de autodireção, de escolha e de decisão voluntária.
>
> (Kitzinger, 1978a:25)

Em segundo, as categorias de indivíduo e de individual referem-se às instâncias subjetivas, com as quais se confundem. Gravidez e parto são apresentados como experiências psicológicas extremamente delicadas, e todos os manuais de Kitzinger esmiúçam os aspectos afetivos e subjetivos aí implicados. Ela aborda a questão focalizando não apenas a mulher (suas "ambigüidades" com relação ao bebê, sua eventual "dificuldade em assumir o papel materno", "fantasias, temores e ansiedades" relacionados ao parto etc.), como também, especificamente, o homem. O pai da criança, mais do que um auxiliar de sua companheira (e é assim que Dick-Read e Lamaze o concebem), é singularizado como o que enfrenta "desafios emocionais próprios" (1981:24). A relação do casal e seu eventual comprometimento nessa fase também merecem atenção, seguindo-se conselhos sobre a maneira ideal de cada um dos parceiros se comportar diante do outro.

As emoções deflagradas no período são lidas de acordo com uma lógica psicológica, ou seja, elas se esclarecem quando reportadas a uma história pessoal e idiossincrática. Assim, por exemplo, "os ciúmes e a rejeição" que podem afetar o futuro pai são interpretados como expressão de "frustrações que ele experimentou quando criança na relação com os irmãos menores" (1978a:78). Do mesmo modo, a história pregressa da gestante e a relação que ela mantém com a mãe são apontadas como fatores que circunscrevem as "potencialidades subjetivas" de cada parto.

Tanto a ênfase no "direito à opção" quanto o valor conferido à subjetividade dos cônjuges são preceitos que se opõem, e supostamente respondem, ao fenômeno da medicalização moderna. A idéia se manifesta nas diversas passagens em que Kitzinger estabelece uma oposição entre, de um lado, obstetra/tecnologia médica e, de outro, sujeito/evento psicológico. Por exemplo:

> Muitas mães acabam sentindo que não são elas, mas sim os médicos, que estão tendo um bebê (...) O fato de você aceitar auxílio médico não significa que você deve desistir de preocupar-se com a dimensão psicológica da experiência. Não se pode permitir que a técnica estrague a experiência pessoal de uma mulher.
>
> (Kitzinger, 1981:123, 242)

A obstinação com os aspectos psicológicos dos parceiros, associada à suposta insensibilidade da equipe médica a eles, são ainda justificativas para afirmar a necessidade da intervenção de outros especialistas no circuito do CG. Enquanto os mentores do parto sem dor delegam ao próprio médico a função de preparar o corpo e a mente da mulher para a parição, Kitzinger explicita que "tendo em vista que a preparação para o parto implica trabalhar sentimentos, [ela] é uma *nova profissão* que difere da do médico, do fisioterapeuta e da parteira" (1979:12-13, grifo meu).

Kitzinger insiste no exercício contínuo de "expressar" e "elaborar" emoções como forma de debelar as nefastas. Daí a advertência para que, tão logo tomem conhecimento da gravidez, os cônjuges procurem, ao lado do acompanhamento médico, um curso pré-natal. Além de munir-se das imprescindíveis informações médicas, o casal encontra aí um espaço para a conversação. É justamente a crença curativa no "falar" que leva a autora a postular o "potencial psicoterápico" desses grupos (1978a:9). Mas eles funcionam ainda como novas "redes de apoio para os cônjuges", justificadas, em parte, como uma compensação ao "isolamento" produzido pela nuclearização da família moderna (1978b:20). Entretanto, essas redes despontam, ao mesmo tempo, como uma alternativa às famílias de origem, cujo comportamento é mais uma vez representado como "invasivo" e "intromissor" (1981:136-7, 144-5). Assim, em consonância com os outros teóricos, Kitzinger incita a contração da sociabilidade do casal em relação aos núcleos de proveniência e propõe, em seu lugar, outras redes de suporte e de solidariedade.

O parto sem dor e o pós-parto sem dor: análise contrastiva

Para conferir sistematicidade às teses apresentadas, a análise que se segue confronta o discurso do "parto sem dor" (PSD) com o dos que lhe sucederam, doravante designados "pós-PSD". Ao lado das notáveis afinidades entre Dick-Read e Lamaze, seus sucessores expressam, para além de suas singularidades, representações e valores comuns que demarcam diferenças (algumas de ênfase, outras de qualidade) com relação ao estabelecido pelos primeiros. Mas o intuito contrastivo não impede que suas eventuais coincidências sejam destacadas. Meu interesse primordial centra-se nas tendências mais recentes do movimento. Nessa medida, o apelo às postulações de Dick-Read e Lamaze justifica-se sobretudo como recurso de contraponto com vistas a iluminar a especificidade do novo ideário. Ambas as retóricas são aqui trabalhadas nos moldes de tipos ideais. Seguindo Weber (1965), os modelos propostos consistem em uma "racionalização utópica" obtida por meio de uma intencional exageração de seus traços característicos. Mais do que uma exposição do "real", tais construções destinam-se a ser instrumentos que ordenam cada uma das vertentes em termos exemplares. O procedimento permite mapear temas, representações e valores que fornecem o pano de fundo para a análise empreendida nos capítulos subseqüentes. Por conseguinte, e ainda subscrevendo Weber, os tipos ideais cumprem também o papel de guias para a elaboração de hipóteses.

Mesmo privilegiando radicalizações ou descontinuidades discursivas do pós-PSD em relação a seus antecessores, nada autoriza concluir pelo anúncio de uma linearidade evolutiva. Não se trata de distinguir práticas e modos de pensamento que se sucedem, mas sim modalidades que coexistem e não necessariamente se superam. Não só o PSD persiste nas formas atuais de preparação para parto (Odent, 1984:5; Revault d'Allonnes, 1976:28), como também é usual a fusão de propostas que à primeira vista se estranham. O trabalho de Bertolo (1982), por exemplo, focaliza uma maternidade em Paris onde o treinamento para o parto integra a técnica lamaziana com a de Leboyer.

Além disso, ainda que a idéia de uma preparação física e psicológica para o parto venha adquirindo maior legitimidade a partir dos anos 50 (gerando inclusive políticas públicas a respeito),[27] ela encontra resistên-

---

[27] Na pesquisa que desenvolvi sobre a política governamental de assistência materno-infantil (ver Introdução), observei um estabelecimento, vinculado ao Inamps, que representava modelarmente aquilo que a retórica oficial pretendia implementar nas maternidades públicas. Entre outras atividades, o hospital oferecia à clientela um curso informativo sobre a fisiologia da gravidez e do parto, bem como "grupos de reflexão" coordenados por psicólogas e assistentes sociais. Além disso, a equipe médica – ou ao menos parte dela – vinha tentando introduzir o método Leboyer na sala de parto como forma de "humanizar o nascimento" (Salem, 1985b).

cias provindas do próprio meio médico. A descrença maior diz respeito à possibilidade de implementar em hospitais, sobretudo os públicos, práticas que atentem para as idiossincrasias de cada mulher. Mas a desconfiança extravasa o circuito médico, visto hoje se dispor de uma literatura que sustenta que pontos caros ao movimento em pauta – como a importância conferida à informação e à preparação física e psicológica para o parto, as críticas à medicalização e a entrada do pai da criança no circuito – são disposições mais de acordo com a ética das camadas médias letradas e/ou psicologizadas do que com a das classes populares (cf. Lo Bianco, 1981, 1983; Nelson, 1983; Salem, 1985b). Nelson sumariza, com precisão, um dos argumentos: "rejeitar a tecnologia [médica] é um luxo daqueles que já se beneficiaram dela" (1983:295).

A análise percorre, em linhas gerais, o seguinte encaminhamento: num primeiro tópico, assinalo três radicalizações promovidas pelo pós-PSD em relação aos pioneiros do movimento, a saber, a retórica afirma-se como mais crítica à medicalização, ao mesmo tempo em que se psicologiza. Sustento, por último, uma inflexão que, da externalidade do código, dirige-se para a internalidade do sujeito. Desses deslocamentos, infiro que a moralidade que conforma o pós-PSD é estruturada em torno da plena manifestação do indivíduo, ou melhor, do preceito de sua "liberação". Argumento, no tópico subseqüente, que essa propensão ética sintoniza-se com o clima e o tom que caracterizam a convulsão ideológica dos anos 60. Finalmente, num último segmento, focalizo as concepções de casal e de família embutidas no movimento de revisão do parto, bem como o papel que ele atribui aos profissionais e aos chamados "grupos de reflexão". Formulo, assim, hipóteses a serem trabalhadas nos capítulos seguintes.

A radicalização da desmedicalização: o poder médico em questão

Todos os teóricos examinados declaram-se favoráveis à desmedicalização do parto. A novidade maior do PSD reside na proposta de "indolorização" do evento, prescindindo de analgesia medicamentosa. É também possível localizar em Dick-Read a origem de uma tradição que contesta o recurso a certas práticas médicas correntes (como episiotomia, fórceps e partos induzidos), consideradas desnecessárias, senão perniciosas. Desse ponto de vista, as teses de Leboyer, Odent e Kitzinger poderiam ser interpretadas como ramificações desse tronco original. E, numa certa medida, elas o são.

Todavia, quando os dois discursos são confrontados, vislumbra-se um nítido acirramento da postura que se quer desmedicalizante. Ela é notável na crescente desnaturalização, empreendida pelas versões mais recentes, de práticas obstétricas arraigadas, como a disposição de rever a sala de parto e a posição de decúbito dorsal imposta à gestante. Mais importante é reconhecer que as novas práticas – ou, em termos mais gerais, a norma da desmedicalização – estão comprometidas com a *contestação do próprio poder médico*, anunciado seja em suas intenções normalizadoras, ou na desconsideração da subjetividade e dos "desejos" dos sujeitos.

Impera, no pós-PSD, uma identificação entre os privilégios de conhecimento e o poder. De fato, a competência e o saber médicos são entendidos como causadores ao mesmo tempo do poder dos especialistas e da expropriação infligida aos casais, podendo-se dizer que sua relação equivale a um jogo de soma zero. A inflexão no sentido e no valor atribuídos à "informação" é significativa: em Dick-Read e Lamaze ela é concebida como um antídoto contra o sofrimento do parto; já em seus sucessores a reapropriação, por parte dos casais, do saber monopolizado pelos médicos é justificada como condição *sine qua non* para convertê-los em "sujeitos" – não apenas contra o "destino feminino", mas agora também contra o poder medical (ver, em especial, Kitzinger). Assim, reitera-se por essa via a tese da identificação entre saber e poder.

Sustenta-se ainda uma revisão no papel do obstetra e na modalidade de relação que ele estabelece com sua clientela. Isso é visível em um duplo deslocamento discursivo promovido pelo pós-PSD relativamente a seu antecessor. Primeiro, o reconhecimento da centralidade dos médicos no parto cede lugar à norma que prega sua *invisibilidade* técnica. Segundo, a postulação do caráter hierárquico inerente à relação médico/paciente é destronada pela afirmação de uma igualdade entre eles. Senão vejamos: os mentores do PSD já insistem na necessidade de reeducar a classe médica para o novo tipo de parto, sem o que todo o projeto reformista redundaria em fracasso. Mas, uma vez cumprido tal requisito, garante-se ao médico a exclusividade na ingerência da gravidez e do parto. A função de preparar, física e psicologicamente, a mulher para o parto indolor é delegada a ele, que continua a ter no evento um papel assumidamente central. Lamaze (1956:182) é paradigmático:

> Uma parturiente definiu bem [a fase da expulsão do bebê] ao dizer: "o obstetra era o chefe de orquestra, enquanto eu o primeiro violino".

Já na retórica do pós-PSD, a figura do médico perde centralidade em uma série de sentidos. Com o ingresso de outros profissionais no circuito do CG, retira-se dele o monopólio da preparação da gestante. Além disso, a própria representação do obstetra transfigura-se: de "chefe de orquestra" (Lamaze), ele agora se autoproclama "um mero facilitador" no desenrolar do parto (Odent, 1984:8). Acrescente-se que, no pós-PSD, a equipe que assiste a gestante é representada como aquela que cumpre prioritariamente um "papel afetivo e de suporte psicológico" (Odent, 1976:81), sendo enaltecidas qualidades como "paciência, modéstia, amor e silêncio" (Leboyer). Esses preceitos, aliados ao da subordinação do saber médico ao império do instinto, confluem para a norma da invisibilidade da figura do profissional, porquanto ocultam precisamente aquilo que o define: sua competência específica. A revisão da sala de parto, tal como efetuada em Pithiviers, revela igualmente a intenção de camuflagem médica: oculta-se toda a parafernália técnica, e o *setting* aproxima-se de um *lar*.

Também a representação de uma relação hierárquica entre obstetra e paciente cede lugar a uma outra que acentua seu caráter igualitário, quando não defende uma *inversão* desses papéis. O contraste entre a declaração de Lamaze e a de uma das parteiras de Pithiviers é bastante elucidativo:

Vejam-se vocês, pois, de volta aos bancos da escola: sejam boas alunas e vocês terão a imensa e legítima recompensa de parir na alegria. (Lamaze, 1956:219).[28]

Em Pithiviers, posso me recostar, e ser parte de um ato íntimo (...) Permitamos que os papéis se invertam. Eu não quero mais me postar diante de você, ativa e poderosa (...) Escuto quando ela grita, e não tento calá-la. Ela se torna minha mestra. Estudo suas lições. Ela me supera. Não há nada para ensiná-la. Em Pithiviers eu aprendi que, quando as mulheres têm liberdade de se expressar no parto, elas nos mostrarão a melhor forma de parir.

(Odent, 1984:113)

No entanto, a retórica que radicaliza a desmedicalização do parto não autoriza concluir por um sentido antimedical do movimento. Há um explícito reconhecimento dos progressos alcançados pela obstetrícia, ressalvando-se apenas o recurso "abusivo" e "desnecessário" à moderna tecnologia médica. Mas isso não é tudo: o movimento em favor da desmedicalização engendra, conforme salientado por Lo Bianco (1983), um paradoxo singular, consubstanciado no que a autora designa "medicalização de segundo grau". Ou seja, a exigência de uma familiaridade dos casais com os conhecimentos técnicos em nome do exercício de sua autodeterminação redunda em seu maior envolvimento com o paradigma médico. Desse modo, reitera-se o papel do último como conformador das experiências da gravidez e do parto. Mas ele é acrescido de outras lógicas, conforme argumentado no item seguinte.

A psicologização da retórica

É corrente a afirmativa de que o PSD nasce com uma "vocação psicológica", e o próprio Lamaze (1956:37) subordina o método

---

[28] No filme *Le cas du Dr. Laurent* (1956), no qual se divulga o método Lamaze, a parturiente, no meio de uma contração, sorri para o médico e pergunta: "O senhor está satisfeito com o meu desempenho?".

psicoprofilático ao "movimento de analgesia psicológica". Entretanto, o escopo e estatuto do psicológico, bem como a forma considerada apropriada para debelar emoções nefastas, sofrem modificações tão sensíveis nas versões mais recentes que não é despropositado sugerir alterações de qualidade entre as duas retóricas em face da questão.

Há, em primeiro lugar, uma notável ampliação do que é abarcado pela categoria de psicológico e do que, como tal, merece "ser trabalhado". De uma postura que praticamente reduz o estado emocional da gestante ao medo do parto, deságua-se numa perspectiva que concebe as experiências da gravidez, parto e nascimento como assuntos cruciais do ponto de vista das psicologias individuais. A relação da mulher e do homem consigo mesmos, a interação do casal, o relacionamento (atual e passado) de cada parceiro com suas famílias, a entrada de um terceiro na relação etc. são questões dignas de exame e de cuidados especiais.

Em segundo lugar, o estatuto do psicológico muda radicalmente: entre os teóricos do PSD, essa instância é redutível a outras lógicas; no caso, à fisiológica. Tanto assim que o sucesso da preparação psicológica será coroado justamente quando a mulher for capaz de encarar o parto, e atuar nele, como um "fenômeno fisiológico *tout court*" (Lamaze). Dick-Read endossa tal idéia, afirmando que o parto exemplar é aquele que, imunizado de "contaminações culturais", pode se manifestar como uma "obra de arte fisiológica". Visto de outra ótica, as singularidades dos sujeitos não fazem parte da cena do PSD. É essa ausência, aliás, que permite a ambos os teóricos argumentar pela universalidade do método e pela possibilidade de massificá-lo. Já no pós-PSD, o psicológico se autonomiza tanto da fisiologia quanto do social, e passa a ser representado como domínio irredutível regido por leis próprias.[29] A retórica, embora não sem ambigüidades, assenta-se no individual e, também em contraste com o

---

[29] A própria forma de legitimação do discurso atesta a idéia. Kitzinger declara que suas teses encontram na psicanálise uma importante fonte de inspiração, enquanto Odent (1979:58 e segs.) invoca desde Freud até os papas das terapias alternativas (Reich, Lowen etc.).

PSD, na história idiossincrática de cada um. É esta que circunscreve, em última instância, a "potencialidade subjetiva" dessas passagens, seu sucesso ou insucesso. Nem mesmo a entronização do "instinto" (Odent) é capaz de subordinar ou anular a lógica psicológica.[30]

Por último, observa-se ainda uma mudança no modo de lidar com o psicológico e de debelar emoções nefastas. O sentido diferencial que o PSD e o pós-PSD conferem aos grupos de preparação pré-natal coloca em relevo, mais uma vez, seus contrastes. Em Dick-Read e Lamaze essas reuniões são concebidas como um espaço de aprendizagem: a verdade está contida no método, bastando à clientela apreendê-la. A crença na "ação analgésica da sugestão verbal" exalta a palavra do médico, cuja intervenção reeducativa é coroada e finalizada quando a mulher é capaz de interpretar as sensações provindas do útero como um "mero trabalho muscular" (Dick-Read). Já na perspectiva do pós-PSD, o dispositivo da aprendizagem é substituído pelo da "reflexão": a verdade afirma-se como intransferível e o acesso a ela prevê um exercício de investigação do *self*. Mas tal preceito não apregoa um regime de isolamento; pelo contrário, privilegia-se a expressão das emoções como forma de elaborá-las, quando não de expiar as nefastas. Em síntese, *a crença no efeito terapêutico da palavra do obstetra cede lugar à crença no efeito terapêutico da palavra do paciente*. Os chamados grupos de reflexão pré-natais cumprem esse propósito (Kitzinger, 1981:125):

> Um bom curso pré-natal, no qual as discussões sejam estimuladas e os casais podem falar livremente sobre suas apreensões e esperanças, freqüentemente é eficaz para o desenvolvimento da autoconfiança.

Essas considerações são sugestivas de que as teses mais recentes, ao mesmo tempo em que se querem comprometidas com a desdramatização

---

[30] As relações, e complicações, entre natureza/instinto, o psicológico e o social, são trabalhadas no capítulo 2.

da gestação e do parto em termos médicos, em compensação os sobrecarregam de significações psicológicas. De fato, de acordo com o pós-PSD, o parto "revela" aquilo que o sujeito "é"; consiste em momento determinante na relação mãe, pai e filho; marca, de forma indelével, a personalidade do futuro adulto; pode solidificar ou comprometer de modo irremediável a vida do casal etc. Se, em Lamaze e Dick-Read, o parto "*sai* da fantasmagoria" graças ao PSD (Lamaze, 1956:85, grifo meu), na versão pós-PSD, essas passagens *adentram* esse reino devido à psicologização. Num caso, os eventos, esvaziados de significações culturais e simbólicas, se simplificam; no outro, inflacionados de conotações psicológicas e imersos no mundo obscuro da subjetividade, eles se complicam.

Da externalidade do código para a internalidade do sujeito

O contraste entre as duas vertentes descortina uma terceira inflexão que, embora corrobore conclusões já apresentadas, reveste-se de certas especificidades em relação às demais. Ela consiste no deslocamento de um discurso que proclama sua autoridade postulando um conjunto de regras universalmente válidas para outro cuja legitimidade se ancora no repúdio a qualquer tipo de normatividade.

Tanto Dick-Read quanto Lamaze traduzem suas sugestões em "aulas", cada uma das quais apresentada de forma minuciosa em seus livros-manuais. Em contraste, Leboyer sustenta que o "nascimento sem violência" não é um conjunto de técnicas, mas sim uma filosofia de vida, e as críticas de Kitzinger e de Odent ao PSD incidem justamente nos seus propósitos prescritivos. Mas é no último teórico que a tendência antinormativa se manifesta de modo mais radical. Extratos de um folheto distribuído aos casais que freqüentam Pithiviers são ilustrativos a respeito. O documento – encabeçado por expressões como "anti-regulamento", "antibrochura de informação", "anticonselhos" – adverte: "a equipe hospitalar deve se interpor o menos possível entre pais e bebês, seja por gestos, seja por conselhos"; "os cuidados com os recém-nascidos não obedecem a regras fixas"; "desconfiem de pessoas experientes" etc. (Odent, 1976:86).

Afirma-se, em suma, uma inflexão que da externalidade do código dirige-se para a internalidade do sujeito como o lugar de revelação da *verdade*. O deslocamento anuncia dois tipos distintos de moralidade, e sugestões de Foucault permitem discerni-las.

Em *O uso dos prazeres*, Foucault (1984) admite que todo sistema moral comporta dois aspectos: de um lado, códigos de comportamento, e, de outro, formas de subjetivação, já que toda ação moral implica uma relação a si. Ou seja, uma vez dada a regra, há uma infinidade de alternativas entre o simples respeito ou a mera infração: nesse espaço aloja-se o próprio sujeito que, como ente moral, define-se em relação ao código que lhe é proposto.[31]

Entretanto, Foucault também argumenta que certas morais caracterizam-se pela ênfase dada ao código, que, afirmando sua capacidade de ajustar-se a todos os casos possíveis, estipula conteúdos precisos de comportamento para os sujeitos. A estes cabe, basicamente, aprendê-los e observá-los. Em outras morais, ao contrário, o sistema de regras – reconhecendo a impossibilidade de uma codificação universalmente válida – desloca o foco para o sujeito, do qual se espera, por meio de uma relação consigo próprio, a decifração de sua verdade ou "desejo". O PSD e o pós-PSD ilustram, respectivamente, esses dois sistemas morais. O primeiro, que se quer universal, defende obediência estrita ao novo receituário médico. Já o último, ancorado em preceitos antinormativos, estimula os indivíduos a fazerem uso de seu "direito de escolha", de sua "liberdade" e a "se ouvirem", atentando para sua subjetividade e/ou para seu "saber instintivo".

---

[31] Essa posição encontra eco em Durkheim: "Até mesmo onde o conformismo seja o mais completo, cada indivíduo cria em parte sua moral" (1970:94). A idéia é retomada por Mauss e Granet quando ambos, e mais extensamente o último, discutem a relação entre convenções morais socialmente impostas e a "sinceridade" dos sujeitos ou a "parte de sua invenção pessoal" no cumprimento das mesmas (Mauss, 1980:60; Granet, 1922:114-115). Estes são exemplos da já comentada tensão entre relativização e preservação do sujeito em autores que se dispõem a sociologizar a noção de indivíduo (cf. Introdução).

Subscrever essas teses de Foucault não implica endossar a representação de uma moral imune a padronizações e constrições sociais. Afinal, a incitação para que o indivíduo se descubra ou se revele não indica ausência de norma; consiste, sim, em regra de tipo particular, que certamente não é menos constrangedora do que aquela que propugna a conformidade a códigos externos. Além disso, essa moral estipula o regime ideal ao qual deve ser submetido o *self*. Enquanto na ética estóica (Foucault, 1985) e na calvinista (Weber, 1967) as práticas de si estão a serviço de um regime de austeridade e de autocontrole, na moral manifesta no pós-PSD o valor incide na *liberação do sujeito de constrangimentos sociais e psicológicos em nome de sua plena expressão*. O dispositivo da antinormatividade e o preceito da igualdade – tão entranhados no ideário mais recente – estão precisamente a serviço desse valor.

Pode-se reler as inflexões promovidas pelas novas correntes em relação ao PSD salientando sua confluência para a norma da liberação. Tome-se a contestação ao "poder médico". O procedimento de invisibilizar sua autoridade e o princípio da igualdade que informa a relação entre os especialistas e a clientela atendem ao requisito de varrer constrangimentos sociais (incluindo os medicais) que atravancam a expressão do sujeito. A reapropriação do saber médico afirma-se, de igual modo, como condição para o autogoverno.

Há também, e pelas mesmas razões, uma íntima associação entre, de um lado, o sentido irredutível do indivíduo e, de outro, a proclamação da antinormatividade. O movimento como um todo é uníssono quanto à necessidade de transpor "contaminações culturais" e as distorções que elas impõem. Mas no PSD ultrapassá-las implica – e é este o objetivo – realizar o parto como um "simples fenômeno fisiológico". Já no pós-PSD, extrapolar normas sociais visa aceder ao indivíduo e, sobretudo, liberá-lo. É por isso que essa transposição faz parte da agenda do aprimoramento pessoal. Ainda no contexto ideológico do pós-PSD, também se confere à palavra um poder expurgatório, e seu exercício é outra condição no caminho do aperfeiçoamento. Mas, conforme já assinalado, no lugar de um silêncio introspectivo, o mergulho para dentro de si funda-se em, ao mesmo tempo que engendra, uma prática social falante. Atesta a idéia o modo como as versões mais recentes entendem os grupos pré-natais.

Nessas versões, também o corpo se subordina à norma da desrepressão. É significativo o contraste entre o PSD e o pós-PSD com relação à linguagem corporal apropriada no parto. Conquanto a superação da "passividade feminina" seja tema que perpassa todo o movimento, nos mentores originais – e Lamaze é paradigmático – "atividade" confunde-se com "domínio sobre o corpo" e sua "submissão à razão", o que equivale à (auto)contenção. Já na retórica do pós-PSD, o valor desloca-se para a "liberdade de movimentos" e, no limite, para a "perda de controle corporal" (Odent). Impõe-se a ele o regime da exposição e da liberação: "atividade" equivale, aqui, a "revelar-se". Sendo o corpo instância privilegiada de expressão do *self*, a desrepressão corporal subordina-se, ao menos em parte, ao preceito da exposição do sujeito. Kitzinger e Odent especificam gravidez e parição como experiência sexuais, e a associação entre sexualidade/prazer e parto culmina na equiparação entre o momento da expulsão do bebê e a sensação orgástica. A hipótese de Foucault (1982) acerca da identificação na modernidade entre revelação/confissão da sexualidade e a verdade essencial do sujeito encontra, nessas teses, expressão exemplar.

Sumariemos a articulação entre o primado da liberação e os preceitos da antinormatividade e da igualdade. A norma da liberação do sujeito fundamenta-se em uma imagem particular da relação entre indivíduo e social, a qual, além de dicotomizada, subordina o segundo pólo ao primeiro. O princípio antinormativo corre em favor dessa representação, visto estar assentado na premissa de que as "escolhas" e/ou o "desejo" do sujeito constituem o contraponto paradigmático à norma e ao social. Ou seja, crê-se que, para a verdade essencial do indivíduo se manifestar, é necessário expurgar os embaraços sociais, acedendo-se assim à *liberação*. Segundo o ideário do pós-PSD, tais constrangimentos cristalizam-se de modo mais grave nas relações hierárquicas que, identificadas com as de poder, são tidas como expropriadoras. Inversamente, o preceito da igualdade está comprometido com um social de tipo especial: tudo se passa como se, banida a hierarquia e seus efeitos perversos, se ingressasse num domínio imune a constrições. A ideologia igualitária afiança, assim, a superação de obstáculos à afirmação do sujeito.

O princípio da igualdade dissolve, em termos representacionais, o paradoxo de o expurgo das normalizações vir acompanhado da incorporação de um número crescente de especialistas no circuito do parto natural, como psicólogos, terapeutas corporais, além das várias especialidades médicas. A inflação é compensada pela doutrina da subordinação de seu saber às idiossincrasias de cada mulher e/ou do casal. Instaura-se, entre os profissionais e sua clientela, uma relação travada, não entre papéis hierarquizados, mas entre indivíduos "iguais" que comungam uma mesma ideologia e destinam seus esforços para um mesmo fim.

Em suma, argumento que a ética da liberação do sujeito psicológico, apoiada pelos dispositivos da antinormatividade e da igualdade, formam a coluna mestra do pós-PSD.

O ideário do pós-PSD e a convulsão dos anos 60

A hipótese desenvolvida neste tópico propõe uma sintonia ética entre as teses do pós-PSD — expressivo de um individualismo libertário — e o tom das idéias e movimentos que irrompem na cena internacional nos anos 60/70. Não se trata de determinar uma relação causal, mas sim de estabelecer, entre eles, relações de sentido e nexos significativos.

A expressão "anos 60", tal como aqui trabalhada, admite que muitos dos movimentos e idéias citados adiante, bem como vários outros não mencionados, não necessariamente se originam nem se esgotam nessa década. Muito do que é anunciado no período já era discutido pelo movimento *beat* dos anos 50 e pelo existencialismo do pós-guerra. As teses reichianas são formuladas nos anos 20 e o feminismo data, em sua versão sufragista, de meados do século XIX. Por outro lado, é sintomático que alguns dos projetos vanguardistas, mesmo quando germinados anteriormente, só encontrem terreno para frutificar nos anos 60. Isso se deve, em parte, à singularidade do período: ele foi ponto de encontro de várias tendências de pensamento que, originando-se em diferentes esferas da vida social, alimentam-se mutuamente em direção a um ideário que se quer revolucionário. Além de eclodirem de modo condensado no período, as novas idéias adquirem visibilidade e alcance inéditos: extravasando pequenos círculos fechados e intelectualizados, elas chegam literalmente às ruas. Graças em parte aos meios de comunicação de massa, os movimentos despontam quase que simultaneamente em diferentes países ocidentais. Justamente por essas razões, é difícil negar aos anos 60 uma importância sociológica significativa.

Os movimentos e o cenário em geral apresentam decerto uma configuração bem mais complexa do que aqui sugerido. Mas o que importa é menos o exaustivo e mais o característico ou típico. Com esse propósito, destaco em seguida, para além das particularidades dos movimentos tomados isoladamente, princípios comuns que desvelam o clima e tom éticos dominantes nos anos 60. Adianto que a sugestão é que essa década cultiva e prescreve, como código moral, o que designo *individualismo psicologizante-libertário*.

Observa-se, primeiramente, a prevalência assumida pelo indivíduo e pelo "pessoal" nesse contexto ideológico. Foucault (Foucault e Sennett, 1981) vislumbra na conjuntura política do período – marcada pelas guerras e pela iminência de uma catástrofe atômica – um estímulo para buscar no próprio sujeito a razão última de sua existência. Essa prevalência coincide com a ênfase em direção à privatização e à intimização salientada por Lasch (1979) em sua análise sobre o "narcisismo moderno". Mas ela se expressa também no fato de as categorias de indivíduo e de pessoal afirmarem-se como os alicerces éticos dos discursos sociais e como a razão de ser das instituições.[32] A tendência é notável, por exemplo, na representa-

---

[32] Foucault destaca que nos anos que precederam a II Guerra, mas estendendo-se para muito além deles, a filosofia ocidental foi dominada pela "filosofia do sujeito"; isto é, firma-se o suposto de que "o fundamento de todo o conhecimento e o princípio de toda significação [emanam] do sujeito significativo" (Foucault e Sennett, 1981).

ção – disseminada no período – de o social derivar seu sentido último, e de estar a serviço, do pleno desenvolvimento das potencialidades individuais. Segundo Marcuse (1968:19):

> O tabu sobre a indiscutível prerrogativa do todo sempre foi mantido e imposto (...) A questão que está sendo agora formulada é saber se a abolição deste todo não será a pré-condição para a emergência de uma cidade, Estado e Nação verdadeiramente humanos.

A entronização dos sujeitos idiossincráticos e a correlata representação da sociedade como redutível a eles, além de elucidar a antinormatividade e a repulsa ao "poder", incitam a premissa de que uma verdadeira revolução social exige, senão confunde-se com, transformações no campo das subjetividades individuais. É com base em tal argumento que esses movimentos, por vezes acusados de apolíticos ou antipolíticos, reclamam o sentido eminentemente político de suas idéias e práticas. De acordo com Cohen-Bendit, um dos expoentes da liderança estudantil de 1968:

> A ideologia revolucionária tradicional cometeu um erro quando afirmava que havia uma objetividade necessária à transformação da sociedade (...) A subjetividade das pessoas desempenha um papel enorme na transformação da sociedade.
>
> (apud Gabeira, 1985:48)

Outro pilar ético dos anos 60, que qualifica a modalidade de individualismo em pauta, consiste na postulação de que o regime ideal do *self* é o da liberação – seja das garras do poder, ou de constrangimentos sociais nefastos. Daí a oposição às instâncias de poder, bem como o valor da igualdade. Mas vamos por partes.

O questionamento radical a autoridades constituídas é marca registrada do período. O poder, com suas intenções normalizadoras, é denunciado como um mal em si, e, inversamente, seu objeto – o indivíduo – é considerado bom e valioso. A denúncia é generalizada: contesta-se desde

84 | O movimento de revisão do parto

o poder do Estado sobre os cidadãos, dos homens sobre as mulheres, dos brancos sobre os negros, dos médicos sobre os pacientes etc. até atingir as instâncias socializadoras – escolas e família. Tome-se, por exemplo, a "pedagogia antiautoritária" do período, tal como cristalizada na experiência de Sumerhill, escola concebida por A. S. Neill.[33] O educador insiste na tecla de que as novas escolas devem ser, por definição, antinormativas, de modo que se respeite a "espontaneidade" permanente das crianças, também reclamada para os adultos. Numa espécie de enaltecimento às leis do mercado (subjetivo, no caso), Neill (1979:277, 107) preconiza que a "criança deve ser criada com liberdade de regular-se a si própria":

> Como pode ser outorgada a felicidade? Minha resposta é: suprimam a autoridade, deixem a criança ser ela própria, não lhe ensinem nada (...) A maldição da sociedade é a coerção exterior, venha ela do papa, do estado, do professor ou dos pais.

A antipsiquiatria de Laing, Esterson e Cooper denuncia o poder e a repressão da família nuclear, responsabilizando-a pela alienação de seus membros. Os dois primeiros sustentam que a esquizofrenia é produzida, em larga medida, pela dinâmica intrínseca à vida familiar (Laing e Esterson, 1975), enquanto Cooper defende e antevê a "morte da família" em nome do pleno desenvolvimento individual e da "espontaneidade":

> É possível visualizar claramente a morte da família – este sistema que (...) filtra a maior parte de nossas experiências e priva nossos atos de qualquer espontaneidade genuína e generosa.
>
> (Cooper, 1974a:8)

---

[33] A escola de Sumerhill, embora fundada em 1921, sintomaticamente só é apresentada ao público nos anos 60.

O casal grávido | 85

A antipsiquiatria apresenta-se como alternativa moral por advogar, com base no sentido "micropolítico" de suas teses, a "reciprocidade" e até mesmo a "abolição de papéis" entre terapeuta e paciente e também por proclamar a "recusa de princípios normativos" (Cooper, 1974b:54 e segs.). As críticas à medicina também insistem na expropriação e na violência do saber-poder contra os sujeitos (Illich, 1977). De outra perspectiva, são propostas, como alternativa ao poder, relações fundadas no princípio igualitário.

Esse individualismo libertário elege a sexualidade como sua pedra de toque, e idéias de Foucault (1982) ajudam a aclarar o cenário. Embora localize a origem dessa eleição muito antes dos anos 60, suspeito fortemente de que algumas de suas principais teses tenham se inspirado no ideário dessa década. Suas conhecidas reservas à "hipótese repressiva da sexualidade" parecem referir-se às propostas – tão cruciais nos anos 60 – de Marcuse e de Reich, que postulam uma nova perspectiva entre "revolução" e "prazer". De acordo com o último autor, a raiz das neuroses coletiva e individual, as ações anti-sociais, a "base psicológica das ditaduras", a catástrofe internacional – enfim, todos os flagelos da civilização industrial – resultam da repressão sexual. Decorre daí a percepção que condiciona e subordina a gestação de uma nova ordem social não só à contestação do poder, como também à liberação plena da sexualidade dos indivíduos e à erotização das relações sociais (Reich, 1975). As proposições de Marcuse mantêm algumas afinidades com o pensamento reichiano. Suas críticas incidem sobre as sociedades tecnologicamente avançadas e sobre os meios de destruição que elas engendram: o militarismo, a obsessão com a produtividade, o consumismo desenfreado etc. Tal como Reich, Marcuse prevê a superação dessas mazelas por meio do questionamento das autoridades constituídas e também da liberação das dimensões eróticas dos sujeitos. Ou seja, o preceito da desrepressão desponta como pré-requisito e como o pilar da nova era, que tem por meta instalar um tipo de sociedade mais compatível com os "instintos vitais" do homem (Marcuse, 1967, 1968). Foucault resume: "o projeto revolucionário [foi] nas sociedades industriais e ocidentais, transferido, pelo menos em boa parte, para o sexo" (1982:13).

Seja porque a sociedade é representada como redutível aos indivíduos, seja porque se postula que o social deve subordinar-se aos desígnios individuais, o fato é que não há, de certo ponto de vista, antagonismo entre individual e social, entre interesses pessoais e os públicos, entre o psicologismo e a política. Satisfazer os primeiros equivale a atender aos últimos. A compatibilidade entre essas instâncias deriva também de uma coincidência do regime ideal proclamado para o *self* e para a própria sociedade: em ambos os casos, a plenitude está na liberação. Erotizar as relações sociais significa, a um só tempo, coroar a desrepressão, desmantelar o poder e instaurar uma nova ordem social. Estendendo o pensamento de Foucault (1982), pode-se dizer que a sexualidade é transformada em instância de emergência da verdade não só individual, mas também social. Mais uma vez é Marcuse que fala: "Hoje, a luta por Eros é uma luta política" (1968:23).

Castel (1981:9) expõe algumas nítidas coincidências com a leitura aqui proposta para os anos 60:

> A década recém-terminada foi marcada pela conjunção do psicologismo e do politicismo. Nos anos imediatamente posteriores a 1968, muitos acharam que, a um projeto radical do sujeito, corresponderia uma política igualmente radical, e que não era mais necessário escolher entre revolução social e revolução pessoal: liberação do sujeito, das massas (...) era o único combate verdadeiramente revolucionário.

O preceito da igualdade como regente das relações sociais é outra condição *sine qua non* da liberação. Além das considerações já feitas, vale notar que ele se traduz inclusive na proposta de uma volta à natureza e ao natural: tais instâncias são encaradas como contrapontos paradigmáticos ao social e à sociedade, conforme expresso na significativa rubrica de movimentos "contracultura". A predisposição igualitária corporifica-se ainda na exaltação de uma forma de convivência aparentada ao modelo de *communitas*, isto é, a um sistema rudimentarmente estruturado e relativamente indiferenciado, no qual os aspectos afetivos predominam sobre os jurídicos (Turner, 1974). O projeto de criar uma sociedade composta por indivíduos iguais é vislumbrado como resposta ao fenômeno do poder, responsabilizado por bloquear as potencialidades dos indivíduos. Em troca, a valorização da *communitas*, da espontaneidade, do natural, dos instintos vitais e da desrepressão sugere a representação de um plano da vida social no qual só imperam o sujeito e seus "desejos". As relações sociais igualitárias ou não englobantes garantem, em suma, seu pleno desabrochar.

Por outro lado, e em outro plano, a igualdade não pode comprometer o exercício do idiossincrático. Mesmo os movimentos sociais que reivindicam "direitos iguais" (como os das minorias) postulam simultaneamente o direito de cada sujeito ou grupo de "ser diferente" e de exercer sua singularidade irredutível. Tome-se o feminismo (ou ao menos uma de suas variantes): ao mesmo tempo em que insiste na igualdade formal dos gêneros, o movimento arroga para as mulheres um espaço exclusivo de atuação e luta políticas em nome de seus interesses percebidos como específicos.[34] Em suma, a utopia igualitária reitera, paralelamente, o seu sentido pluralista. É precisamente o direito às diferenças que elucida a repulsa às ambições universalizantes das normas.

As tendências à indiferenciação embutidas no preceito da igualdade são atestadas na confusão entre público e privado, entre comunidade e sociedade, entre político e pessoal, entre liderança e liderados etc. Essa indiferenciação, ou aplainamento das diferenças, como valor, reverbera no próprio sujeito, redundando em um preceito que designo *indivíduo plural*. Com a expressão, pretendo denotar um princípio moral que incita o sujeito a se experimentar em diferentes situações e dimen-

---

[34] Outras bandeiras do feminismo sintonizam-se com o tom dominante dos anos 60, como o "direito ao uso do próprio corpo" e o lema "o pessoal é político" (sobre esses pontos, cf. Franchetto et al., 1981:41-42).

sões, bem como a ansiar por transcender classificações sociais. Além da disposição para abrir-se a novas experiências, essa regra de procedimento impõe o reconhecimento de que se "é" coisas diversas. Daí a obsessão dos sujeitos em "embaralhar identidades" e/ou "trocar de papéis" (já notável nas prescrições de Odent e da antipsiquiatria). A exaltação da polivalência de experiências e de identidades é a mensagem central de *The grammar of living*, de Cooper (1974b). Ela se manifesta também no recurso às drogas (encarado como forma de aceder ao autoconhecimento, de experimentar novas sensações e/ou expandir a consciência) e na bandeira do bissexualismo, que parece afirmar-se com mais vigor no período. Mas também – e o ponto importa sobremaneira a este livro – o preceito do indivíduo plural imiscui-se na própria relação entre gêneros, estimulando cada um a experimentar e penetrar no universo do outro. Achatam-se as diferenças: homem e mulher alcançam uma espécie de totalização, integrando em si mesmos os mundos masculino e feminino. Assim, no lugar de segregar e de hierarquizar domínios e experiências, impõe-se uma *ética da indiferenciação*, que concebe o sujeito como pura disponibilidade. A noção de indivíduo plural encontra ilustração nas palavras de Gabeira (1985:26):

> Quero viver diferentes papéis, partindo incessantemente de um para outro (...) É indiscutivelmente melhor poder saltar de um papel para outro, nunca poder ser encontrado no lugar onde as classificações te perseguem.

Ou, nas de uma feminista:

> As mulheres parecem ter jovialmente interiorizado a alteridade viril sem abandonarem sua identidade feminina. A ocidental do século XX é uma criatura andrógena que recusa recalcar sua bissexualidade psíquica original. Ao mesmo tempo viril e feminina, ela muda de papel e de função segundo os momentos do dia ou

o período da vida (...) As mulheres atuais embaralham o jogo da identidade.

(Badinter, 1986a:11)[35]

A essa altura, já são notáveis as coincidências entre as teses do pós-PSD e a agenda ideológica dos anos 60. Ambas postulam uma identificação entre *ordenamentos hierárquicos/normalizações/poder/repressão* e, de modo inverso, entre *igualdade/antinormatividade/indivíduo/liberação*. A relevância atribuída à singularidade, à subjetividade, ao natural, ao instintivo; o sentido simbólico de que se reveste a sexualidade, bem como as disposições cristalizadas no preceito do *indivíduo plural* são outros princípios éticos que estabelecem nexos significativos entre o movimento de vanguarda obstétrica dos anos 70 e a modalidade de contestação instalada no período. Tanto num caso quanto no outro deságua-se no império de um individualismo psicologizante-libertário.

A rede social envolvida na gestação e no parto

Este tópico retorna às teses do PSD e sobretudo às do pós-PSD para salientar a modalidade de família que pressupõem, o modo como pensam a relação entre gêneros e, ainda, o papel que designam tanto aos profissionais quanto aos grupos de preparação para o parto. O objetivo aqui é anunciar algumas das hipóteses examinadas nos capítulos subseqüentes.

---

[35] Em outro livro – com o sugestivo título *Um é o outro* – Badinter (1986b) radicaliza a questão da igualdade para além das idéias contidas no conceito *indivíduo plural*. Ao tratar das atuais relações entre gêneros, a autora diagnostica, sem camuflar seu entusiasmo, que, graças à crescente indistinção de papéis sexuais e também à "plasticidade fisiológica" possibilitada pelos avanços da ciência, estariam em processo de dissipação não apenas as demarcações diferenciais de gênero, mas também as de sexo. Afirma-se assim uma "humanidade constituída por uma multiplicidade de individualidades": "Não há mais um modelo obrigatório, mas uma infinidade de modelos possíveis. Cada um se atém à sua particularidade, à sua própria dosagem de feminilidade e de masculinidade" (p. 262-263). Como se vê, pulverizam-se as classificações e normas sociais em nome da afirmação do valor-indivíduo e de suas singularidades irredutíveis.

O casal grávido: individualização e mudança como valores

Uma das novidades reclamadas pelo movimento em pauta consiste em sua pretensão de ser, simultaneamente, uma resposta à medicalização "desnecessária" e uma alternativa à "despersonalização" e "desafeição" que caracterizam o parto no ambiente hospitalar.[36] Dessa perspectiva pode-se dizer que o ideário tem, como modelo, um tempo passado no qual a gestação e o nascimento estavam entranhados em um "meio denso e quente" (Ariès, 1978). Todavia, nas sociedades tradicionais essas passagens são assunto de, e entre, mulheres. Já no contexto moderno, o partilhamento das tarefas e emoções não diz respeito à comunidade nem à família extensa, mas antes ao casal. De fato, o conluio da gestante com sua mãe é destronado pelo *casal grávido*:

> Ter um bebê costumava ser um assunto privativo da mulher com sua mãe ao lado, dando conselhos. Hoje em dia esta é uma situação cada vez mais partilhada entre o homem e a mulher, tanto na fase da gestação quanto no parto.
>
> (Kitzinger, 1981:137)

---

[36] É nos anos 50 – donde coetânea com a introdução do PSD em países europeus – que a prática do parto hospitalar atinge seu ponto culminante. Uma historiografia recente invoca dois fatores para elucidar a trajetória que leva do modo tradicional de lidar com a gravidez e o parto – afirmados como eventos públicos e como um assunto de, e entre, mulheres – para a forma moderna, privatizada e medicalizada de se ter filhos. Primeiro, alude-se ao movimento dos reformadores do século XVIII que, em nome da eugenia social e da "conservação das crianças", se opõe tanto ao aleitamento mercenário quanto às parteiras. A constituição do campo médico e os avanços alcançados pela obstetrícia no século XIX foram também capitais para a marginalização das parteiras e de seu saber específico (cf. Laget, 1982; Shorter, 1984; Knibiehler e Fouquet, 1980, 1983; Ehrenreich e English, 1974a, 1974b; Oakley, 1976; Donzelot, 1980; Fay-Sallois, 1980; Badinter, 1980; Boltanski, 1969; Costa, 1979; Salem, 1984). Salienta-se, em segundo lugar, o movimento de nuclearização da família (ver Ariès, 1978; Flandrin, 1976; Shorter, 1977). Mas, no entender de quase todos os autores citados, esses dois fenômenos estão interligados: argumenta-se que, ao elegerem a família como instância nevrálgica para o reordenamento social, os moralistas converteram-se, eles próprios, em agentes ideológicos fundamentais na construção da "nova família".

Depreende-se daí a estreita associação entre o ideário CG e a família nuclear: os futuros pais são retratados como reduzidos a um mínimo de relações familiares e sua identidade, como casal, já é supostamente mais forte do que os laços que os unem às suas respectivas famílias.

Contudo, observa-se uma oscilação entre afirmar a individualização dos cônjuges como uma postulação de fato – ou seja, como uma constatação – e como uma postulação de valor – isto é, como algo que se quer ver consumado. A primeira tendência se expressa na alegação de que a participação do pai nos eventos da gravidez e do parto está correlacionada ao movimento de contração da família, o qual teria redundado no seu formato nuclearizado e isolado. Por outro lado, a questão revela outra face quando se considera que, sem exceção, os autores focalizados fazem uma alusão negativa às famílias de origem do casal – em especial, à mãe da parturiente, invariavelmente apontada como perturbadora potencial dessas passagens. Desse ponto de vista, há um *estímulo intencional à contração da sociabilidade do casal com respeito aos núcleos de proveniência* – o que, lido às avessas, revela sua renitente importância na vida dos cônjuges.[37]

A oscilação entre afirmar a configuração nuclear ora como uma constatação, ora como uma postulação normativa, merece ser relida com base na distinção, proposta na Introdução, entre *individuação* e *individualização*. O fato de os cônjuges já terem se individuado dos núcleos de origem – formando um grupo doméstico independente – não implica que tenham saciado seu anseio de individualização, ou seja, de dis-

---

[37] A literatura internacional que trata da família nos estratos médios insiste nesse ponto. Embora reconheça que a família nuclear é a forma de parentesco dominante e ainda que consinta que seu grau de nuclearização varie em função de fatores vários (como mobilidade espacial e social, tipo de rede etc.), a bibliografia destaca a persistente importância desempenhada pela parentela mais ampla em condições urbanas. Ver, por exemplo: Firth, 1969; Bott, 1976; Willmott e Young, 1971; Bell, 1968; Héritier, 1975. Conclusões similares são sublinhadas pela literatura nacional sobre camadas médias (Salem, 1986a).

criminação e diferenciação simbólica em relação a eles. Essa disposição se evidencia quando, aludindo à sua clientela típica, Kitzinger (1981:143) assinala: "Muitos (dos casais) sentiam fortemente a vontade de ser, como pais, um tipo diferente daquilo que seus próprios pais haviam sido".

Essas observações sugerem que tanto a nuclearização da nova unidade familiar quanto sua inclinação à distinção simbólica impõem-se, nesse ideário, sobretudo como *valor*. Transponho a idéia para o plano mais propriamente analítico, ou seja, o modo como concebo a noção de família nuclear subordina a questão de sua forma sociológica ao seu significado como valor e/ou preceito normativo.[38]

O anseio diferenciador em face das famílias de origem – que o CG exprime de modo particularmente enfático – não leva a interpretar, ou reduzir, sua experiência e projeto a um modelo reativo à geração parental. Primeiro, porque essa disposição pode ser lida como a manifestação de um valor mais abarcante corporificado no da *mudança*. Além disso, e antecipando uma questão examinada adiante, a ânsia de discriminação simbólica do CG, mais do que definida com base em uma mera negatividade (ou seja, contra os núcleos de origem), expressa positivamente seu ideal de conjugalidade. Este ideal firma-se na premissa de que a identidade do casal é mais forte do que os laços que vinculam cada um dos cônjuges aos respectivos núcleos de origem. Segue-se daí que seu projeto de individualização em relação a eles pode ser legitimamente lido como um expediente para reiterar o mencionado ideal.

---

[38] Essa perspectiva encontra eco nas análises de Shorter e de Ariès. O primeiro argumenta que "a família nuclear é antes um *estado de espírito* do que uma estrutura ou distribuição do domicílio" (Shorter, 1977:254, grifo meu). Ariès (1978:213), por sua vez, destaca que, pelo menos desde o século X, notam-se movimentos de contração e de expansão da família em detrimento ou em favor da linhagem. Por isso, ao contrapor as famílias abastadas do século XVII à célula conjugal medieval, ele conclui: "*O sentimento era novo, mas não a família*" (1978:222, grifo meu). Tal como esses historiadores, denoto, com o conceito de família nuclear, algo para além de uma configuração morfológica.

Os grupos de pré-natais

Enveredar no modo como o pós-PSD concebe os grupos pré-natais permite avançar hipóteses que dizem respeito não apenas ao CG pensado em sentido estrito como também à moralidade mais abrangente que seu ideário pressupõe e expressa.

Tais grupos são justificados, primeiramente, como uma compensação à contração – efetiva, ansiada ou estimulada pelos próprios profissionais – da sociabilidade dos cônjuges em face das famílias de origem. O projeto de substituição de uma rede pela outra é presidido por um dispositivo moral que identifica a relação entre os profissionais e os casais, bem como a destes entre si, como uma *comunidade de iguais*. Eles são iguais na profissão de um credo que se quer vanguardista. E também o são em virtude de sua relação ser orientada pelo preceito igualitário, ou seja, ela é prevista como não-hierárquica, antinormativa e na qual os especialistas desempenham um papel antes "afetivo" que propriamente técnico.

Ao lado do caráter informativo e associativo, a outra função dos grupos operativos reporta ao reconhecimento, mais ou menos explícito, de que a adesão do homem ao novo *script* não é fácil nem auto-evidente. Dick-Read (1979, cap. 5) faz constantes alusões à "resistência" dos maridos em participar da gravidez de suas esposas, enquanto Odent inclina-se, nos seus últimos escritos, a admitir o parto como uma experiência visceralmente feminina. Razões de ordem psicológica, sociológica (os renitentes "preconceitos") e de "natureza" de cada gênero são invocadas para elucidar essa resistência masculina e/ou descompasso entre o homem e a mulher. Segundo Kitzinger (1981:142),

> Quando principia a gravidez, um homem e uma mulher começam a habitar mundos diferentes (...) Ele pode achar que não pode mais falar sobre seus problemas "racionalmente" e que ela perdeu o interesse por tudo, exceto pelo bebê.

A possibilidade de um desacordo entre os movimentos da gestante e de seu companheiro – significativamente interpretada como um perigo – leva os especialistas a sugerirem procedimentos para neutralizar o caráter potencialmente desagregador dessas passagens. A participação do futuro pai nos cursos pré-natais é requisito indispensável, e os mecanismos preventivos propostos são reveladores e sintomáticos desse universo ético. De acordo com o pós-PSD, os encontros propiciam um espaço para a conversação e, portanto, também para a definição da nova realidade do casal. Mais que exercício de sociabilidade, a conversação supõe um ato purgativo por meio da "verbalização" e "elaboração" dos sentimentos. A palavra de ordem é "não reprimir emoções" (Kitzinger, 1981:35).

Dramatizações, especialmente do dia do parto, são igualmente aconselhadas não só para incitar a "expressão" e "reflexão" de medos e/ou emoções mal resolvidas, como também para estimular a integração simbólica do homem à experiência. Um exemplo paroxístico consiste no que se assemelha a um exercício de *couvade,* ilustrativo também do que designo *indivíduo plural* com sua obstinada disposição para "trocar de papéis". Ao propor que os cônjuges devem "treinar e simular contrações" como forma de se preparar para o parto, Kitzinger (1981:174, 177) aconselha:

> É melhor praticar esta técnica com seu parceiro, que age como o seu "útero" (...) Depois de um tempo pode ser uma boa idéia trocar de papéis. Para seu parceiro pode ser a primeira impressão de como se parece uma contração e ele aprende a responder a ela.

Em suma, seja redefinindo a realidade do casal, seja produzindo nos homens uma disposição psicológica de identificação com a grávida, os grupos funcionam como agências nômicas, isto é, oferecem discurso e práticas que confirmam e organizam a experiência da gestação e do parto em novos moldes. Assim, embora sem dúvida pressuponham uma ética e uma vocação particulares prévias, os grupos pré-natais constituem espaço crucial para a própria construção do CG tomado em sentido estrito. Esta é uma das hipóteses desenvolvidas no capítulo 2.

Relação entre gêneros: o casal igualitário

O contraste entre o modo como o PSD e o pós-PSD concebem a articulação entre o feminino e o masculino fornece material para um tema-chave retomado em outros capítulos: a modalidade de casal que, sem lhe ser exclusiva, está pressuposta no ideário do CG.

Se bem que os mentores do PSD já busquem um espaço para o pai da criança na gravidez e no parto, a convocação revela-se tímida quando comparada com a postulada por seus sucessores. Além disso, no movimento original, o homem comparece como portador de qualidades tipicamente masculinas, expressas na "proteção" e no "suporte" à esposa. Ou seja, embora reunidos em um projeto comum, mantém-se a segregação entre os gêneros:

> Um marido familiarizado com os princípios do parto sem dor oferece à sua esposa um suporte ativo. Ele a ajudará a levar uma vida bem regrada, a evitar trabalhos pesados (...) Ele saberá afastar a literatura, peças de teatro, filmes e pessoas que disseminam informações errôneas e trágicas concernentes ao parto.
>
> (Lamaze, 1956:119)

O pós-PSD introduz alterações significativas no cenário. Justifica-se a importância da participação do homem não apenas como companheiro da mulher, mas também como pai. Mais importante, o homem é agora singularizado como o que enfrenta, no transcurso da gravidez, dilemas próprios e, tal como sua parceira, atravessa um momento delicado de reconstrução de identidade. Por último, e principalmente, há no pós-PSD indícios que sugerem, senão uma *com-fusão* entre as identidades masculina e feminina, ao menos um esfumaçamento de suas fronteiras. É precisamente o valor alocado na indiferenciação entre gêneros que fundamenta, nesse domínio específico, o dispositivo do *indivíduo plural*. Odent (1979:54-55) o ilustra de modo paroxístico:

> A participação do pai no evento do nascimento é a chave de uma mutação em direção à fusão do mundo dos homens e o das mulheres

(...) Entendemos a fusão desses dois mundos como a descoberta pelo homem do mundo feminino enquanto componente existente em todo ser humano. A abertura de um mundo ao outro será possível quando o homem for liberado de seu papel exclusivo de homem.

Pode-se daí concluir que o pós-PSD concebe o CG e/ou os indivíduos que o compõem como *iguais* em pelo menos dois sentidos. Para além ou aquém de suas classificações sociais (inclusive as de gênero), os parceiros são concebidos fundamentalmente como sujeitos psicológicos. Como tais, eles estão submetidos a igual regime, mas são ao mesmo tempo reconhecidos como distintos e irredutíveis em suas subjetividades. Sua igualdade repousa ainda no fato de não haver imputação diferencial de valor ao feminino e ao masculino. É precisamente essa indistinção que confere legitimidade ao anseio de cada gênero de penetrar no universo do outro e de experimentar simbolicamente a outra identidade.[39] Estas são premissas de base que conformam o ideal de conjugalidade embutido no casal igualitário.

Todas as questões enunciadas são retomadas nos próximos capítulos. Eles deslocam o foco para a atualização do ideário do CG no contexto brasileiro; ainda assim, eles permanecem fiéis ao modo como até aqui vem sendo tratado o fenômeno. Ou seja, ele importa não só em sua especificidade, mas também em sua generalidade, como expressão de disposições éticas e de dilemas atinentes à configuração individualista psicologizante-libertária.

---

[39] Há boas razões para sustentar que no pós-PSD o feminino está investido de um valor mais positivo que o masculino, como inspira a última transcrição de Odent. A impressão é reiterada quando, novamente Odent (1976:108), colocando Freud às avessas, postula que "é o homem que se define como uma mulher a quem falta alguma coisa, o homem dominado pelo desejo de engravidar, pela angústia da esterilidade, e não da castração". Ter-se-ia, no caso, um exemplo da "inversão hierárquica" de que fala Dumont. Por outro lado, ao insistir na "atividade" da mulher e/ou na sua representação como "sujeito de decisões", o pós-PSD inverte as imagens de "passividade" e de "ser objeto" tradicionalmente associadas ao feminino. Dessa perspectiva, parece pertinente concluir também pela masculinização do feminino.

2. Gestando o casal grávido

*Os sentimentos que nascem e se desenvolvem no seio de
grupos têm uma energia que os sentimentos
individuais não atingem.*

Durkheim, 1970

Um dos intuitos deste capítulo é desenvolver a idéia da construção
do CG tomado em sua especificidade. A hipótese é abordada de uma
ótica dupla: de um lado, focando o ponto de vista dos cônjuges, proponho que os grupos de preparação para parto, coordenados por uma equipe multidisciplinar, conformam e tipificam sua experiência.[40] De outro,
incidindo nos profissionais, sugiro que sua articulação em equipes também engendra o CG – agora como sistema – graças aos efeitos propriamente mercadológicos que essa modalidade de organização propicia.

O material etnográfico principal deste capítulo resulta da observação
de seis encontros para CG ocorridos em três palcos distintos. Como matéria subsidiária, utilizo manuais para CG escritos por profissionais brasileiros, depoimentos de médicos publicados em revistas vendidas em bancas de jornal e ainda relatórios de reuniões pioneiras para CG realizadas
no Rio de Janeiro entre 1979 e 1980.[41]

A hipótese da construção do CG não esgota, entretanto, o plano
deste capítulo. Ele destaca coincidências notáveis entre a versão inter-

---

[40] A reestruturação seletiva na rede de relações do casal no decorrer da gravidez é mais um
mecanismo que define e confirma a realidade do CG. O assunto é examinado no capítulo 4.
[41] Esses encontros foram gravados e transcritos na íntegra pela equipe responsável por sua
condução. Os relatórios de que disponho me foram cedidos pela coordenadora do grupo.

nacional do ideário do pós-PSD e sua formulação nacional. A ética da psicologicidade, o sentido igualitário e antinormativo proclamado pelos profissionais na relação com a clientela, a autoconotação de vanguarda, a postura crítica diante do *establishment* em geral e do médico em particular, bem como as restrições às famílias de origem são valores que perpassam tanto as reuniões para CG quanto os manuais a ele destinados.

Este capítulo dedica ainda um tópico ao exame dos sentidos embutidos no parto natural. Sua centralidade no projeto do CG leva a argumentar pelo sentido simbólico condensador que ele encerra; ou seja, o parto projetado converte-se analiticamente em instância crucial para apreender categorias e valores que conformam o ideário, bem como tensões que lhe são constitutivas. Contudo, e este é um argumento central, algumas das disposições éticas nele encravadas − como o ideal de conjugalidade e de sociabilidade que ele prevê − não são exclusivas do CG. Antes dizem respeito ao universo moral no qual ele se insere, mas que o extravasa.

Por último, assinalo tensões entre princípios que informam o ideário CG. Elas não são peculiares ao caso brasileiro, e muitas já se anunciam no capítulo precedente. O preceito antinormativo convive com a enunciação de sugestões minuciosas de como a mulher e o casal devem se comportar e mesmo expressar suas emoções. Observa-se, de igual modo, a fricção entre igualdade e hierarquia, particularismo e universalismo, natureza e cultura, instinto feminino e saber médico etc. A sinalização dessas tensões não deve ser confundida com o intuito de denunciar contradições entre representações, ou entre estas e sua atualização prática, como se elas comprometessem o ideário. Se do prisma dos atores envolvidos, tensões, ambigüidades, contradições e paradoxos podem ser identificados como incoerências embaraçosas, considero tais qualidades como endêmicas ao social.[42] Tomando como

---

[42] Ao argumentar que a unidade de um sistema comporta necessariamente "conflitos", Simmel (1970, cap. 6) elabora uma crítica aos dualismos característicos de nosso repertório cultural. Suas considerações oferecem pistas para repensar as noções de ambivalência e de contradição, cujas tendências opostas mereceriam ser trabalhadas como uma coisa só. Tratando da vida psicológica individual, ele postula: "Muito do que somos levados a representar como senti-

ponto de partida a tensão entre particularização e indiferenciação dos sujeitos, enveredo na noção de indivíduo vigente, articulando as três dimensões que o compõem: a "natural", a "psicológica" e a "social". Entretanto, essa representação de indivíduo, longe de privativa do CG, emerge como pertinente ao universo moral individualista. Portanto, novamente se impõe aqui o trânsito entre particularidade e generalidade implicado na noção de *experiência sintetizadora*. Como se vê, o CG tomado em sua especificidade não esgota o plano deste capítulo.

Etnografia dos encontros observados

Em agosto de 1983 assisti ao "XVI Encontro de Casais Grávidos" em um hospital municipal na Zona Sul. Tomei conhecimento do evento através de um cartaz de divulgação afixado em uma instituição que, além de "grupos de reflexão" sobre sexualidade feminina, maternidade e temas correlatos, promovia reuniões para CG. O anúncio garantia entrada franca aos interessados, aludia à programação da noite e listava o nome dos 12 patrocinadores do encontro: três obstetras, três pediatras, uma assistente social, uma psicóloga, duas preparadoras físicas para gestantes, um anestesista e uma psicanalista. O cartaz trazia ainda a fotografia de uma mulher que, em posição de cócoras, acabava de parir. Embaixo da imagem, lia-se: "o parto natural".

Estiveram presentes à reunião 17 casais, 10 mulheres (algumas das quais não pareciam grávidas) e dois homens desacompanhados. Soube depois que algumas das pessoas da platéia eram membros da equipe organizadora, mas elas não se manifestaram durante o encontro. Com

---

mentos mistos, como resultado de motivações diversas, como a competição de sensações opostas, são inteiramente autoconsistentes. Mas, faltando freqüentemente ao intelecto um paradigma para tal unidade, ele o constrói como resultando de vários elementos" (1970:77-78). Otávio Velho subscreve a proposição ao insistir na apreensão da ambigüidade "em sua *positividade*, e não em nenhuma contradição ou oposição" (1984:17). DaMatta (1979) também explora esse veio analítico.

efeito, a sessão foi inteiramente conduzida pelo obstetra Estelitta Lins (considerado um dos papas do parto natural no Rio de Janeiro) com algumas esparsas intervenções de um pediatra.[43] A centralidade dos dois especialistas na condução do encontro fora previamente estabelecida: evidência disso é que só eles ocupavam lugar na mesa postada diante da platéia.

Os casais presentes inseriam-se na faixa dos 20 anos, e a maioria das mulheres exibia gravidez avançada. Da maneira como estavam vestidos e se expressavam deduzi que procediam de camadas médias. Alguns deles já se conheciam: uns chegaram juntos ao local e outros se falaram antes de a sessão ter início. Notei, no transcorrer da reunião, que ao menos alguns dos casais eram pacientes de Lins.

O encontro teve duração aproximada de duas horas e foi iniciado com a distribuição entre os participantes de duas folhas mimeografadas: a primeira reproduzia um texto de Lins (s.d.) intitulado "O parto natural: conceito e doutrina". Ao lado do nome do médico, eram fornecidos o endereço e telefone de seu consultório particular. A segunda folha cruzava, num quadro sinóptico, a indicação das cinco etapas do parto com informações sobre "o que acontece", "desenvolvimento das contrações uterinas", "o que a parturiente pode fazer" e "o papel do pai" em cada uma das etapas. O quadro não se limitava a fornecer informações médicas, sugerindo também à parturiente e/ou ao marido como expressarem seus sentimentos de forma adequada no instante do parto. A título de ilustração, na fase do "pós-parto e a saída da placenta", o item referente a "o que pode a parturiente fazer" recomendava:

> Receba seu filho com amor. Acarinhe. Estabeleça contato pele-a-pele e olho-no-olho com ele. Tranqüilize o bebê. Junte-se ao marido na alegria. Dê o seio ao bebê.
>
> (Lins, s.d.)

---

[43] Dos profissionais citados neste tópico, Lins é o único cuja identidade não foi ocultada. Como ao longo da análise faço menção a um texto de sua autoria distribuído no encontro, foi impossível resguardar sua identidade. Além disso, das reuniões observadas, esta foi a única que prescindiu de contatos pessoais, já que era aberta ao público interessado.

A primeira parte do encontro versou sobre "o que acontece e o que fazer na ocasião do parto". O obstetra justificou a escolha do tema alegando "a grande ansiedade manifestada pelo casal nesse momento". Interessam destacar, para análise posterior, alguns pontos de sua preleção. Apontando "a vida sedentária moderna" e "a ansiedade que acomete os cônjuges" como os dois grandes entraves ao parto natural, Lins declarou-se "um defensor intransigente da preparação física e emocional" do casal. Assegurando que "todo homem é capaz de assistir ao parto", o médico insistiu na sua presença, bem como na sua tranqüilidade, como imprescindíveis para o sucesso do evento. Em compensação, as duas únicas referências às avós estiveram revestidas de conotação negativa, e a presença delas no parto foi expressamente desaconselhada em virtude de seu "excesso de zelo e preocupação". Os não-grávidos também não foram poupados, tendo sua "inveja inconsciente" sido considerada o móvel que os impulsionava a relatar "casos escabrosos sobre partos" às gestantes. Lins criticou tanto a medicalização do nascimento quanto o ambiente hospitalar, e aconselhou inclusive que a parturiente retardasse o máximo possível a entrada na maternidade de modo que não fosse tolhida sua "liberdade de corpo". Por outro lado, afirmou "não ser justo" negar um eventual pedido de anestesia e reconheceu que em um pequeno número de casos havia indicação médica para a cesárea. Ainda assim, insistia que "o melhor parto", tanto para a mãe quanto para o bebê, era o natural – identificado com o de cócoras.

As referências à "sabedoria da natureza e do instinto" foram uma constante na reunião. Leboyer foi explicitamente invocado mais de uma vez, mas compareceu também, de modo implícito, quando Lins declarou que naquele dia tinha efetuado dois partos nos quais "os bebês nasceram sorrindo".

O público interrompeu o obstetra para fazer perguntas médicas ou ainda para manifestar algumas preocupações. Destas, a mais recorrente era a de não conseguir localizar o médico aos primeiros sinais do parto. Por duas vezes o obstetra foi interpelado sobre o comportamento exageradamente exemplar que ele estaria demandando não apenas da mulher, mas também do homem. As intervenções masculinas mostraram-se tão freqüentes quanto as femininas.

Na segunda parte do encontro foi projetado o filme *The squatting position delivery*. Baseado nas pesquisas do médico Moysés Paciornik,[44] o filme documentava cerca de 10 partos de cócoras efetuados com suas pacientes. Após a projeção, não se fez mais nenhuma pergunta e a reunião foi encerrada.

Em meados de 1984 presenciei uma jornada para "vivências da gravidez e parto" coordenada por um grupo de especialistas que há dois anos promovia essa modalidade de encontro. A equipe era formada por um obstetra (Júlio), duas assistentes sociais (uma delas esposa do obstetra), uma psicóloga, um pediatra e um anestesista. A psicóloga e uma das assistentes sociais integravam também a equipe de Lins. Todos os profissionais se manifestaram durante a reunião, ainda que o obstetra, seguido da psicóloga, tenham sido as figuras de maior destaque nas intervenções.

A jornada teve oito horas de duração – das 10 da manhã às 18 horas de um sábado, com intervalo para almoço – e ocorreu em ampla sala de uma clínica de atendimento psicológico na Zona Sul. Não havia cadeiras no recinto e todos os participantes, apoiados em almofadas, acomodaram-se no chão em roda.

Estiveram presentes seis casais, todos clientes de Júlio. Em dado momento, o obstetra comentou a falta de tempo para uma maior divulgação do encontro, para o qual tinha a pretensão de reunir também casais que não fossem clientes seus. Com apenas uma exceção, as mulheres

---

[44] Obstetra curitibano, Parcionik vem pesquisando, desde a década de 70, o parto de cócoras nas reservas indígenas do Paraná, sendo considerado por muitos como o introdutor do parto natural no Brasil. Em 1979, ele publica *O parto de cócoras: aprenda a nascer com os índios*, que em 1983 atinge sua terceira edição.

eram primíparas e se encontravam em estado avançado de gravidez. Alguns dos casais já se conheciam previamente à reunião.

Poucos dias antes do evento, eu fui apresentada a Júlio no gabinete do diretor de uma maternidade pública em que vinha desenvolvendo uma pesquisa de campo. Eu desconhecia seu trabalho com CG, ainda que já tivessem chamado minha atenção cartazes de divulgação da maratona afixados no estabelecimento. Eles anunciavam o nome dos organizadores, as atividades programadas e estipulavam uma taxa de inscrição de C$ 15 mil (15% do salário mínimo da época) aos casais. Durante nossa conversa, na qual mencionei meu tema de tese, Júlio convidou-me para assistir à jornada. Já nesse primeiro contato, o obstetra demonstrou muito entusiasmo com essa modalidade de trabalho: sublinhou o intenso envolvimento emocional que a maratona provocava em todos os participantes e comentou ser freqüente, nas dramatizações propostas, que os homens "conversassem com seu útero". Criticou colegas que, embora adeptos do parto de cócoras, se limitavam a transmitir informações aos casais, desprezando um "trabalho com emoções e sentimentos". Disse ainda que através desses encontros pretendia "divulgar as novas idéias para o grande público".

Apesar desse contato pessoal com o coordenador da equipe, atravessei momentos de tensão durante a reunião. Quando a sessão já havia começado e sem que eu tivesse sido apresentada ao grupo, perguntei a Júlio (que estava sentado ao meu lado) se podia fazer anotações. Sua resposta foi positiva. Mas o fato de a negociação ter se processado privadamente criou-me problemas com a psicóloga, que me disse, tão logo encerrado o trabalho da manhã, que minhas anotações estavam "constrangendo o grupo". Uma das assistentes sociais que presenciou a cena não endossou sua opinião, mas admitiu que meu pedido deveria ter sido previamente discutido com todos. Decidimos recolocar a questão para os outros integrantes na parte da tarde.

Durante o intervalo fui convidada para almoçar com a equipe, enquanto os casais se dirigiram a outro restaurante. Nessa ocasião – em que ninguém mencionou o incidente – todos se mostraram muito solícitos comigo. De minha parte, expressei simpatia pelo trabalho que vinham desenvolvendo. Creio que essa atitude foi importante para dissipar, ou minorar, o mal-estar com a psicóloga: foi como se de potencial avaliadora eu tivesse passado para aliada efetiva. Tanto que, na volta do almoço, não mais se falou em discutir com os casais minha presença e participação no encontro. Ainda assim não me senti mais à vontade para continuar minhas anotações.

O incidente foi revelador de alguns pontos dignos de nota. Chama a atenção o fato de Júlio se perceber investido de autoridade suficiente para atender ao meu pedido sem consultar os demais. A reação da psicóloga era decerto uma atitude de desagrado, mas não deixa de ser intrigante que ela a tenha manifestado em uma conversa particular comigo, presenciada apenas por uma assistente social. Ou seja, tanto na eclosão quanto na solução do drama, ela evitava um confronto direto com o obstetra.

Júlio iniciou a jornada definindo seus propósitos: "Estamos aqui para que vocês coloquem suas dificuldades, suas emoções e também para transmitir informações que vocês julguem necessárias". A partir daí, e conforme previamente estipulado, a parte da manhã foi toda reservada à discussão de temas levantados pelos próprios casais.

A questão que abriu o encontro girou em torno das dificuldades e/ou limites do ideário do CG; mais precisamente, do papel que o futuro pai desempenha nele. O assunto foi deflagrado pela declaração de uma gestante de que "a emoção do homem nunca é igual à da mulher: o envolvimento dela é sempre muito maior". Ou, de acordo com uma outra:

> Tem limites nessa partilha. No começo da gravidez a idéia de CG cabia perfeitamente na minha cabeça, mas depois fiquei pensando que as coisas são diferenciadas mesmo. A idéia de incutir a psicologia da gravidez no homem é superdifícil até por razões da própria sociedade que nega isso.

A partir daí foi, de certo modo, instalada uma demarcação entre o campo feminino, de um lado, e o masculino, de outro. A percepção da incorporação do homem à experiência como problemática provinha, sobretudo, das gestantes. O questionamento traduzia-se por vezes em ressentimentos domésticos: elas cobravam dos maridos "participação mais espontânea", reclamando que eles "falavam pouco de seus sentimentos" e que elas queriam ser "mais paparicadas".

Os parceiros respondiam às queixas de suas companheiras formulando outro sistema de queixas: diziam-se "excessivamente cobrados" por elas e reclamavam que "a carência da mulher é tanta na gravidez que elas acabam ficando pouco sensíveis aos sentimentos do homem". Mesmo admitindo injunções biológicas – o que não impediu que um deles declarasse "sentir-se injustiçado" por não poder carregar o bebê dentro de si –, apostavam na idéia de que o "envolvimento emocional" fazia deles, de fato, "homens grávidos".

O papel dos profissionais foi o de mediar e conciliar os dois campos. As intervenções em geral (e não apenas as da psicóloga) privilegiavam uma lógica psicologizante: sugeriu-se que a própria gestante, movida por "razões inconscientes", podia estar "excluindo o homem do processo". Justificavam-se as tensões vividas pelo casal aludindo tanto à "carência afetiva" que de modo típico acometia as grávidas, quanto à "fragilidade e insegurança" dos "grávidos" (segundo a psicóloga, "na gravidez a mulher está fálica e por isso o homem se sente menos potente"). Ao mesmo tempo em que insistiam no "diálogo", os profissionais também atribuíam à mulher – no que eram endossados pelos maridos – a responsabilidade de "integrar o homem no processo, conversando com ele". Havia, portanto, um reconhecimento tácito de que era a gestante que, em última instância, convertia o homem em grávido. Mas também se atribuía explicitamente aos profissionais (em especial, ao obstetra) e aos encontros para CG um papel relevante na "convocação do homem para a gravidez".

Contudo, mesmo referendando a pertinência do CG, especialistas e casais admitiam duas outras ordens de fatores que dificultavam a implementação e/ou o sucesso do projeto: de um lado, os prejuízos sociais renitentes; de outro, a história familiar pregressa dos parceiros. Foi exatamente a denúncia contra "preconceitos culturais" que dissipou as fronteiras entre grávidas e grávidos, e entre estes e os especialistas. As vozes tornaram-se uníssonas: todos se sentiam igualados como alvos desses preconceitos. Os homens diziam-se incompreendidos ou ridicularizados ao se declararem "grávidos", e os médicos aludiram à desconfiança que seu trabalho com CG despertava em seus pares. Justamente por isso, todos ali se percebiam como uma vanguarda empenhada em "melhorar e aperfeiçoar" tanto os sujeitos quanto a própria "cultura". Essa autoconotação era construída não apenas por referência à "sociedade" ou à "cultura dominante", mas também às famílias de origem. Segundo um grávido:

> Pra mim família não é coisa importante. Estou num movimento que não tem nada a ver com meus pais. Não tenho nenhum compromisso com o continuísmo.

O tema do medo das dores do parto, sugerido por algumas mulheres, constituiu ocasião privilegiada para Júlio ocupar o centro da cena e proferir um discurso antimedical. Criticou a intervenção médica "desnecessária", incluindo aí a anestesia ("O anestesista da minha equipe entra na sala de parto sabendo que, em princípio, não vai ter que agir"); assegurou que o sofrimento da parição era fenômeno "meramente cultural e de cuca" e reiterou a imprescindibilidade de uma preparação física e psicológica do casal. Em todos esses sentidos, portanto, ele renovava seu endosso ao parto natural. Algumas grávidas manifestaram ceticismo quanto ao parto indolor, enquanto outras reclamaram da "cobrança exagerada" que recaía sobre elas. Ainda assim, sua adesão ao parto de cócoras mantinha-se inabalada.

Outros assuntos foram ainda propostos na parte da manhã, mas eles mereceram menos discussão. Falou-se, por exemplo, sobre a educação das crianças, tendo sido muito enfatizados princípios como "respeito à personalidade infantil", empenho em não ser "severo e repressor" e ainda "diálogo e compreensão".

A sessão da tarde girou em torno de três atividades. Iniciou-se com uma dramatização sobre o dia do nascimento, na qual os casais representariam um personagem a sua escolha. Mas de antemão Júlio sugeriu que "todos vocês, na dramatização, são assexuados", como que instigando os homens a desempenharem papéis femininos e vice-versa. A equipe e eu nos restringimos a observar o desenvolvimento da encenação. Finda a atividade – e talvez instigada por ela –, dúvidas de caráter estritamente médico foram aventadas pelos casais. Pude constatar certa impaciência de Júlio diante das perguntas. Ele lembrou aos casais que oferecia, no hospital público onde trabalhava, um curso grátis para sanar esse tipo de questões e disse preferir reservar o espaço da maratona para que os casais "se colocassem emocionalmente".

A terceira etapa da jornada consistiu na projeção de um filme narrado sobre três partos feitos por Júlio em diferentes momentos de sua carreira. O primeiro mostrava uma mulher recém-parida, deitada em mesa obstétrica tradicional numa sala de parto fortemente iluminada. Seu companheiro não se encontrava no recinto. O neném foi colocado sobre o ventre materno e um dos membros da equipe conduziu sua mão para que acariciasse o filho. O segundo parto, de acordo com o próprio narrador, ensaiava os primeiros passos no parto leboyeriano: a sala estava na penumbra, o silêncio se impunha e o pai da criança já participava do evento. Ao nascer, o bebê foi colocado no ventre da mãe e o cordão umbilical (seguindo ainda as propostas do médico francês) só foi cortado após parar de pulsar. Entretanto – salientava a narração –, a posição horizontal dificultava o contato, principalmente visual, entre a mãe e a criança. O terceiro segmento do filme documentava um dos primeiros partos de cócoras feitos por Júlio em 1981. Nesse segmento, o marido sustentava a mulher na posição acocorada. Após a expulsão do bebê, era a própria mãe que o tomava nos braços. A passagem da "passividade" (por parte tanto da parturiente quanto de seu companheiro) à "atividade" era, entre outras, mensagem importante do documento.

O último segmento da maratona chamava-se "poesia e gravidez". Os casais foram convidados a escrever, em prosa ou verso, sobre seus sentimentos relacionados com a gravidez. Enquanto cumpriam a tarefa, Júlio mostrou-me poesias coletadas na maratona anterior e disse que pretendia compilá-las em livro. O obstetra leu em voz alta os escritos à medida que lhe eram entregues, e alguns mereceram palmas. O encontro foi encerrado com a distribuição, pela equipe, de uma rosa amarela para cada uma das gestantes.

Os últimos quatro encontros, observados entre final de 1983 e princípio de 1984, aconteceram no consultório de Ana, uma instrutora de ioga para gestantes. Eu já a tinha entrevistado como adepta do ideário CG e, nessa ocasião, manifestei interesse em assistir às reuniões que ela promovia com casais. Ana assentiu imediatamente e não fez nenhuma restrição a que eu gravasse os encontros. Ainda assim, ao me apresentar aos casais na primeira sessão, voltei a formular o pedido, obtendo deles um despreocupado consentimento.

Ana integrava a equipe de Lins e também a de uma obstetra homeopata que eram, na época, os mais renomados especialistas em parto de cócoras do Rio de Janeiro. A grande maioria dos casais que procuravam os serviços de Ana era cliente desses profissionais, ainda que ela atendesse também pacientes de outros obstetras qualificados como "tradicionais". Foi possível perceber uma diferença de tratamento, por vezes sutil, dispensado a cada um dos grupos. A instrutora de ioga só convocava, para relatar sua experiência do parto, casais clientes dos dois obstetras citados. Esta era também condição para Ana assistir ao evento – fato que era usual. Nessas ocasiões, tinha presença marcante, confortando o casal e também fotografando o nascimento. Em virtude disso, ela dispunha de um considerável arquivo de fotos, *slides* e filmes que constituía importante material para seu trabalho com CG.

Duas vezes por semana à tarde, em sessões exclusivamente femininas, Ana desenvolvia um trabalho de corpo com gestantes. Eram então ensinados exercícios de relaxamento e técnicas especiais de respiração que visavam, segundo ela própria, "uma maior conscientização corporal de modo que as pessoas enriqueçam sua vivência do parto". Ana comentou ainda que essas sessões comportavam algumas dramatizações, às quais volto adiante.

Além do curso para mulheres, a profissional promovia, uma vez por semana à noite, reuniões para casais. Presenciei justamente quatro delas. Estiveram presentes a cada encontro entre oito e 10 casais, e o número de gestantes desacompanhadas era sempre insignificante. As reuniões ocorriam na casa de Ana, que reservava uma ampla sala só para essa finalidade. Não havia cadeiras no recinto e as pessoas acomodavam-se no chão sobre almofadas. A clientela pagava, em outubro de 1984, uma taxa mensal de C$ 35 mil (36% do salário mínimo da época), o que lhe dava direito a participar de todas as atividades oferecidas.

As duas primeiras reuniões que observei foram dedicadas a relatos sobre partos. A atividade era usual: ex-clientes de Ana compareciam a seu pedido para prestar depoimento sobre sua experiência. Três relatores foram convocados para cada encontro: um casal e duas mulheres. Estas já tinham participado de reuniões anteriores acompanhadas de seus parceiros, quando então, juntos, contaram a experiência. Todos os narradores eram clientes dos dois obstetras com os quais Ana trabalhava, e ela esteve presente em todos os nascimentos relatados. De modo freqüente, a terapeuta interrompia o depoimento para adicionar comentários ou para lembrar algum detalhe que fora omitido. Era notável o clima de intimidade e de cumplicidade, principalmente entre Ana e os casais. Seguia-se, na segunda parte dos encontros, uma projeção de *slides* que documentava o parto dos casais relatores.

Cada depoimento durava, em média, 40 minutos. Ao lado de informações mais objetivas sobre o evento, os narradores detalhavam emoções e sentimentos experimentados a cada passo. Em certos casos, as narrações iniciavam-se com alusões à gravidez, quando então era enfatizada a intensa participação e "companheirismo" do marido. Outros relatos estendiam-se para o pós-parto: além do enaltecimento da amamentação, era comum a referência ao "enclausuramento", sobretudo da mãe, interpretado como decorrente de sua "dificuldade interna" em se afastar do bebê. Uma das relatoras interpretou a "crise conjugal" pela qual atravessava, dizendo-se convencida de que "o filho era, e seria sempre, um encargo feminino". Seu comentário provocou veementes reações por parte da platéia, que garantiu que "as coisas estavam mudando". Os narradores insistiam também na importância de a mulher poder contar com auxílio no pós-parto – quer de empregadas, quer de parentes. Mas ao mesmo tempo frisavam que essa ajuda, sobretudo quando provinda das avós, não estava isenta de problemas: a relação entre sogra e nora era tida como "complicada", e a avó materna também não foi poupada. Segundo uma relatora:

> Minha mãe atrapalhou à beça. Ficou muito ansiosa e encheu meu saco com as teorias dela: mania de botar pomadinha tipo Hipoglós. Eu não queria botar nada porque a pediatra recomendou que eu só usasse água. Quando pinta assadura, boto Maizena e pronto! O bebê está todo *in natura*.

Variações individuais à parte, os depoimentos apresentaram algumas constantes. Em primeiro lugar, a estrutura da apresentação era a mesma, com nítida concentração no dia do nascimento. Os narradores faziam referências minuciosas aos primeiros sinais do parto, a como e quando os médicos foram contatados, a como os casais chegaram ao hospital e a quem os acompanhou. Em certos casos, as famílias de origem foram comunicadas sobre a ida para a maternidade, em outros não. As dores da parição eram muito relatadas, bem como o eventual pedido de anestesia peridural.[45] Em segundo lugar, era também invariável a menção à exemplaridade da participação e apoio do marido, bem como a reverência aos especialistas. Exaltava-se a "dedicação" e "carinho" dos obstetras e de sua equipe do mesmo modo que se enfatizava a importância dos exercícios aprendidos com Ana. Por último, mesmo as mulheres que reclamaram da intensidade da dor – definindo-a como "quase insuportável" –

---

[45] Segundo os médicos, a anestesia peridural (aplicada na coluna vertebral) não compromete o parto natural, já que, sendo bem dosada, elimina parte da sensação dolorosa sem impedir que a parturiente possa acocorar-se.

endossavam sua adesão ao parto de cócoras, dizendo-se dispostas a adotá-lo de novo com o segundo filho.

Após os relatos havia a projeção de *slides*, que reproduzia, agora em forma visual, aquilo que já tinha sido ouvido. Tal como os depoimentos, as imagens fotografadas retratavam o acontecimento em detalhes: mostravam a mulher no quarto da maternidade (e eventualmente tomando anestesia) e também na sala de parto. Havia fotos de toda a equipe médica, bem como o registro da participação do pai no evento. O momento da expulsão era intensamente documentado, como também eram as primeiras relações a três: mãe, pai e bebê.

Os dois últimos encontros observados tinham intuito informativo. Ana afixou na parede um quadro que versava sobre as principais etapas do trabalho de parto, suas características e eventuais complicações. Ao mesmo tempo em que seguia o quadro, Ana ressalvava que uma série de decisões "dependia do médico", mas aproveitava para anunciar a conduta usual adotada pelos obstetras aos quais estava vinculada. A preleção era entremeada com conselhos e orientações práticas. Por exemplo, Ana destacou a importância de os casais irem conhecer a sala de parto antes do dia do nascimento para "diminuir a ansiedade" e desaconselhou veementemente a presença das famílias no hospital, sugerindo que elas só fossem comunicadas após o nascimento. E, ao advertir sobre o "abalo" que a chegada do bebê provocava na relação conjugal, sublinhou a importância de se conversar e "preservar um espaço exclusivo para o casal".

Os encontros informativos convertiam-se também em ocasiões para que os participantes "se colocassem". Tal como observado na maratona, aquele espaço era demarcado como "especial" em relação ao "mundo lá fora", até porque era permitido expor questões que os "outros" não compreendiam. Se bem que essa fosse uma percepção generalizada, ela era mais enunciada pelos homens: "Seria bom se a gente pudesse discutir mais a cabeça do homem na gravidez. Eu já tentei conversar sobre essas coisas aí pelos bares, mas não dá pé. As pessoas estão em outra".

A resistência aos "preconceitos sociais" que ainda inibiam o reconhecimento da gravidez masculina era o que garantia sua auto-imagem de vanguarda. Nas palavras de um grávido,

Nós estamos num processo de desfazer preconceitos e por isso esse é um momento difícil. Por enquanto somos apenas uns poucos casais tentando desmistificar tudo de errado que nos ensinaram. Mas, quem sabe, no futuro seremos muitos.

Um outro participante – cliente de um obstetra tido como "tradicional" – vislumbrava esse preconceito na própria atitude dos médicos que, segundo ele, dispensavam um "excesso de atenção" às gestantes em detrimento do grávido:

Os médicos nem olham pra gente: eles só querem saber do meu nome e se já tive alguma doença. Acho que o homem tem uma gravidez perfeita no sentido de que atravessa por transformações brabeiras. Eu estou me sentindo grávido mesmo, mas acho que nesse processo o pai fica abandonado e desamparado. Existe ainda muito preconceito em torno do grávido: o modernismo de hoje fica só na coisa do homem assistir ao parto e tirar fotos. O homem ainda não entrou nesse processo.

Embora reconhecessem a renitência dos preconceitos, quase todos discordaram da parte final da colocação, e muitos homens aproveitaram a ocasião para reiterar sua condição de grávido. Por exemplo: "Eu me joguei por inteiro na gravidez. Eu curto tanto que o pessoal amigo vive dizendo que só falta [a esposa] me emprestar a barriga".

Na segunda parte do último encontro Ana pediu que as mulheres se dispusessem em uma roda, e os homens em outra. Forneceu a cada um dos grupos uma folha de papel de uns dois metros de comprimento e vários lápis de cera coloridos. Pediu então um desenho coletivo: as mulheres retratariam um grávido e os homens, uma grávida, devendo ambos escrever aquilo que esses personagens estavam sentindo. Feito isso, os desenhos foram confrontados. A figura elaborada pelos homens trazia dizeres do tipo: "será que vou ter parto normal?", "que vontade de chorar!", "quando vou voltar a ter um superorgasmo?" etc. A imagem do grávido feita pelas mulheres indicava: "inveja e ciúmes da barriga", "carinhoso e carente", "sensível e ansioso", "tem azia e enjôo" etc.

A discussão gerada foi pouco fértil, e os escassos temas suscitados não diferiam dos já enunciados – exceção feita à questão das relações sexuais durante a gravidez e o pós-parto. Ainda que tranqüilizasse os casais com relação ao medo de "machucar o bebê", Ana sublinhou a necessária abstinência de 40 dias no puerpério e convidou-os a buscarem "outras formas de transar" durante esse período. Depois disso, o encontro foi encerrado.

Produzindo uma realidade: a gramática dos encontros

Neste tópico, a análise das reuniões observadas enfatiza sua propriedade de produtoras de uma realidade. Ou seja, desenvolvo a idéia de que o CG encontra, nos chamados grupos de reflexão, uma importante agência de conformação e de confirmação de sua experiência e de seu ideário. Inspiro-me na noção de "construção social da realidade" tal como desenvolvida por Schutz (1970) e por Berger e Luckmann (1973), e em conceitos a ela associados, como "objetivação", "institucionalização", "tipificação" e "legitimação".

Colocada em outros termos, a hipótese sustenta que, graças aos encontros, o ideário do CG deixa de ser um fato social externo aos parceiros e se torna subjetivamente real para eles. Mas o foco da análise não incide sobre uma dinâmica intrínseca ao domínio interno;[46] antes, cerco a questão da internalização do ideário de forma mediatizada, ou seja, tecendo considerações sobre a *gramática* que informa os encontros. Ou, visto do prisma dos profissionais e dos casais, examino os procedimentos que supostamente resultam na "preparação psicológica e emocional" para enfrentar a gravidez e, em especial, o parto. Ao lado da transmissão de informações médicas, as reuniões para CG recorrem a quatro dispositivos

---

[46] Ainda assim, podem ser encontrados, tanto neste quanto no capítulo 4, depoimentos de grávidos nos quais eles admitem um processo "interno" de conversão ao ideário graças à participação nos grupos.

básicos: *falar, dramatizar, ver slides* ou filmes sobre partos e *ouvir relatos* sobre o mesmo. Cada um deles merece atenção especial. Mas vale notar que, para além de suas especificidades, cada um e todos eles têm, como característica marcante, a *reiteração*.

Falando

Nas ciências sociais, é corrente o entendimento da *conversação* como forma privilegiada de engendrar e conservar realidades sociais e/ou de constituir a subjetividade dos sujeitos (Berger e Kellner, 1970; Velho, 1986). Mas o sentido e propósitos de que se reveste o *falar* no circuito do CG – embora certamente não só nele – repousam também em outras premissas.

Não é exagero dizer que a "preparação psicológica" do casal é, em larga medida, identificada com o ato de "expressar e compartilhar vivências, experiências, dúvidas e temores" (Maldonado et al., 1985:37). Como visto, é assim que Júlio abre e justifica a jornada de CG. A premissa é reiterada pelo obstetra ao aludir à necessidade de "preparar o homem":

> Mesmo que a mulher não faça um curso, quando ela vai fazer o pré-natal no consultório, ela fala dos medos, ansiedades e problemas. Isso não deixa ser uma forma de preparação. E a mesma coisa a gente tem que fazer com o marido.

E mais, também é corrente a premissa de que essa verbalização afirma-se como recurso privilegiado para que os casais "possam *superar* seus problemas*" (Pereira, em Lins, 1983:95, grifo meu). Daí a importância dos grupos pré-natais: eles despontam como espaço para a expurgação coletiva de emoções nefastas, e a fala catártica implica, por suposto, sua expiação.

As dimensões de *ethos* e *eidos* que Figueira destaca como constitutivas da cultura psicanalítica (cf. Introdução) são expressas nesse contexto de modo exemplar. A suposta coincidência entre a incitação ao falar e o ato terapêutico repousa, em última instância, na identificação entre a revelação do sujeito e sua "liberação pessoal-política" (Figueira, 1985b:8). Mas a liberação pressupõe também "reflexão", e o dispositivo se explicita – ainda de acordo com o autor – em uma lógica que insiste em buscar, para além das "aparências", a verdade essencial do indivíduo. O ponto é ilustrado por uma psicóloga que, dirigindo-se a seus pares, conclama:

> Devemos conscientizar os casais dando-lhes condições de reivindicar aquilo a que têm inalienável direito, fugindo do que é imposto, do que é nocivo, do que os priva do livre-arbítrio.
>
> (Pereira, apud Lins, 1983:96)

A transcrição, referendando muito do que já foi dito, insinua a noção de sujeito que vige no universo, a qual, entretanto, não lhe é exclusiva. Os constrangimentos sociais internalizados pertencem ao reino da "aparência" e do desvirtuado: eles impedem a livre manifestação dos indivíduos, comprometendo a expressão de seu "livre-arbítrio" e de suas singularidades. Justamente por isso eles devem ser transpostos. Não é por outra razão que muito do que é dito nas reuniões reduz-se a atos de denúncia contra a "sociedade" ou a "cultura". É como se por meio desse procedimento catártico fosse possível aceder às potencialidades "naturais" dos indivíduos, conforme defende Júlio: "Culturalmente vocês foram preparadas para sentirem dor na hora do parto, mas eu garanto pela minha experiência que qualquer mulher é capaz de ter um filho completamente sem dor. Mas pra isso vocês têm que se preparar, vir aos grupos".

Portanto, estabelece-se, no limite, uma oposição entre o indivíduo e o social: mais do que constituído pela cultura, o sujeito é pervertido por ela. A identificação do social como a capa mais superficial, e mesmo adulterada, do sujeito reporta paralelamente à representação de dois tipos de emoção. Uma delas tem uma conotação negativa: imposta por pressões sociais externas, ela é "falsa" e "desvirtuada". Mas a idéia de que existem emoções deturpadas – porém passíveis de serem depuradas – é sugestiva de uma outra modalidade: a "pura", "desreprimida" ou "natural", ou seja, aquela livre tanto dos embaraços sociais quanto de contaminações psicológicas. Insinuam-se assim as três instâncias que compõem o indivíduo – a "natural", a "psicológica" e a "social" –, cuja relação e devidas complicações são retomadas adiante.

Contrariando a "hipótese repressiva da sexualidade", Foucault (1982) ocupa-se dos procedimentos que na sociedade ocidental moderna convidam, e mesmo coagem, os sujeitos a falarem/confessarem sobre sexo, e que fazem da sexualidade o lugar onde se lê sua íntima "verdade". Parafraseando o autor, pode-se contrapor a *hipótese repressiva das emoções* – tão cara ao CG, mas decerto não só a ele – à *colocação da emoção em discurso*. Confessá-la é procedimento que visa, a um só tempo, desvelar a emoção verdadeira como a chave do "eu" e promover a liberação dos sujeitos de constrangimentos sociais e outros.

Dramatizando

O recurso a técnicas de psicodrama constitui procedimento usual nos encontros de CG. Ana comentou que freqüentemente convidava as gestantes a falarem com os bebês no útero e que, quando a data prevista para o nascimento ia se aproximando, ela simulava o parto propondo que a futura mãe, por meio de uma "conversa", convencesse o bebê de que já estava na hora de nascer.[47] A terapeuta garantiu que a dramatização era "extremamente eficaz" para que o parto ocorresse no prazo previsto.

Para fins de análise mais detida, focalizo a dramatização sobre o dia do nascimento que presenciei na maratona organizada por Júlio e sua equipe. Ficaram a cargo dos próprios casais tanto a determinação dos personagens que compunham a cena quanto a escolha de quem encarnaria cada um dos papéis. E tal como antecipado, ou sugerido, por Júlio – que iniciou a atividade dizendo que "agora todos vocês são assexuados" –, processou-se quase que uma inversão completa entre papéis femininos e masculinos.[48] Os grávidos assumiram os personagens do marido, da partu-

---

[47] Ver, a respeito do fenômeno da "psicologização do feto", Lo Bianco (1985).

[48] O fato evoca a já comentada obsessão com a "troca de papéis" inerente ao dispositivo do *indivíduo plural*. A análise que se segue privilegia, contudo, outro plano e outras questões.

riente, do obstetra, das avós materna e paterna e da enfermeira. As mulheres, por sua vez, encarnaram os gêmeos que nasciam, os avós paterno e materno, o anestesista e uma enfermeira. Entre todas as inversões processadas, duas merecem consideração. A primeira refere-se àquela na qual o homem assume o papel de parturiente. Tendo em vista que a ideologia de base é que o casal está "grávido", e dado que no parto real quem dá à luz é a mulher, é razoável que no parto representado o pai da criança seja compensado por sua "desvantagem" biológica. Essa inversão em particular pode também ser encarada como um exercício de *couvade*, que indica a prática, comum em sociedades primitivas, na qual o pai da criança mimetiza as dores do parto e/ou submete-se a uma reclusão puerperal semelhante à da mulher. O ritual visa afirmar a paternidade, a patrilinearidade ou ainda isolar a tríade do resto da comunidade em virtude de sua situação liminar e essencialmente perigosa (Rivière, 1974). Já no caso do CG, a *couvade*, além de processada antes do nascimento, busca produzir nos homens uma identificação psicológica com a situação da mulher e, ao mesmo tempo, criar um laço – antes psicológico do que propriamente social – entre o casal e o bebê que está por nascer.

A encenação destacou três personagens – o casal e o obstetra –, deixando os demais em função secundária. O fato de os grávidos terem se apropriado dos papéis principais é revelador da segunda inversão processada na dramatização: se no plano real a gestante é o centro das atenções – como explicitamente reclamou um cliente de Ana –, no ato da representação ele passa a ser a figura focal. A lógica compensatória preside também essa inversão, mas a ela se agrega outra, comentada adiante.

A representação também tornou patente o papel destinado às famílias de origem no evento. Foi o obstetra, e não elas, o primeiro a ser comunicado que a mulher entrava em trabalho de parto. Na encenação, os avós paternos ficaram inteiramente marginalizados e foi a psicóloga que, da platéia, lembrou os atores de sua existência. Mesmo assim, eles só entraram em cena após o nascimento: choraram de emoção e se retiraram rapidamente. Mas enquanto os avós paternos *assumiram-se periféricos*, os maternos foram *feitos periféricos*. De fato, o obstetra expulsou a avó materna da sala de parto (na qual ela entrara de modo espontâneo) alegando que sua presença "estava atrapalhando". A cena reiterava, agora em outro plano, a centralidade do obstetra no drama: era ele que efetuava o *corte simbólico* do elo que liga o casal às suas famílias. Por outro lado, a cena dramatiza, ainda que às avessas, a renitente importância que a mãe da parturiente e/ou a família da mulher cumprem na vida do casal. Retomo essa idéia nos próximos capítulos.

A dramatização também expôs pontos de tensão entre o obstetra e a clientela. Alegando que o parto seria completamente indolor, o médico, enquanto efetuava o mesmo, justificava os altos honorários cobrados. Também teses caras a Júlio foram contestadas na encenação: a gestante acabou pedindo anestesia peridural, no que foi atendida. Ainda assim, o parto representado foi de cócoras e a mulher foi sustentada pelo marido nessa posição.

Terminada a dramatização, Júlio tomou a palavra para destacar duas falas. A primeira fora proferida pelo rapaz que encarnou a parturiente e que, ao entrar na sala de parto, disse: "eu tenho que gritar, não tenho?" O obstetra insistiu, mais uma vez, que o sofrimento era antes de tudo "um fenômeno cultural e psicológico". A segunda situação foi relativa à preocupação de um dos personagens com o fato de que "os bebês não tinham chorado". Em resposta, Júlio declarou sentir-se "plenamente gratificado" quando isso ocorria, e aproveitou para endossar sua adesão às teses de Leboyer.

Em resumo, o recurso à técnica de psicodrama constitui mais uma ocasião para renovar tanto a denúncia aos preconceitos sociais renitentes quanto as regras e valores que norteiam o ideário. Em todos esses sentidos, a dramatização *reitera* o dispositivo do falar e também, conforme destacado abaixo, do ver e do ouvir. Esse *efeito de saturação* configura-se como mecanismo fundamental para a organização e confirmação da experiência dos cônjuges e para a objetivação da idéia de CG.

Uma última observação: a centralidade ocupada pelo homem transborda a atividade da dramatização. Ele é, de fato, o tema e o personagem privilegiado dos encontros: discute-se prioritariamente seu papel no arranjo e ele é reconhecido como o principal alvo dos obstinados "preconceitos sociais". Portanto, a inversão mais instigante é esta: nas reuniões para CG, a atenção rotineiramente dispensada à gestante desloca-se para o grávido. Esta é uma das razões pelas quais os participantes demarcam o espaço dos encontros para CG como "especial" em relação ao "mundo lá fora". Contudo, a essa lógica compensatória deve ser acrescentado outro motivo mais prosaico – mas nem por isso menos importante –, evidenciado no fato de que em geral é a mulher quem primeiro se decide pelo parto natural e por recorrer a cursos pré-natais. Decorre daí que, mais ainda que sua companheira, o homem deve passar por todo um processo de persuasão para o qual as sessões conjuntas com outros casais mostram-se fundamentais.[49] Essa conversão masculina destina-se também a contornar eventuais descompassos entre os parceiros, os quais, conforme já assinalado no capítulo anterior, são sintomaticamente interpretados como um "perigo". Em outras palavras, visa-se *converter os cônjuges em um só*. Também nesse sentido, portanto, as reuniões em pauta constroem, ou ao menos solidificam, o CG.

Vendo e ouvindo sobre partos

Ao verem filmes sobre partos, os casais aprendem a forma do parto natural. Recorro intencionalmente à expressão *aprender a forma* para contrastá-la com "buscar a forma", usada por Jordan (1980) ao se referir

---

[49] Um dos relatórios de reuniões para CG de que disponho, no qual é possível comparar a posição dos já iniciados com a de neófitos, é exemplar para afirmar a conversão masculina. Dado que naquele dia novos casais estavam se agregando ao grupo, a coordenadora pediu aos participantes mais antigos uma avaliação sobre o trabalho. De modo freqüente, eles confessaram ter ingressado no grupo, "meio desconfiados", pelas mãos de suas parceiras. Mas eles relataram também sua conversão: "Vim aqui porque [a parceira] pediu, mas hoje adoro vir. Aqui é um lugar onde posso falar, colocar meus sentimentos e discutir idéias. Eu não posso fazer isso com amigos muito bons meus, porque eles estão em outro momento". Depois foi pedido aos neófitos que falassem de suas expectativas sobre os encontros. Uma resposta bastante típica foi: "Ela disse que vinha e me pediu pra eu vir. Aí eu vim espontaneamente. Eu não sei bem o que espero dessas reuniões. Vim aberto pro que der e vier".

aos partos em Yucatan. A autora sublinha que, entre a população maia, a aprendizagem acerca do parto é situacional; isto é, só no instante exato do nascimento é que se fornece a instrução sobre o que fazer, além de o ensinamento transmitido pela parteira ser antes demonstrativo do que verbal. As interdições rituais que impedem a mulher de assistir a partos antes de ter seu primeiro filho, associadas à ideologia representada na parteira, impelem cada parturiente a "buscar sua forma" de parir. Pode-se contrapor esse modo de ensinamento mais pragmático, experimental e situacional àquele observado no circuito do CG, em que se observa um anseio de controlar antecipadamente, e tanto quanto possível, o evento – seja através da expressão das emoções nefastas, seja por meio de informa-ções médicas ou ainda vendo partos naturais.

Os filmes apresentados aos casais, além de reiterativos (lembro que o filme projetado por Lins compilava 10 partos de cócoras muito parecidos entre si), documentam experiências exemplares. Desse ponto de vista, os cônjuges defrontam-se, de fato, com um *modelo* de parto natural, e o testemunho visual de seu sucesso confere-lhe legitimação.

Em compensação, o *ouvir* sobre partos relativiza o modelo, já que os narradores aludem a situações de tensão, medo, dor, descontrole etc. Em todos esses sentidos, o relato do CG contrabalança também o caráter quase sempre impecável do evento transmitido pelos obstetras. Por outro lado, todos os casais, sem exceção, diziam-se dispostos a repetir a expe-riência. Desse ponto de vista, o diálogo travado entre os já iniciados e os neófitos constitui também, ao seu modo, mais uma importante instância de legitimação da experiência.

Nós versus *os outros*

Outro mecanismo importante para construir a identidade *coletiva* do CG – ou para engendrar uma "comunidade" no sentido de Weber (1964:33) – consiste em uma demarcação entre o "nós" e os "outros", entre o "aqui" e o "mundo lá fora". Esses "outros" podem ser as "grávi-das caretas" (Almeida, 1985), a sociedade e seus arraigados preconceitos, as famílias de origem (em especial, as mães das gestantes) ou ainda os não-grávidos. Como exemplo, esta declaração de Ana:

> Vocês que estão querendo um parto especial têm que ser firmes num ponto: mãe na sala de parto não dá pé mesmo. Nunca se sabe como elas vão se comportar nessa hora e isso independe de se elas viveram o próprio parto de forma boa ou ruim. Aí algumas pessoas dizem: "mas eu tenho uma relação ótima com minha mãe". Mas isso também não vem ao caso: mãe na sala de parto é terrível. Por isso eu acho até melhor só avisar os avós depois que o neném nascer.

Ou da psicóloga na maratona:

> A grávida é constantemente agredida pela inveja dos não-grávidos com histórias macabras sobre partos.

Lins completa o raciocínio:

> Daí a importância dos cursos pré-natais. Neles vocês encontram um universo de troca entre semelhantes, onde os sentimentos de fraternidade e de segurança se impõem.

Repelindo pelas mais diferentes razões vários "outros", estabelece-se, entre os CG e os especialistas, uma solidariedade existencial e ideológica. Esse procedimento de distinção ou mesmo de *evitação simbólica* com os "de fora" constitui mecanismo clássico de construção social de identidade coletiva (Coser, 1956). Considere-se ainda que os encontros para CG instituem uma situação tipicamente liminar (Gennep, 1977; Turner, 1974). A maratona – pela intensificação de contatos que ela instiga – é tão-somente uma forma potencializada do verificado nas outras reuniões. A separação em relação ao tempo e espaço cotidianos – anunciada inclusive nas inversões assinaladas – reforça nos participantes o sentimento de uma confraria singular, engendrando, nessa medida também, a construção de sua identidade coletiva.

Produzindo uma realidade: a relação entre os profissionais

Partindo da premissa de que o indivíduo constitui um "todo integrado", vinga entre os profissionais e a clientela a tese de que seu organismo, corpo e psique devem ser atendidos conjunta e simultaneamente. Este é o solo ideológico para difundir que a preparação do CG pressupõe uma intervenção multidisciplinar, o que, por sua vez, instiga a organização dos especialistas em equipes. Isso se explicita, inclusive, no fato de os manuais dedicados a CG serem em geral escritos por profissionais provindos de diferentes áreas: médicos, psicólogos e também os que desenvolvem trabalhos com corpo (Lins et al., 1983; Maldonado et al., 1985). Mesmo quando os encontros para CG são coordenados por apenas um especialista, sua vinculação a uma rede é de certa forma sempre lembrada nas reuniões (ver caso Ana).

Uma das conseqüências da organização dos especialistas em equipes refere-se aos efeitos mercadológicos que ela propicia, isto é, potencializam-se a visibilidade e a disseminação do sistema do CG em geral, e da atuação da equipe em particular. É notável nos encontros uma nítida circulação, entre os profissionais, de trocas simbólicas e de outras ordens. São ilustrativas as freqüentes alusões de Ana aos dois obstetras de cujas equipes participava, bem como a cumplicidade que ela estabelecia com os pacientes desses médicos. Havia ainda uma efetiva troca de clientes no interior da rede de especialistas, firmada na ideologia da "assistência global". Evidência disso é que grande parte dos casais que compunham a clientela de Ana lhe fora enviada pelos dois médicos aos quais estava associada.

Essas redes funcionam ainda como grupos de referência para os próprios profissionais, desempenhando importante papel na construção de sua identidade como fornecedores de serviços para CG. O trabalho em conjunto reitera o sentimento de pertencer a uma comunidade que compartilha crenças e estilos, além de lhes fornecer um relevante esquema de auto-avaliação e de auto-referência. As equipes são, em suma, mais uma instância de legitimação e de atribuição de significado aos bens e mercadorias ofertados.

Mas a identidade dos profissionais e a legitimação de sua atuação estão também inextricavelmente relacionadas ao próprio CG. Suas posições diferenciais no mercado reiteram a complementaridade de suas identidades: a clientela define-se como consumidora de mercadorias simbólicas e de outras ordens, enquanto os especialistas têm a preocupação de mercantilizar a oferta desses bens por meio da disseminação de sua ideologia.[50] Ora, à medida que os casais passam de neófitos a iniciados, eles próprios se convertem em importante veículo de propagação do ideário e dos serviços dos especialistas. A associação entre o "bom desempenho" dos cônjuges no parto natural e o êxito dos profissionais é visível numa fala de Júlio:

> É perfeitamente possível não sentir dor no parto. É por isso que eu digo: "por favor, façam ginástica, façam grupo", porque eu acredito nesse troço. Eu faço isso há anos e sei que as mulheres que se dispõem a fazer tudo isso chegam na sala de parto e dão um show. A ponto das enfermeiras ficarem boquiabertas: "poxa, como é que o senhor consegue fazer com que suas clientes se comportem dessa maneira?"

A organização dos especialistas em equipes está comprometida com o preceito de uma *igualdade* entre eles e seus saberes específicos; isto é, suas competências particulares são encaradas como igualmente importantes para afiançar o sucesso do parto natural. Daí também o preceito de que não há, entre os profissionais, ordenamentos hierárquicos. É interessante notar que o reconhecimento, por parte de cada especialista, da importância do saber dos outros se expressa inclusive em uma indiferenciação relativa das fronteiras que separam suas competências. Assim é que Ana – uma instrutora de ioga – se apropriava, em seu trabalho com casais, de uma linguagem médica e também psicológica. De modo similar, Lins e Júlio interpretavam, segundo os cânones do psicologismo, as colocações

---

[50] Conforme Lins e Júlio reconhecem explicitamente, os encontros para CG por eles patrocinados constituem uma das modalidades de divulgação de seu trabalho. O fato de serem abertos aos interessados, e às vezes grátis, revela o anseio por difundir o ideário e arregimentar novos clientes.

do público. Lembro que o último obstetra, numa passagem já transcrita, disse "preparar psicologicamente" as mulheres em seu consultório, ouvindo e conversando sobre seus "medos e ansiedades".

Todavia, e é esse o argumento desenvolvido em seguida, evidências sugerem que o preceito da igualdade convive, de modo tenso, com a proeminência hierárquica dos obstetras no circuito do CG.

Sobre a centralidade do obstetra

O primeiro sinal da centralidade do obstetra prende-se ao fato de ele estar dotado de mais recursos, em comparação aos outros profissionais, no tocante à circulação de clientes. Segundo minha experiência de pesquisa, ele é o primeiro especialista que os cônjuges procuram e, como tal, se encarrega de encaminhá-los para cursos pré-natais e até mesmo para pediatras.[51]

Outras evidências já assinaladas sustentam a hipótese da proeminência dos obstetras no interior da rede. A primeira refere-se a que, embora o "XVI Encontro para CG" tenha sido patrocinado por 12 especialistas, a reunião foi efetivamente comandada por Lins. Ele centralizava todas as atenções, comandava o debate e era quem, em última instância, falava em nome da equipe. O outro sinal significativo refere-se à atitude de Júlio que, na maratona, revelou perceber-se investido de autoridade suficiente diante de seus pares, bem como dos casais presentes, para responder positivamente ao meu pedido de fazer anotações sem consultar os demais. A psicóloga manifestou seu desagrado, mas o fez numa conversa particular comigo, evitando confronto direto com o obstetra.

A sugestão do lugar de destaque desse profissional no circuito do CG ganha suporte quando se considera sua auto-representação. Além de se perceberem como uma vanguarda (incompreendida) dentro do campo

---

[51] Sugestões de Almeida não coincidem com as minhas: de acordo com a autora, as "grávidas alternativas" tendem a buscar, em primeiro lugar, grupos de orientação psicológica, nos quais então lhes são indicados obstetras (1985:189).

médico, os obstetras frisam sua posição de pólo ativo na relação com o casal, na disseminação do ideário e/ou na convocação de novos adeptos. Por exemplo:

> É necessário valorizar a presença do homem no parto que, reprimido por uma formação machista como a nossa, acaba tendo medo de sua emoção. Eu incentivo todos os pais para que participem da gravidez e do parto. Eu estimulo e convido os maridos de minhas pacientes para virem às consultas. Eu valorizo essa presença e aponto para a importância que, de fato, eles têm durante todo o processo. E com isso o homem desabrocha o seu papel.
>
> (Basbaum, 1982)[52]

> Esse negócio do homem dizer "eu não quero nem saber" é uma coisa que pode ser mudada. Tudo depende do médico que está tratando desse casal. É uma questão de você cutucar. Cutucando, todos eles entram no processo.
>
> (Júlio)

A auto-imagem vanguardista reclamada pelos obstetras é também expressa nos relatos de seu trajeto em direção ao parto natural. O filme projetado na maratona – que retratava três partos realizados por Júlio em momentos distintos de sua carreira – constitui peça etnográfica exemplar da trajetória médica em relação à luz. A apresentação de Lins ao livro *O parto natural* (Lins et al., 1983) tem propósitos e valor idênticos: nela, o médico retraça seu percurso de conversão ao ideário. O artigo divide-se em três partes: "A busca", "A descoberta" e "A doação".[53] No primeiro

---

[52] Cláudio Basbaum é um renomado obstetra paulista que, em suas entrevistas, declara ser o introdutor do parto leboyeriano no Brasil.

[53] Pode-se ler esse depoimento à luz do conceito de alternação proposto por Berger (1976), o qual, entre outras coisas, assinala ser o passado constantemente reinterpretado à luz da ideologia abraçada no presente. No caso em pauta, o médico se percebe como um predestinado a ir ao encontro do parto natural.

segmento, no qual o médico descreve como se manifesta sua "vocação" para a obstetrícia, ele lamenta ter se deparado com um campo em que médicos, parteiras, mães, pais e bebês eram todos tratados de forma "injusta e desumana": "Persisti, por isso, na busca de uma obstetrícia mais justa, mais humana, mais ética, mais transcendente, alicerçada em técnicas mais seguras" (Lins et al., 1983:9).

Em "A descoberta", Lins (1983:10) agradece a três pessoas que o ajudam a "enxergar o óbvio": sua analista, Leboyer (com quem manteve contatos no Brasil) e Moysés Paciornik, que lhe revela o parto de cócoras:

> Súbito, um sentimento de arrependimento, de profunda vergonha pelos partos em que interferi, impedindo coisas tão belas, tão profundas e tão importantes entre pai, mãe e filho. Faço-me um juramento: nunca mais deitar uma mãe, obrigando-a a ter seu filho nesta posição obviamente antinatural; nunca mais dar ordens a uma parturiente, ditando comportamentos sobre os quais tenho experiência apenas teórica e ela, instintivamente, sabe muito mais do que eu. Nunca mais impedir a participação do pai no evento que também é dele.

Finalmente, em "A doação", Lins (1983:11-12) justifica a divulgação das teses para o público em geral e também para seus colegas como uma "obrigação que eu deveria assumir".

Alguns médicos estabelecem uma estreita correspondência entre sua condição de vanguarda no interior do campo médico e para além dele:

> A proposta dessas maratonas ainda não foi incorporada como uma coisa natural e normal. O fato de sermos tão poucos hoje aqui é uma prova disso. Mas eu acredito muito que esse processo tenda a se multiplicar. Porque o que a gente deseja, na verdade, é uma reformulação de todo o processo da sociedade através de vocês que são os geradores de novas vidas.

(Júlio)

Não presenciei, por parte tanto dos casais como dos outros especialistas, nenhum tipo de contestação quando, de público, os obstetras reclamavam para si o papel de pólo ativo e disseminador do movimento. Até pelo contrário, muitos endossavam que "tudo dependia do médico". O reconhecimento funda-se, ao menos em parte, na identificação entre CG e parto natural ou de cócoras. Para realizá-lo, os cônjuges se viam na dependência de médicos que estavam vinculados às poucas maternidades que dispunham da infra-estrutura necessária para essa modalidade de parição. Esta é mais uma importante razão para sustentar a centralidade e a proeminência hierárquica dos obstetras no circuito do CG.

Essas considerações evidenciam que a tensão entre hierarquia e igualdade é constitutiva do ideário em pauta. Volto a ela mais adiante.

O parto natural

Ressalta, da etnografia dos encontros, o absoluto destaque conferido ao parto na experiência do CG. Todas as dramatizações observadas ou relatadas colocam justamente em cena o dia do nascimento. Pode-se também dizer que tanto o sentido informativo das reuniões quanto a própria preparação física e psicológica do casal visam, em larga medida, assegurar o êxito do evento segundo um modelo ideal cristalizado no chamado "parto natural". Essa modalidade de parição demarca uma fronteira simbólica em torno dos casais e dos especialistas, fornecendo uma marca distintiva crucial em relação aos "outros". Tanto assim que, como já foi notado, é usual a identificação, senão confusão, entre os termos CG e parto de cócoras.

Exatamente por ser do ponto de vista dos atores o momento mais dramático da experiência, o parto projetado converte-se para o analista em instância privilegiada para a apreensão de categorias e valores que conformam o ideário. Além de postulado como um evento não-médico, o parto natural fala de quem pode – e deve – assistir ao acontecimento e de quem dele deve estar excluído; estabelece uma modalidade específica de interação entre profissionais e clientela; e, mais ainda, anuncia um ideal de conjugalidade e de sociabilidade. Argumento, em suma, pelo *sentido condensador do parto natural como uma representação que expressa valores-chave do ideário, denota relações sociais, além de prenunciar oposições e tensões constitutivas do sistema.*

A principal qualidade que informa o parto idealizado é a de ser ele *natural*. A designação justifica-se, em primeiro lugar, graças à sua inspiração no parto acocorado dos índios, visto como mais próximo da "natureza". As restrições éticas e médicas à tradicional posição de decúbito dorsal dizem respeito ao uso abusivo da tecnologia e de artificialismos médicos. Reside aí o segundo sentido atribuído ao termo "natural": o parto projetado é representado como um evento que, ao menos idealmente, deve transcorrer sem nenhuma interferência médica.

Despontam, assim, oposições-chave ao sistema: natureza (natural) *versus* civilização (cultura); instinto feminino *versus* saber médico. Não ocorrendo complicações – e os profissionais garantem que elas não ocorrem, na maioria dos casos –, o valor positivo recai nos primeiros pólos desses pares. Como exemplos, as respectivas falas do pediatra (presente no primeiro encontro observado) e de Júlio:

> A natureza não erra. Quem erra é o homem que, na tentativa de mudá-la, termina criando piores condições do que aquela que pretendia atenuar. A natureza é uma coisa tão fantástica que ela sabe o que fazer: em 99% dos partos tudo ocorre naturalmente.

> Eu estou convencido de que quanto maior a interferência médica, maior a complicação. Eu acredito que o papel do médico no parto é mais de observação do que de interferência.

Visto como alternativa às "rotinas despersonalizantes, tecnicistas e impessoais" (Lins et al., 1983:21), o parto natural é insistentemente definido como um evento familiar: "O nascimento é uma festa de família e nada mais justo que estejam presentes todos os convidados principais: pai, mãe e filho" (Basbaum, 1982).

Dado o preceito da exclusão das famílias de origem e da imprescindível presença do pai no evento, anuncia-se, ao menos até a chegada do bebê, uma "família" de tipo especial, na qual as relações presididas pela escolha prevalecem sobre as determinações de sangue. Nessa modalidade de "família" cabe também, como convidada especial, a equipe médica. Sua presença no evento é certamente indispensável, mas ela se caracteriza, sobretudo quando o parto transcorre "normalmente", por sua invisibilidade técnica. Tal qualidade é afirmada seja na norma que postula a "observação ao invés da interferência", seja na proclamação da *igualdade* que perpassa sua relação com o casal. Com efeito, a relação médico/paciente é representada como travada entre indivíduos iguais, e o contrato profissional é obscurecido em favor de vínculos de amizade: "A dinâmica de um pré-natal até o momento do nascimento consiste em um vínculo de amizade entre médico, marido e mulher" (Basbaum, 1982).

A aversão a ordenamentos hierárquicos manifesta-se ainda na tônica antinormativa que perpassa o discurso dos especialistas. Esse preceito firma-se na igualdade proclamada entre o conhecimento técnico do obstetra e o "saber instintivo" da parturiente. Conforme já comentado, não é incomum que, quando insinuada, a hierarquia preveja a subordinação do saber médico ao instinto feminino ou à natureza: "Não pretendo ditar comportamentos sobre os quais tenho experiência apenas teórica e [a parturiente], instintivamente, sabe muito mais do que eu" (Lins et al., 1983:10).

Conclui-se, dessas considerações, que o parto natural fala também de *um ideal de conjugalidade e de sociabilidade*. Os cônjuges formam um conjunto *desfamiliarizado*: rompidos simbolicamente os elos de consangüinidade e de aliança sociológica, restam apenas os laços de escolha pessoal que caracterizam o ideal do casal moderno. Os parceiros são representados, e se auto-representam, como um *casal natural*, ou seja, imune às determinações sociais e de sangue. Essa ideologia impregna de igual modo a esfera da sociabilidade: a equipe médica é escolhida pelo casal e os constrangimentos sociais são obscurecidos pela representação de trocas simétricas e afetivas. Portanto, nessa modalidade de parto imperam relações "naturais" em diferentes acepções: elas são naturais porquanto não-médicas, porquanto mais conformes ao "instinto feminino" e ainda porque não impostas "de fora". Firma-se também uma estreita associação entre "natural" e "prazer": o parto em questão é definido como "um acontecimento prazeroso e psicologicamente valioso (que torna) o relacionamento familiar mais amoroso e feliz" (Lins, s.d.).

As constantes alusões, nos encontros, a preconceitos sociais que desvirtuam as disposições "naturais" dos indivíduos sugerem o anúncio de dois domínios. Um deles é marcado por relações de obrigatoriedade que, sancionadas por códigos externos, coagem o sujeito. Justamente por isso é considerado artificial e, assim, visto como um obstáculo a ser transposto. O outro domínio, simbolizado no parto natural, é presidido pelo livre-arbítrio. Suas leis são as da liberdade, prazer, igualdade, afeto e opções. Essa esfera tem, como unidade essencial, o indivíduo com suas emoções e desejos verdadeiros. O valor positivo atribuído a esse domínio tem a ver, precisamente, com o fato de nele estarem ocultadas as injunções sociológicas.

Ainda por essa via apresenta-se outra categoria que, junto com a do "natural", impregna a definição dessa modalidade de parto: a de "psicológico". Da mesma forma que a idéia de "medicalização" vem associada à de "impessoalidade", o parto natural é assinalado como comprometido com a consideração do sujeito psicológico. O depoimento que se segue é ilustrativo, interessando também por expor uma representação que por vezes desponta no ideário – o intercambiamento entre o natural e o psicológico:

> O parto natural é uma forma humana e individualizada de assistência obstétrica. Ele [atenta para] para os fenômenos psicológicos e emocionais [impedindo] que a assistência se distancie de seus aspectos naturais e se torne demasiado tecnicista e impessoal.
>
> (Lins et al. 1983:21)

Sabe-se que, em todas as sociedades conhecidas, gravidez e parto são vistos como eventos altamente sobrecarregados de significações simbólicas (Mead e Newton, 1965). O CG não foge à regra, mas uma de suas especificidades reside no fato de a dramaticidade dessas passagens se ancorar em razões psicológicas. Desse ponto de vista, o psicológico comparece, efetivamente, como o princípio que confere inteligibilidade última ao sistema. O parto é representado como revelador do passado do sujeito (ou melhor, do que ele "é") e como determinante para a relação conjugal. Além disso, o nascimento é assinalado como o instante em que o bebê "reconhece" a mãe e o pai e como um evento que se imprime, de forma indelével, em sua personalidade:

> O desempenho no parto fala muito da história da pessoa... A relação do casal no pós-parto vai depender muito de como o homem e a mulher vivenciaram o parto.
>
> (Ana)

> Se ao nascer a criança for recebida com carinho e ternura, ela será capaz de dar isso aos outros quando se tornar adulta. O momento do nascimento marca para sempre a vida da pessoa.
>
> (Júlio)

Por vezes o psicológico também emerge como um *entrave* ao parto natural. Cristalizada fundamentalmente na história pregressa dos sujeitos (na relação com a mãe, em especial), essa modalidade de psicológico aproxima-se dos embaraços sociais no sentido de também comprometer a manifestação livre do sujeito. Por outro lado, e conforme desenvolvido no próximo tópico, essa instância é admitida como distinta das constrições sociais, visto remeter a níveis mais profundos da psique dos sujeitos. Não há consenso quanto à possibilidade de se vir a transpor esse tipo de herança. Tanto Ana como a psicóloga na maratona revelam uma postura mais cética ao se referirem aos "limites psíquicos" impostos pela história pessoal de cada um. O depoimento da psicóloga explicita tais limites:

> Todos vocês trazem consigo um personagem fundamental que é a mãe. Cada um de vocês tem uma história passada com essa per-

132 | Gestando o casal grávido

sonagem e no instante do parto toda essa história vem à tona. Essa história dá nossos limites psíquicos. Cada um de nós viverá o parto até onde for possível. Tentar ultrapassar é violência.

É interessante observar que esse pronunciamento da psicóloga expunha uma fricção desta com Júlio, que durante a maratona insistia que "todo mundo" era capaz de realizar um bem-sucedido parto natural. Essa discordância entre especialistas ilustra mais uma vez a tensão, constitutiva do sistema, entre universalismo e particularismo.

Há, por outro lado, um reconhecimento generalizado da função purificadora da preparação pré-natal. Por meio dela pretende-se, na medida do possível, desembaraçar os casais das contaminações culturais e das distorções psicológicas. Tudo se passa como se, varridos tais constrangimentos, o sujeito estaria em condições de expressar o que existe de mais essencialmente natural e verdadeiro dentro dele. As complexas articulações entre as dimensões "social", "psicológica" e "natural" do indivíduo, bem como as tensões inerentes ao sistema, são examinadas no tópico que se segue.

Das tensões entre princípios

Natureza/cultura, saber instintivo/saber técnico, antinormalização/normalização, universalismo/particularismo, hierarquia/igualdade são oposições constitutivas do sistema moral do CG, cujos pólos se encontram em constante estado de tensão. Não pretendo me alongar na demonstração de que o parto de cócoras está longe de ser um evento "natural", nem invocar evidências que atestam o caráter normativo do sistema. Insistir na denúncia do sentido normalizador do ideário implica, em última instância, endossar a representação dos agentes acerca da existência de um domínio que escapa a regras. Discursos e práticas sociais são por definição normalizadores – inclusive aqueles que, deslocando-se da externalidade do código, põem em foco a internalidade do sujeito.

Se da perspectiva do analista o natural é uma impossibilidade sociológica, os agentes, de sua parte, empreendem uma naturalização tanto da cultura quanto da natureza. Esses procedimentos alimentam-se mutuamente na direção da legitimação do ideário. Com efeito, ao entronizarem o natural como modelo e valor, os sujeitos retiram desse domínio qualquer sentido cultural, promovendo, desse modo, a *naturalização da natureza*.[54] Mais ainda, os sujeitos crêem efetivamente que, desbastando preconceitos e constrições sociais, eles aproximam da natureza sua cultura e sua moral. Ao empreenderem essa *naturalização de (sua) cultura*, eles autenticam sua visão de mundo com base em um mecanismo clássico: *a naturalização do arbitrário*. Em outras palavras, assegurando que sua visão de mundo confunde-se com a ordem natural das coisas, os sujeitos reivindicam seu caráter inelutável. Daí sua legitimidade.

Sobre a noção de indivíduo

Das tensões assinaladas, uma oferece interesse especial porquanto incita a refletir sobre a concepção de indivíduo vigente no universo, a qual, porém, e mais uma vez, não lhe é peculiar. Refiro-me à constante oscilação, depreensível do material etnográfico, entre particularismo *versus* universalismo. De acordo com a primeira lógica, a pessoa, sua história, suas emoções e decisões são postuladas como únicas e irredutíveis. As declarações de que "cada caso é um caso", "cada parto é um parto", "cada casal deve ter o direito de escolher segundo suas possibilidades subjetivas" exemplificam essa lógica de pensamento.

Já a lógica universalista oculta as singularidades individuais e enfatiza, em seu lugar, uma igualdade básica entre as pessoas. A tendência é expressa em afirmações do tipo "todo homem é capaz de assistir ao parto", "toda mulher é capaz de ter um parto indolor" etc. Enquanto o parti-

---

[54] Para uma crítica sociológica do que estou chamando "naturalização da natureza", ver, entre outros, Geertz (1978, cap. 2) e Sahlins (1980).

cularismo realça e especifica indivíduos psicológicos, o universalismo concebe os sujeitos como pré-sociais e infrapsicológicos. A representação de uma igualdade e indiferenciação entre eles funda-se no suposto compartilhamento de uma mesma natureza humana essencial e/ou do "instinto". Por exemplo:

> Qualquer mulher pode ter filhos de cócoras, sendo indiferente ser ela culta, intelectual, rica, humilde, branca, preta ou nativa. Todas se igualam, pelo instinto, no momento puro, belo e solene de tornarem-se mães.
>
> (Lins, s.d.)

Infere-se, tanto da oscilação entre as duas lógicas quanto de outras evidências fornecidas ao longo do capítulo, um tipo de representação aparentada ao que Geertz batiza de "concepção estratigráfica do homem" (1978:49). O indivíduo comparece nesse ideário como composto de três camadas superpostas: primeiramente, ele é dotado de uma dimensão "natural" e, nesse plano, concebido como membro da espécie ou como representante de uma humanidade indiferenciada. Sobrepõe-se a esta a camada "psicológica", que coincide com o *inner-self*, ou com a sede do sujeito único. Por último, como dimensão mais externa e aparente, desponta a "social", que corresponde mais propriamente à sua máscara. A pertinência do recurso à imagem estratigráfica assenta-se em que, se para atingir o *inner-self* é necessário se imunizar contra as contaminações culturais, para aceder ao indivíduo natural cabe transpor, além destas últimas, também as distorções psicológicas. Tudo se passa como se, retirando gradativamente os sedimentos, deparar-se-ia com o que existe de mais natural e essencialmente verdadeiro ao indivíduo.

Com efeito, seguindo a premissa de que o "natural" *lato sensu* é, por definição, bom e valioso, a dimensão natural que constitui o indivíduo está revestida de conotação positiva. As outras camadas superpõem-se a ela e a maculam. Mas esse desvirtuamento é relativizado quando se considera que um dos atributos inerentes à instância do natural é sua suposta invariância e imutabilidade. A face social do indivíduo contrasta com ela por estar investida de uma conotação negativa: vista como a sede de constrangimentos externos, é identificada com o reino do superficial, do aparente, quando não do falso. Portanto, estabelece-se uma relação de oposição entre as dimensões "natural" e "social" do sujeito: o indivíduo social é por definição antinatureza e antinatural, e mais do que constituído pela cultura, ele é corrompido por ela. Por outro lado, e também invertendo a representação do "natural", a qualidade inerente a essa capa mais externa – e que justamente a torna menos grave – reside em ser ela passível de ser transformada. Como visto, a autoconotação de vanguarda está relacionada ao compromisso de varrer de si próprio constrições sociais nefastas.

Há inegáveis simplificações na associação natural/bom, de um lado, e social/desvirtuamento, de outro. Os agentes reconhecem que a natureza "erra", se bem que de modo raro. Também o valor que incide sobre o social em sentido lato não é absoluta e necessariamente negativo. Uma instância do social é identificada com o reduto dos constrangimentos e das normalizações e, como tal, deve ser transposta. Mas convive um outro social de tipo especial: regido e fundado no princípio da igualdade, ele propicia inclusive o acesso ao *self* verdadeiro; daí ser libertador. Reporto mais uma vez o leitor à premissa de que o auto-exame do sujeito não se dá em um contexto de ensimesmamento, mas que, pelo contrário, pressupõe uma prática social compartilhada entre iguais. Os grupos de preparação pré-natais cristalizam essa modalidade de social positivamente valorado.

O valor conferido ao "psicológico" também merece ser qualificado: a singularidade psicológica é ora entronizada, ora tida como um embaraço ou "limitação". Lembro que nas reuniões para CG, o psicológico é tratado como um dos possíveis entraves ao desenrolar bem-sucedido do parto natural. Noticia-se, em suma, a representação do indivíduo como portador de um psicológico *positivo* e de um *negativo*. Este último é, por assim dizer, produzido pela entrada do social perverso no espaço do sujeito – inclusive as distorções impostas pelas relações familiares originais. Tais conteúdos impedem, por suposto, a manifestação plena das tendências "naturais" do sujeito. Em contraste, o psicológico positivo alude a um espaço livre, ou já liberado, de contaminações perniciosas: a categoria de "desejo" constitui sua mais perfeita expressão.

Ao lado disso, o "psicológico" também se encontra internamente bipartido em termos de profundidade. Em consonância com a visão estratigráfica, o nível psicológico mais profundo está mais próximo do pólo "natural" e o mais superficial avizinha-se do "social". Essa localização espacial diversa faz com que cada um desses níveis do psicológico esteja investido de atributos do pólo ao qual é contíguo, porém sem se confundir com ele.

Senão vejamos: os conteúdos referentes ao psicológico mais superficial são em geral produzidos nas interações sociais em geral. Estando mais próxima do pólo social, tal instância é, em relação à outra, mais aparente e seus conteúdos são mais facilmente transformáveis. Já o psicológico mais profundo é formado essencialmente de relações estabelecidas no núcleo familiar original e pode, inclusive, ser pervertido por elas.[55] Essa contaminação é de natureza distinta da produzida pelo social perverso *lato sensu*. Com efeito, o social corporificado nas vivências familiares primeiras está estratigraficamente mais próximo do pólo "natural" e partilha com este os atributos de ser ao mesmo tempo mais profundo, mais renitente a mudanças e, ainda, menos social. Pode-se mesmo dizer que as relações familiares primeiras, ou o psicológico profundo, identificam-se com um *social naturalizado* em dois sentidos: primeiro, as relações de parentesco são representadas como fundadas no sangue, na não-escolha, enfim, na natureza (Schneider, 1968). Segundo, sendo aparentadas ao natural, as relações familiares originais estão investidas de qualidades intrínsecas a ele: seus conteúdos são mais arcaicos, mais totalizantes e regidos por leis (quase) inexoráveis. A ética do voluntarismo encontra justamente no psicológico profundo, ou no social naturalizado, seu maior desafio.[56]

---

[55] Além do "amor", um outro critério que distingue relações originais positivas das negativas é a "educação liberal" ou "anti-repressiva". O argumento, tão caro ao universo CG, reitera a premissa de que a dosagem da interferência externa é condição imprescindível para um desenvolvimento harmonioso e pleno dos sujeitos.

[56] A representação de que conteúdos sociais internalizados na família são qualitativamente distintos dos produzidos pela interação social em sentido lato imiscui-se na própria bibliografia sociológica – e, decerto também, na psicológica – que concedem pesos diferenciais à socialização primária e à secundária.

Ainda assim, essa instância não se confunde com a ordem do natural: a primeira singulariza o sujeito, ao passo que a última o indiferencia; a primeira, embora também resistente à mudança, o é de forma menos dramática relativamente ao natural.

A presença da lógica universalista ou indiferenciante no sistema não minimiza a importância concedida ao indivíduo psicológico no circuito do CG. Além da indiscutível presença da tendência particularista no ideário, cabe notar que, talvez se valendo da própria obscuridade do psicológico profundo, os agentes por vezes recorrem a ele como um *deus-ex-machina* que elucida, *ex-post-facto*, por que o parto não seguiu o rumo esperado. A título de ilustração: numa das sessões organizadas por Ana, uma das gestantes relatou o caso de uma conhecida que acabou tendo o filho na garagem de seu prédio. Em resposta, a terapeuta comentou:

> Essa moça fez o curso aqui comigo e todo mundo já sabia que o parto dela ia ser uma coisa meio anormal. Essa loucura já era esperada. O parto tem muito a ver com a história de cada pessoa.

Explicando o imponderável, o "psicológico" fornece a coerência última do sistema. De modo algum, entretanto, essa noção assume a forma de uma categoria residual: ela é – pode-se dizer – a base e a lógica que conferem inteligibilidade ao ideário. Sua potência simbólica é intensa o suficiente para flexibilizar até mesmo as implacáveis determinações da natureza. Afinal, é graças a ele que o homem se define como "grávido".

3. Quem são eles? Classe e ética

Pressuposições são matérias de discurso e são por vezes até discursivamente justificadas. Na maior parte dos casos, contudo, elas se originam de processos que precedem o próprio exercício da razão.
Alexander, 1986

Este capítulo, bem como o subseqüente, apóia-se em depoimentos de sete mulheres e cinco homens que no decorrer da primeira gestação tinham adotado o projeto CG. Seis entrevistas foram realizadas entre agosto e novembro de 1984, e as restantes entre julho e setembro de 1986. Por intermédio de uma amiga adepta do ideário, contatei não só pessoas de suas relações, como também conhecidos de seus conhecidos com os quais ela não tinha vínculo. Nessa fase eu ainda tateava meu objeto de pesquisa e não dispunha sequer de critérios precisos para orientar as indicações. Eu aludia à maior participação do homem na gravidez, parto e pós-parto do primeiro filho e dizia estar interessada em parceiros que juntos tivessem freqüentado cursos pré-natais. Na época eu não atribuía importância nem à modalidade de parto, nem à escolha do médico. Apesar disso, já na primeira leva de entrevistas quatro dos seis informantes revelaram ter sido clientes dos dois mais importantes obstetras cariocas (um alopata e outro homeopata), adeptos de parto de cócoras. Mais importante ainda é que os informantes não apenas conheciam a expressão "CG", como também nela se reconheciam.

Entre os primeiros entrevistados estava Ana, a instrutora de ioga para gestantes citada no capítulo anterior. Foi por meio dela que cheguei aos seis últimos informantes, seus ex-clientes. Nessa etapa, as indicações foram guiadas pelo critério de autoclassificação dos sujeitos como CG. Com hipóteses mais bem sedimentadas, e eu tinha mais clareza das lacunas deixadas pelas entrevistas iniciais. Isso se refletiu inclusive no seu tempo de duração: enquanto as primeiras tiveram uma duração média de uma hora e trinta minutos, as últimas variaram de duas horas e trinta minutos a cinco horas. Neste último caso, voltei à casa do informante duas vezes para completar a entrevista.

Se bem que fizesse parte do meu projeto ouvir versões femininas e masculinas acerca da experiência, *a priori* eu não tinha intenção de entrevistar casais. Por três vezes, entretanto, quando a entrevista estava em curso, o outro cônjuge se aproximou com o intuito de "apenas ouvir".[57] Entre estes, dois se ofereceram espontaneamente para dar depoimento em particular. Consenti, mas em nenhum momento da análise confronto as versões dos parceiros.

Os filhos dos informantes tinham idade variável entre um mês e seis anos e apenas duas das mulheres já eram mães pela segunda vez. Embora eu pretendesse estudar a atualização da experiência em primíparos, a inclusão desses casos revelou-se proveitosa: eles corroboraram a idéia de que a radicalismo com que o projeto em sentido estrito é abraçado relaciona-se, em boa medida, com o ineditismo da experiência.

A grande maioria dos informantes e de seus parceiros inseria-se na faixa etária de 24 a 30 anos. Três entrevistados já a tinham ultrapassado, mas todos se tornaram pais e mães entre 22 e 29 anos. Entre o casamento (uniões formais ou consensuais) e o nascimento do primeiro filho impunha-se um espaço temporal máximo de dois anos e meio; em muitos casos essa diferença era ainda menor. Duas das informantes casaram-se em estado avançado de gravidez. Dois eram desquitados e casados de novo: num caso, a relação desfeita não tinha resultado em filhos, enquanto no outro a separação se dera 18 meses após o nascimento da criança.

---

[57] A atitude parece-me sintomática de como o universo representa a conjugalidade. Volto a me referir a essas ocorrências no próximo capítulo.

A opção por entrevistar adeptos do ideário CG numa versão retrospectiva fundamentou-se na idéia de que grávidas e grávidos já teriam tido voz na observação dos cursos pré-natais. Mais importante, eu tinha como hipótese que o nascimento do primeiro filho promovia rearranjos importantes tanto na relação entre parceiros quanto na destes com as famílias de origem. Portanto, cabia acompanhar a implementação do aludido projeto (e suas eventuais revisões) por um tempo que ia além da gravidez. Minha hipótese foi confirmada, mas este é um assunto do capítulo 4.

Por ora, importa examinar o universo investigado com base em duas noções-chave: classe e ética. Vale adiantar que, embora não compusessem um grupo em sentido estrito nem tampouco um *network*, os informantes apresentaram coincidências notáveis no que concerne à posição na estratificação social e, sobretudo, em termos de visão de mundo.

Sobre classe

Quando perguntados sobre a situação econômica do casal, os informantes invariavelmente apelavam para a noção "classe média". Eles também a utilizavam para denotar a condição das famílias de origem – inclusive a do parceiro(a) –, em alguns casos especificando com os termos "classe média alta" ou "classe média simples".

A consideração do critério da autoclassificação no mapeamento da posição social do universo encontra respaldo na literatura nacional sobre camadas médias, embora não lhe seja procedimento exclusivo (cf. Salem, 1986a:4-5). Ela é justificada, em primeiro lugar, por sua conformidade com a importância que a antropologia confere às categorias nativas para compreender a vida social. Em segundo, alega-se que a lógica autoclassificatória tem a vantagem de construir identidades em situação, ou seja, em relação a outras identidades sociais (Heilborn, 1984a:3). Por outro lado, conforme observado por Abreu Filho, a ênfase no ponto de vista do sujeito, ao mesmo tempo em que permite escapar dos problemas decorrentes de uma classificação objetiva e substantivada, faz deparar com o "subjetivismo" implicado nas noções nativas (1980:117).

Esse subjetivismo revelou-se notável, por exemplo, na diversidade de significados contidos no termo classe média. Ao recorrer a ele, os informantes tencionavam denotar desde uma "situação bastante confortável", passando por "dá pra viver", até, no outro extremo, uma "condição difícil" e mesmo de "luta". Essa variação é compensada pelo concurso da lógica que fundamenta a autolocalização na hierarquia social em bases relacionais. Não se considerando "alta burguesia", nem "pobres de marré de si", os sujeitos se percebiam como situados justamente no meio da pirâmide social. O critério que presidia a autoclassificação em termos de classe era, portanto, o da inclusão pela exclusão; isto é, a noção de classe média detinha, ao menos em parte, um sentido residual. Essa qualidade era menos evidente quando os informantes associavam classe média a uma situação de privilégio.

Quando se desvia a atenção da ótica dos agentes para incidir em uma definição mais "objetiva" de classe social, as conclusões sobre a localização dos informantes na estratificação social são corroboradas. Não se trata, com esta análise, de testar a pertinência da auto-imagem. Antes pretendo, por meio dela, fornecer outras informações sobre o universo que importam para a análise subseqüente.

Como ponto de partida, adoto a noção de classe no sentido weberiano (Weber, 1969). Nessa acepção, o conceito está fundamentalmente referido, e restringido, à posição dos sujeitos no mercado econômico, seja em termos de suas oportunidades de aquisição de bens, seja em termos do que eles têm a oferecer no mercado. Conquanto Weber não operacionalize o conceito de classe, os teóricos de estratificação social o fazem recorrendo aos critérios de renda, ocupação e educação formal (Davis e Moore, 1969). Na tentativa de mapear o perfil socioeconômico dos sujeitos pesquisados, acrescento a esses indicadores alguns outros.

Comecemos pelo nível educacional dos casais e pelos dados referentes às suas ocupações. Mesmo considerando que na década de 70 o título universitário perde, no contexto brasileiro, parte de seu valor em virtude da proliferação massiva de unidades de ensino superior, cumpre destacar que os informantes obtiveram seus diplomas em estabelecimentos, públicos ou privados, de inegável reputação, garantindo assim seu valor de marca distintiva no mercado. Em alguns casos, os entrevistados e/ou seus parceiros estavam envolvidos em cursos de especialização ou de pós-graduação.

O universo investigado incluía professores universitários, uma socióloga, duas terapeutas corporais, dois desenhistas industriais, um publicitário, um músico, dois psicólogos e uma atriz que era também cantora e produtora de elenco. Em alguns casos, os cônjuges exerciam a mesma atividade. Mesmo quando isso não se verificava, as profissões dos parceiros não entrevistados (engenheiros, psicólogas, uma atriz, um músico de renome e um empresário comercial) eram equivalentes em termos de prestígio na hierarquia funcional. Embora não fosse garantia de vultosos rendimentos econômicos, o *status* profissional dos casais era alto, principalmente em relação à sociedade brasileira como um todo. É importante notar ainda certa inclinação para escolher carreiras menos convencionais, no sentido de mais à margem do sistema.

Se bem que eu não disponha de informações sobre o montante de renda auferido pelos parceiros, uma característica nada desprezível – e que emergia espontaneamente nas entrevistas – dizia respeito ao fato de ela ser oscilante em boa parte dos casos. Afora interrupções mais ou menos prolongadas da atividade profissional da mulher após o nascimento do bebê, o universo era composto de alguns *free-lancers* e também de profissionais liberais em fase de afirmação de carreira. Mesmo com emprego fixo, alguns complementavam a renda familiar fazendo "bicos", que são incertos por definição. Essa flutuação implicava a vivência de épocas "mais apertadas" ou "mais difíceis"; porém, a não ser em casos excepcionais, a situação não era experimentada como dramática. Até pelo contrário, ela podia ser valorizada, como atesta o depoimento de uma das informantes:

> Às vezes a gente passa um perrengue danado de grana porque vida de música e de atriz é muito instável. Houve um tempo em que essa coisa me deixava apavorada, mas hoje em dia eu acho o máxi-

mo porque te impede de ser uma pessoa armada com tudo certinho. Você tem que mexer com tua criatividade e a gente sempre acaba dando um jeitinho.

Um recurso importante nesse "jeitinho" – que contrabalança os eventuais refluxos de renda do casal e/ou que deles retira um sentido crítico – remete à posição social das famílias de proveniência. Com efeito, o fato de o universo investigado não se caracterizar por uma situação de premência econômica se deve não apenas ao seu *status* educacional e profissional, mas principalmente (salvo dois casos) à condição privilegiada das famílias. Colocando em termos mais gerais, a identidade de classe dos informantes está atrelada à identidade de classe de suas famílias de origem e/ou de seus parceiros.

Tal afirmativa não se pauta apenas no inestimável capital social e cultural que seus pais lhes propiciaram. Ela prende-se também aos privilégios que as famílias de origem continuavam a proporcionar aos casais em termos de oportunidades no mercado. Dois deles eram beneficiados com mesada regular, e o recebimento de presentes mais ou menos vultosos (quer em situações excepcionais, ou nas mais rotineiras) impunha-se como norma. Um número significativo de casais morava em apartamento próprio ou estava em vias de comprá-lo, com o total patrocínio de parentes ou sua eventual ajuda na quitação das prestações. Mesmo os informantes que afirmaram ser o orçamento doméstico fruto apenas dos rendimentos do casal reconheciam que "se a gente botar na ponta do lápis os presentes que [as famílias] sempre trazem quando vêm aqui, isso acaba sendo no final do mês uma ajuda significativa". A própria suspensão temporária da atividade profissional da mulher após o nascimento do bebê – ou seja, justamente quando aumentam os gastos familiares – parecia possibilitada graças à proteção da parentela.

Verifica-se uma diferença entre as famílias de origem no provimento dos casais. A situação de classe é um dos fatores que esclarecem essa variação: se a família da mulher era naturalmente mais ativa nesse amparo, isso em parte se devia ao fato de ela desfrutar de posição social privilegiada em comparação com a dos parceiros. Por outro lado, mesmo nas uniões reconhecidas como homogâmicas havia uma tendência para representar a parentela feminina como "mais presenteadora" do que a masculina. Sugiro que, mantidos outros fatores constantes, a maior ajuda material proporcionada pela família da mulher subordina-se a uma regra geral consubstanciada em sua presença mais freqüente e intensa que a do parceiro no cotidiano do casal (cap. 4). Isso não significa que os parentes masculinos se eximissem de auxiliar financeiramente o casal de diferentes maneiras. Salvo raras exceções, ao menos uma das famílias dava suporte aos cônjuges.

A situação de privilégio experimentada pelos informantes (ou melhor, mais de uma delas) fundava-se precisamente nesse amparo. Era ele que fazia dos casais "indivíduos de costas largas". Além das evidências já fornecidas, eles se viam isentos de muitas das regras universalizantes e impessoais que regem o mercado: os parceiros de duas informantes trabalhavam com o pai e o sogro; empréstimos em dinheiro não eram feitos em bancos, mas com familiares etc.[58] É bem possível que a posição socioeconômica das famílias de origem servisse de critério para os informantes construírem sua identidade como "classe média". Não parece casual o fato de os dois entrevistados que associaram a noção à "luta" ou "situação difícil" terem sido precisamente os que não podiam contar com suporte material de suas famílias nem da dos cônjuges.

Bourdieu (1974) propõe que, com vistas a captar a posição de um indivíduo ou grupo na estrutura social, a atenção do analista deve deslocar-se das "propriedades de situação", isto é, de uma condição fixa, para

---

[58] Ao trabalhar com a dicotomia "indivíduo" e "pessoa", DaMatta sustenta que "individualismo significa, antes de tudo, desvincular-se dos segmentos tradicionais como a casa, a família, o eixo das relações pessoais como meios de ligação com a totalidade". Decorre daí sua dedução de que "nos estratos médios e superiores de nossa sociedade é pequeno o tempo que a pessoa passa vivendo como indivíduo" (1979:180, 187). Ainda que o uso que o autor faça dos termos "indivíduo" e "individualismo" não coincida com o meu, subscrevo suas conclusões sobre atributos inerentes aos segmentos médio e superior brasileiros.

as "propriedades de posição", ou seja, para a trajetória social, realizada ou possível, dos sujeitos. A sugestão permite depreender algumas diferenças significativas entre a geração dos informantes e a de seus pais. Excetuando-se os dois casos em que a situação das famílias de proveniência foi qualificada como "classe média simples", os outros entrevistados destacaram que a geração parental havia cumprido uma trajetória de ascensão em relação à precedente. Eram comuns referências a momentos de penúria vividos pelos pais e/ou sogros quando jovens, tendo muitos deles ingressado no mercado de trabalho antes dos 18 anos. Havia casos de migrantes de outros estados ou países que se viram forçados a uma emancipação precoce da casa paterna para superar o padrão social de origem. Pode-se, em suma, concluir que os informantes eram em geral representantes de uma segunda geração de ascendentes, o que reitera estar sua situação de classe atrelada ao usufruto de recursos acumulados pela geração dos pais.[59]

Uma outra diferença significativa entre as duas gerações emerge quando se especula sobre as propriedades ligadas ao futuro da posição de classe. Alguns fatores levam a argumentar que, enquanto a geração parental cumpriu um movimento intergeracional ascendente, os casais focalizados tinham alta probabilidade de, no máximo, reproduzir a situação de classe das famílias de origem. Isso porque, tomando como parâmetro a situação privilegiada de classe alcançada pelos pais, a magnitude dos avanços que a geração mais nova deveria cumprir para transpor o patamar já atingido revela-se improvável.

Razões de ordem estrutural levam também à desconfiança na viabilidade de uma trajetória ascensional dos filhos. A mobilidade social vertical das famílias de origem verificou-se por volta dos anos 50, o que remete a condições históricas bastante excepcionais da sociedade brasileira. O acentuado movimento de modernização ocorrido no período (expresso na fórmula "50 anos em 5") promoveu uma expansão geral de oportuni-

---

[59] Já explorei, em outros trabalhos, os efeitos acarretados por essa diferença intergeracional sobre a dinâmica familiar (ver Salem, 1980, 1986b).

dades, com a criação de novas posições estruturais, favorecendo processos de acumulação bastante rápidos. É possível que até mesmo a ascensão social como *valor* tenha se afirmado de forma mais vigorosa no período, alimentada pelas oportunidades reais que se abriam.

A geração focalizada, ao inverso, encontrava-se imersa em um contexto no qual as chances de mobilidade e de enriquecimento propiciadas pelo surgimento de novas posições contraíram-se de modo considerável; nos anos 70/80, elas restringiram-se ao mercado financeiro e ao imobiliário. Ora, as profissões abraçadas pelos casais, embora prestigiosas, não parecem capazes de garantir uma mobilidade vertical significativa, tomando-se como referência o padrão já sedimentado por suas famílias. Os próprios informantes subscrevem a conclusão: nenhum deles acusou uma ascensão social em relação aos pais, nem mesmo o companheiro de uma das entrevistadas, que era um músico bastante bem-sucedido em sua carreira.

Enquanto a geração parental distinguiu-se da precedente pela classe, o anseio pela diferenciação se expressa, nos filhos, em uma instância mais propriamente simbólica. O assunto é retomado adiante, mas antecipo que a ascensão social não se impunha como valor prioritário no universo, e o preceito ético "ser é mais importante que ter" era razoavelmente disseminado. Por outro lado, cabe também reconhecer que os informantes podiam querer se discriminar das famílias de origem mais por fronteiras simbólicas do que propriamente econômicas graças, ao menos em parte, ao usufruto da posição de classe da geração parental. Nota-se, em outras palavras, *uma articulação entre a situação de classe dos pais e a disposição para a distinção simbólica manifestada pelos filhos.*

A homogeneidade até aqui afirmada do universo investigado e de suas famílias de proveniência em termos de classe pode, de outro ponto de vista, ser relativizada. Conforme já comentado, dois dos casais não compunham uma segunda geração de ascendentes: além de não acusarem um movimento ascensional por parte dos pais, os entrevistados classificaram suas famílias e a de seus parceiros como "classe média simples". Também o rótulo de segunda geração de ascendentes pode encobrir, como de fato encobre, situações bastante díspares. A amostra comportava desde filhos de empresários bastante bem-sucedidos até um jovem cujo pai era um "simples" representante comercial; alguns pais tinham título superior, enquanto outros não ultrapassaram o segundo grau. Além disso, exatamente por provirem de famílias ascendentes, alguns dos jovens experimentaram os percalços dessa trajetória. Uma das informantes, por exemplo, relatou que, para possibilitar a compra de apartamento próprio, ela e suas irmãs foram transferidas da escola particular em que estudavam para uma pública, ainda que bem conceituada. Outros informantes, em contraste, sublinharam o conforto material sempre usufruído na casa paterna. Mesmo considerando a situação dos núcleos de proveniência e dos próprios informantes no momento exato em que as entrevistas foram realizadas, eram perceptíveis disparidades socioeconômicas internas ao grupo. Em suma, quando a sociedade brasileira serve de referência, o universo afirmava-se como incontestavelmente privilegiado; contudo, de um ponto de vista interno ao grupo ele comportava uma relativa heterogeneidade em termos de classe.

Apesar disso, os informantes revelaram coincidências significativas quanto a aspectos simbólicos enfatizados e valores abraçados. Essa conjunção entre, de um lado, uma variação relativa em termos de classe e, de outro, uma solidariedade quanto ao código ético partilhado anuncia que não há, entre essas duas ordens, uma relação de necessária correspondência.[60] Justamente por não constituir expressão direta das determinações de classe, a configuração ética merece exame à parte. Não se trata de desprezar a extração social dos sujeitos: ela fornece, sem dúvida, parâmetros importantes que demarcam fronteiras entre grupos.[61] Mas efetiva-

---

[60] O leitor interessado encontra, no trabalho original, uma discussão sobre a relação entre classe e ética (Salem, 1987:10-13, 190-197). Adianto, contudo, que a relação que estipulo entre essas ordens constitui "pressuposição" deste trabalho, no sentido que Alexander confere ao termo (cf. epígrafe deste capítulo).

[61] Mesmo os autores que radicalizam o sentido instituinte do simbólico não dissolvem a importância do econômico ou da "base material" na análise das nossas sociedades. Sahlins serve como caso ilustrativo: sua tese sobre a proeminência da razão simbólica sobre a material ou a prática é acompanhada pelo reconhecimento de que "na sociedade burguesa [...] o simbolismo econômico é estruturalmente determinante" (1979:232).

mente a condição de classe abre um leque de alternativas simbólicas, sendo a identidade dos segmentos sociais no seu interior só esclarecida mais plenamente com a consideração do código moral ao qual eles aderem. A análise que se segue fala de uma configuração ética que se aloja, em termos típicos, nas classes médias e superiores. No entanto, precisamente por não atravessá-las de modo homogêneo, a discriminação desse código moral corresponde à delimitação, no interior das camadas médias, de um segmento particular separado de outros por fronteiras mais claramente simbólicas. Argumento que é a especificação desse código que permite avançar na compreensão do fenômeno CG, e também daquilo que ele pressupõe e expressa.

A configuração ética e seus princípios estruturantes

Recorro indistintamente às noções de ética e de moral para aludir a temas referentes ao domínio do simbólico ou da significação. Elas dizem respeito tanto a aspectos afetivos quanto cognitivos e denotam, portanto, uma realidade mais abrangente da que é geralmente designada pelo conceito de *ethos*.[62] Mas a peculiaridade maior da noção de ética, tal como aqui concebida, reside no fato de ela significar uma configuração particular de valores articulada em torno de *princípios estruturantes*: são estes que conformam o modo de ser, de estar e de representar o mundo dos sujeitos. Conceder a certas disposições morais o estatuto de princípios implica também conceder que elas subjazem aos traços que compõem uma dada cosmovisão[63], precedendo-os logicamente.

---

[62] Bateson (1980:118-120) restringe o conceito de *ethos* à modulação emocional de um grupo e o distingue analiticamente de *eidos,* que alude ao plano mais propriamente cognitivo. Geertz (1978, cap. 5) argumenta que *ethos* compõe-se com *eidos*; ainda assim, ele mantém a distinção entre os termos. Endosso a posição de Velho (1984) quanto à dificuldade de separar os aspectos afetivos dos cognitivos.

[63] As noções de ética ou de moral, tal como as concebo, guardam coincidências com o que Duarte designa "identidade-valor" (1986a, 1986b:129-133).

Proponho serem três os princípios que funcionam como arcabouço da ética do grupo: o da *psicologicidade*, o da *igualdade* e o da *mudança*. Essas predisposições morais encontram-se comprometidas umas com as outras e se totalizam na ideologia individualista, ou em uma de suas modalidades. Sua discriminação em instâncias deve-se, fundamentalmente, a razões de exposição. Por outro lado, esses princípios estão analiticamente hierarquizados: a qualidade central que especifica a representação do sujeito em pauta – a de psicológico – reveste de coloridos especiais não só a noção de indivíduo como também a modalidade de igualdade e de mudança valoradas.

Esse código ético é analiticamente construído nos moldes de um tipo ideal; por isso sua apresentação não se destina a apresentar a realidade na forma de um espelho. E, de fato, quando se desvia o foco para o plano etnográfico, a articulação entre os princípios revela-se menos imperiosa. Sou tentada a apelar para as imagens de "malha estreita" e "malha frouxa" – propostas por Bott (1976) para designar diferentes modalidades morfológicas de redes sociais – como recursos de metáfora para denotar diferentes possibilidades de densidade e de conexão das redes de significado. Assim é que, em alguns depoimentos, as disposições morais arroladas, além de afirmadas com veemência, mantinham entre si um tipo de relação compatível com a imagem de "malha estreita"; nesses casos, os dados etnográficos aproximavam-se do tipo ideal. No outro extremo, a articulação e a solidariedade entre os princípios mostravam-se mais frouxas: a presença de um não pressupunha necessariamente a existência vigorosa do outro. Não consegui intuir, com base no material disponível, razões sociológicas capazes de aclarar essas diferentes formatações das redes de significado.

Do ponto de vista mais propriamente analítico, contudo, é a combinação desses três princípios que fornece à configuração ética em pauta sua identidade específica e irredutível. Além do já justificado, designo-os de estruturantes também pelo fato de eles englobarem e conferirem sentido a outras representações e ideais vigentes nesse universo ético. Proponho, no próximo capítulo, que o ideal de conjugalidade que nele impera constitui derivação lógica dos três princípios citados. E, ainda neste capítulo, argumento que as práticas corporais e as práticas místicas – que se mostraram etnograficamente relevantes – são desdobramentos possíveis, embora não necessários, desse núcleo ético mais central.

Estou persuadida – e espero persuadir o leitor – de que a configuração moral descrita não é apanágio do CG. Utilizando-o como recurso de aproximação, a análise empreendida neste tópico fala de um sistema ético cujos contornos transbordam amplamente o restrito circuito de minha investigação.

O princípio da psicologicidade

O princípio da psicologicidade está atrelado à percepção do indivíduo como sujeito psicológico e à disposição cultural de exame e de cultivo de cada *self*; ou seja, à reflexividade intimista.[64] A conversão do "eu" em tema e problema se expressa na ênfase introspectiva e em uma aguda sensibilidade para observar emoções, sentimentos e a subjetividade. Essa mesma disposição cultural está comprometida com a exigência de um constante trabalho sobre si mesmo com vistas ao aperfeiçoamento. A máxima "ser é mais importante do que ter" condensa, em certa medida, a atenção que convém ter para consigo mesmo.

A atenção vigilante conferida ao "eu" não coincide, em absoluto, com um regime de austeridade nos moldes calvinistas (Weber, 1967) ou estóicos (Foucault, 1985). Ainda que a "autodepuração" e a "auto-expurgação" marquem presença, a ética em questão advoga, não o controle, e sim a *liberação* do indivíduo tanto de amarras sociais e preconceitos culturais quanto de constrangimentos psicológicos nefastos. A

---

[64] A noção de reflexividade, como proposta por Boltanski (1979), pressupõe qualidades de problematização e de espírito crítico. Subscrevo a idéia; mas, ao agregar a ela o atributo "intimista", pretendo marcar uma diferença com relação ao autor, que praticamente restringe a noção de reflexividade à cultura somática.

valorização introspectiva também não implica exercício solitário ou postura de ensimesmamento. Pelo contrário, a compulsão a "vasculhar-se" vincula-se à compulsão a "abrir-se" – seja no santuário do espaço analítico, seja na relação com pares. Por conseguinte, a disposição interiorizante apóia-se e ao mesmo tempo resulta em uma prática social compartilhada.

A linguagem que informa a reflexividade intimista provém das disciplinas psi e da própria experiência terapêutica à qual, salvo raríssimas exceções (incluindo-se aí o parceiro não entrevistado), todos se submeteram. A afinidade entre essa inclinação moral e esses saberes repousa, em última instância, em uma disposição para exorcizar o social, afirmando em seu lugar uma problemática pessoal de investimentos inconscientes. Conceitos fundadores dessas disciplinas – como "desejo", "inconsciente", "mulher fálica", "resistência", "discriminação", "simbiose" etc. – perpassam os depoimentos e funcionam efetivamente como lentes através das quais os sujeitos avaliam a realidade interna e externa a eles. Premissas constitutivas desses saberes elucidam também o recorrente recurso à biografia pessoal e familiar, sobretudo na sua versão intimista, para explicar impasses vividos no presente. Por exemplo:

> E por que eu não estou conseguindo ser o pai que eu gostaria de ser? Aí têm coisas lá do meu passado, coisas penduradas na minha problemática com meus pais. Não tenho respostas claras para isso porque são coisas que estou ainda examinando no meu processo analítico.

Justamente pelo fato de o psicológico ser o atributo definidor do sujeito, avalia-se a adesão "verdadeira" a preceitos éticos, menos em termos dos atos e das práticas que dela decorrem, e mais em função de sua maior ou menor sintonia com o plano subjetivo. Visto de outro prisma, a questão dos direitos e deveres encontra-se subordinada ao princípio da psicologicidade:

> Ele até se envolveu com a gravidez, mas não se envolveu da forma como eu queria que ele tivesse se envolvido. Ele me acompanhava

nas consultas médicas, ia ao grupo de casais e tudo. Mas mesmo assim eu me sentia frustrada porque eu sacava que eram atitudes que não partiam de dentro dele. Faltava emoção na coisa.

Tenho uma atitude de pai participante, mas não estou sendo de fato. Divido tudo igualmente com a [esposa]. Faço tudo, mas faço mal. Faço, mas não dou sangue.

A representação de indivíduo vigente no universo mantém compromisso evidente com as noções de "volição", "deliberação", "liberdade", "escolha" e similares. Conforme indicado no capítulo precedente, esses valores se antagonizam, no limite, com os determinismos definidos pela cultura e pelo social. O enaltecimento da amizade e do próprio casal e, em contraste, as reservas que recaem sobre as famílias de origem e sobre as relações hierárquicas em geral são fundadas, ao menos em parte, na antinomia entre "escolha" (determinação interna) e "imposição" (determinação externa). Por outro lado, o reconhecimento de que o sujeito é fortemente informado pelo "desejo" e pelo "inconsciente" – cujas lógicas estão para além ou aquém da razão – leva à admissão de que, em muitas situações, as deliberações racionais são subjugadas a impulsos mais recônditos e misteriosos. Um exemplo é fornecido pela afirmação, surpreendentemente freqüente, de que "o filho não foi planejado, mas desejado".

O princípio da psicologicidade tem notáveis repercussões sobre o modo como os sujeitos representam as relações sociais e a própria sociedade. Como teremos oportunidade de examinar, os preceitos éticos salientados valem indistintamente para o indivíduo singular e para a díade. Além disso, privilegiar as relações sociais como travadas entre indivíduos psicológicos, pensar transformações sociais como redutíveis a revoluções em nível das subjetividades e, ainda, conceber a sociedade como um fardo que impede a liberação das verdadeiras inclinações dos indivíduos são representações expressivas do espaço atribuído ao sujeito singular e do quanto a qualidade de psicológico é estruturalmente determinante.

154 | Quem são eles? Classe e ética

O princípio da igualdade

A aguda valorização das distinções internas se vê acompanhada pelo preceito da igualdade. Exatamente por atribuir igual valor às identidades sociais, a igualdade expressa a aversão a englobamentos e a hierarquias, e firma-se na indiferenciação. O princípio igualitário se imiscui na modalidade ensejada de interação entre médico e paciente, entre pais e filhos e nas relações sociais em geral. Tanto assim que, conforme já destacado, a igualdade constitui o principal critério que distingue o social perverso – que constrange o sujeito – do social positivamente representado, que supostamente o libera. Mas minha atenção se volta para a forma pela qual o princípio igualitário se exprime na relação entre gêneros. A incursão fornece insumos importantes para compreender a representação de casal vigente no universo, examinada no próximo capítulo.

Tomemos como ponto de partida as correlações paradigmáticas entre, de um lado, masculino/domínio público/funções instrumentais/razão e, de outro, feminino/domínio privado/funções afetivas/emoção (Zelditch, 1968).[65] Apesar das diferenças biológicas (decerto reconhecidas, embora por vezes lamentadas)[66] observa-se, no universo em pauta, vigorosa tendência a uma indistinção valorativa dessas demarcações diferenciais.

Em contraste com suas mães que nunca trabalharam ou que só o fizeram depois de liberadas das funções maternas (ou seja, quando seus filhos ingressaram na adolescência), as informantes, bem como as parcei-

---

[65] Estudos que versam sobre as "classes trabalhadoras" ou "famílias operárias" destacam serem estas oposições constitutivas do seu sistema ético. Cf., por exemplo: Durham, 1980; Duarte, 1986b, cap. IV, 1987; Salem, 1981. Ao examinar sistemas de representações sobre a homossexualidade masculina no Brasil, Fry (1982, cap. 4) também argumenta pela hegemonia de um "modelo hierárquico" de identidade sexual entre as classes baixas, e o contrasta com um outro que, vigente entre as classes médias e altas das grandes metrópoles, enfatiza a "igualdade e a simetria" nas transações homossexuais.

[66] Refiro-me ao fato de alguns homens declararem-se "injustiçados" por não poder engravidar (cf. capítulo anterior).

ras dos entrevistados, mantinham compromisso com o domínio público por razões que extrapolavam injunções econômicas. É bem verdade que interrupções na carreira profissional feminina eram previstas e até bem-vindas. Integrava o projeto dos casais o preceito de que, no pós-parto, a mulher deveria dedicar-se inteiramente à criança por um tempo que, salvo raras exceções, variava de quatro meses a um ano. Mas esse afastamento do mercado de trabalho era considerado circunstancial e excepcional. Paralelamente, o maior comprometimento do homem com o domínio privado também se impunha como valor prioritário. Todavia cumpre ressaltar que, graças à instituição da empregada doméstica, a convocação do homem concernia fundamentalmente ao desempenho do papel paterno (sobre esse ponto, ver Cardoso, 1983). E aquilo que singulariza o envolvimento dos informantes com a criança reside, justamente, na dissipação das qualidades diferenciais que associam pai à autoridade e mãe ao afeto. Essa vocação moral para situar-se para além das classificações e dos papéis sociais coloca novamente em cena o imperativo ético do *indivíduo plural* ao qual fiz referência no capítulo 1. Mas a predisposição, senão compulsão, para dissolver diferenças estatutárias é também sintoma de sua inclinação contestatória – a qual, por sua vez, alimenta sua imagem de vanguarda existencial. Essas idéias encontram ilustração nas palavras de um entrevistado:

> Sou muito maternal com o [filho]. Essa coisa tradicional de papel de pai e de mãe entre a gente não é nada rígido. Sabe essa coisa do pai ter que ser o durão e a mãe ser a que passa a mão na cabeça? Aqui em casa não tem essa: às vezes acontece justamente o contrário. A coisa é mais alternada. A gente sempre dividiu os cuidados com o [filho]. Às vezes ela fica mais com ele, às vezes fico eu. Tudo é transado de acordo com nossos horários e a disponibilidade de cada um e não em função de papéis.

O princípio da indistinção de domínios e de qualidades femininas e masculinas transparece ainda às avessas, ou seja, quando ele não era implementado na prática. O sentido de anomalia conferido a essas circunstâncias evidencia-se no fato de gerarem mal-estar, desconforto ou, para usar uma categoria nativa, "culpa". Os jovens pais se auto-recriminavam quando, por motivos de trabalho ou por "impedimentos subjetivos", sua disponibilidade para com a criança se contraía. Um deles avaliava de modo negativo seu desempenho como pai alegando que, "embora brincasse e conversasse com sua filha, o fazia de forma diferente da de sua esposa".[67] Há ainda o caso de uma entrevistada, na época com filhos de dois anos e um mês de idade, que desde o nascimento do primeiro "não havia conseguido" retomar suas atividades profissionais. Mesmo lembrando que nenhuma injunção de ordem material a pressionasse nesse sentido, ela tinha decidido voltar à análise "para entender o que estava acontecendo".

O esmaecimento valorativo das fronteiras entre o feminino e o masculino anuncia-se ainda na maneira coincidente como ambos os gêneros lidavam com a questão dos sentimentos. Se consentirmos, seguindo Zelditch e vários outros, que o feminino está usualmente associado à emoção e à sua expressão, a conclusão por uma *feminização do masculino* procede. De fato, a exteriorização dos sentimentos por parte dos homens, mais do que legítima, parecia imperativo moral e a propensão a "vascular-se" mostrava-se tão intensa neles quanto em suas parceiras. Tal inclinação revelou-se na própria dinâmica da entrevista e no tom que perpassava os depoimentos. Assim como as mulheres, os homens invariavelmente dissertavam sobre um mundo intimista e subjetivo, e confesso que muitas vezes me surpreendi com sua disposição para relatar eventos geralmente considerados bastante íntimos, mesmo quando não perguntados a respeito.[68]

---

[67] Interessante sublinhar a idéia subjacente de que, para ser positivamente apreciado, o comportamento do pai deve ser *igual* ao da mãe – o que, mais uma vez, reitera o valor da indistinção no universo.

[68] Não descarto que a própria temática possa ter instigado o sentido introspectivo dos depoimentos. Mas tendo a relativizar essa apreciação com base em outra experiência de campo em que entrevistei pais e filhos das camadas médias e superiores sobre questões familiares. Observei, entre as duas gerações masculinas, uma inflexão na forma de apresentação do "eu". No caso da geração mais velha, ela se traduz em uma apresentação via feitos (em especial, na área do trabalho profissional); já na geração dos filhos, a auto-apresentação incide sobre o universo introspectivo (Salem, 1978).

O princípio da mudança

A pregnância e ubiqüidade do valor atribuído à mudança perpassam desde o nível intrapessoal – conformando a auto-identidade dos sujeitos como uma vanguarda existencial – até atingir o estatuto de uma categoria com base na qual eles classificam e avaliam o mundo à sua volta.

O preceito da mudança, informado pelo princípio da psicologicidade, resulta em uma representação do indivíduo comprometido, em termos éticos, com a idéia de avanço e auto-aperfeiçoamento. Tendo em vista a identificação entre progresso moral e "liberação", o exercício depurativo pressupõe dois movimentos conjuminados. De um lado, um de cunho interiorizante que impele o sujeito a "se ouvir", para isso desbastando as camadas mais superficiais do ego. De outro, um movimento que o orienta no sentido de uma intensa disposição para experimentar e para abrir-se ao "novo".[69] Ambos os movimentos são norteados pelos imperativos éticos de "questionar", de "libertar-se da rigidez" e de "não reproduzir". Não resta dúvida de que o conteúdo e a direção da mudança importam; mas é fato também que a mudança *em si* afirma-se como valor. O depoimento de um dos informantes é paradigmático:

> Eu sempre questionei tudo. Eu acho que tudo aquilo que não se pensa sobre tende a se reproduzir e a gente sempre corre o risco de se acomodar e se viciar em qualquer coisa... O nosso casamento instaurou uma grande subversão às leis e desde que a gente se encontrou a gente sabia que tudo que a gente ia construir seria sob o signo da marginalidade e da subversão. Marginalidade no sentido

---

[69] Nesse sentido, são sintomáticas as ilações de Silva e colaboradores que, ao examinarem as transformações da demanda por psicoterapia, concluem que ela se concentra, nos anos 70/80, no "desejo de mudar" (1983:1082-1083).

da diferença, da não-reprodução, do questionamento. A reforma dessa casa [referia-se às obras que nela estavam sendo feitas] é a materialização de um desejo nosso no sentido de transformar tudo.

A "criatividade" é qualidade muito valorizada, e não raro vem associada à de "improviso". Já mencionei o caso de uma informante que enaltecia a oscilação da renda mensal justamente por instigar a "criatividade na hora do aperto". Outros se orgulhavam de não ter enxoval doméstico: "vamos improvisando tudo, não entramos nesse esquema de vida organizadinho". A própria decoração dos apartamentos, caracterizada pela presença de objetos facilmente descartáveis e/ou cambiáveis, revestia-se do mesmo tom: o despojamento mobiliário, os móveis leves e claros, a profusão de almofadas no chão e a preferência por elementos decorativos artesanais compunham um quadro de descontração, de improviso (ou, ao menos, de displicência programada) e de não-permanência. Em uma das casas, em que não havia sofá na sala, mas apenas almofadas, o informante (psicólogo) aludiu à "vontade de ter um consultório conversível, sem rigidez mobiliária".

O princípio da mudança elucida ainda a identificação das distinções geracionais com as oposições acomodação/coragem de ousar, repressão/liberação, ser fechado/ser aberto, ter/ser. Essas diferenças polares sintetizam, ao mesmo tempo, a modalidade de mudança valorada. Os depoimentos a seguir – respectivamente de um homem e de uma mulher – são ilustrativos a respeito:

> Acho meu pai uma pessoa muito pouco ambiciosa. Não no sentido de ambicionar coisas materiais porque isso até que ele tem. Mas eu sou muito mais ambicioso que ele em termos de projeto de vida e quanto a isso meu pai só vai até onde o braço dele alcança.

> Em comparação com meus pais eu me sinto menos trancada. Eu faço mais força pra me desreprimir e pra melhorar do que eles fazem. Tanto meus pais quanto meus sogros são conservadores, não ousam um passo à frente, não têm uma atitude renovadora. É

uma geração que se submete às coisas mesmo a contragosto e que faz as coisas por obrigação. Nesse ponto acho que o [parceiro] e eu somos mais revolucionários: a gente não se submete tanto às obrigações e a determinados esquemas montados. É como se, em termos existenciais, eles fossem a geração caderneta de poupança e nós, a da bolsa de valores.

Os três princípios arrolados compõem a configuração moral individualista-psicologizante, e os temas da "igualdade", da "liberdade", da "mudança", a ênfase na "diferenciação", na "autenticidade", e nas "escolhas pessoais" não constituem novidade para autores que estudam as camadas médias modernas. Contudo, no universo do CG, duas outras questões despontaram de forma vigorosa, as quais, mesmo não merecendo o estatuto de princípios, revelaram-se importantes na visão de mundo dos informantes. Elas interessam ainda por conferirem, à primeira vista, um colorido especial tanto ao psicologismo quanto ao racionalismo individualizantes. Refiro-me ao significado atribuído ao *corpo* (e às técnicas corporais daí decorrentes) e a um conjunto de práticas que subsumo à noção de *místicas*.

Essas disposições carregam indubitavelmente a marca geracional e são alimentadas pelo mercado de bens simbólicos hoje em circulação. Para fundamentar esse argumento, recorro ao *ethos* individualista dos *nobres* (Velho, 1975) como contraponto comparativo. Entendo o CG como seu irmão sociológico mais novo. Com efeito, ainda que os *nobres* pareçam ocupar postos mais altos na estratificação de prestígio, e colocando de lado o "tom aristocratizante" que impregna sua auto-imagem, há notáveis coincidências entre eles e o CG: ambos constituem uma segunda geração de ascendentes e suas visões de mundo revelam-se solidárias na importância concedida ao "*self* psicológico", ao "autoconhecimento", à "abertura para novas experiências", à "mudança" etc. (Velho, 1975:46-49).

A análise empreendida é bastante impressionista e mereceria um estudo mais aprofundado tanto em termos bibliográficos quanto etnográficos. Não havia, no roteiro de entrevistas, perguntas específicas sobre esses temas, e são justamente as insistentes alusões a práticas corporais e místicas, sob a forma de comentários casuais, que as tornam intrigantes. Lamento que no trabalho de campo não lhes tenha dado a devida importância. Procuro completar essas lacunas incluindo vez por outra, na análise, informações retiradas de reportagens jornalísticas e observações resultantes de minhas próprias incursões nesse universo de símbolos.

As práticas alternativas

As práticas corporais

É significativo o fato de o corpo não emergir como categoria relevante na etnografia dos *nobres*; melhor dizendo, as breves insinuações a ele o relevam como "arma de sedução" (Velho, 1975:20). Em contraste, no universo do CG, o corpo, da mesma forma que a mente, é subordinado ao preceito moral da atenção que convém ter sobre si mesmo. A linguagem e o regime prescritos para a instância do psíquico são igualmente apropriados para o corpo: deve-se "tomar consciência" do que ele diz e ele deve ser aperfeiçoado em um sentido que extravasa o estético: a meta consiste em sua liberação ou expurgação. Além disso, o corpo é tido como canal de expressão de dilemas psicológicos, o que elucida, e aguça, a atenção que se deve ter com ele.

O fundamento básico dessa representação – explícita na teoria bioenergética de Lowen, de inspiração reichiana – apóia-se na concepção de uma energia biopsíquica que liga de modo indissociável o registro psíquico inconsciente ao corporal. Decorre daí que as dificuldades oriundas de traumatismos infantis, às quais se agregam as distorções da vida em civilização, inscrevem-se concretamente no plano físico sob a forma de "bloqueios corporais". Seja através de manipulações no corpo, seja por meio de exercícios específicos (combinados ou não com a palavra), a terapêutica visa dissipar os nódulos tensionais ou, como prefere um informante, "tirar os vícios do corpo e suas acomodações".

Essa representação confere inteligibilidade a uma gama de práticas abraçadas pelo grupo, as quais merecem ser discriminadas conforme prescindam ou não da atividade discursiva. Expressão corporal, antiginástica e diferentes tipos de massagens (Shiatso, Rolfin etc.), que visam à "conscientização do corpo" ou a "reequilíbrio energético através do desbloqueio de tensões", não têm na palavra um recurso imprescindível. Nem por isso elas abdicam do pressuposto de uma inscrição psicológica no corpo. Nelas também vinga a identificação entre trabalho corporal e sua "liberação". Já a bioenergética – que desponta como a orientação terapêutica privilegiada pelos informantes – assenta-se em uma combinação da atividade discursiva com o trabalho sobre o corpo. Apesar de suas diferenças, todas partilham da premissa da inconveniência, senão impossibilidade, de dissociar mente e corpo; em outras palavras, advogam uma igualdade entre estas instâncias.

A bioenergética é expressamente apontada pelos entrevistados como uma alternativa à "análise tradicional", ou seja, à freudiana. As reservas à última corroboram valores caros ao CG. Afirma-se, primeiro, uma desconfiança na "ênfase excessiva no cerebral" em detrimento da atenção ao corpo. Além disso, se enaltece que, ao contrário do que ocorre no espaço analítico "tradicional", o relacionamento entre terapeuta e paciente no *setting* bioenergético é "mais próximo, pessoal e caloroso". O argumento reitera tanto sua aversão a relações hierárquicas quanto o culto da espontaneidade.[70]

A tese da unidade psicossomática, aliada à repulsa mais ou menos generalizada pelo consumo de medicamentos e produtos químicos, elucida ainda a adesão do universo à homeopatia, à acupuntura e à alimentação

---

[70] A bioenergética é apenas uma ramificação dentro de um vasto elenco de terapias psicológicas ditas "alternativas". A análise transacional, a gestaltoterapia, a vegetoterapia, a organoterapia, a do grito primal e muitas outras compartilham, com a bioenergética, a premissa da indissociação entre o corpo e a mente. Limito minhas referências à última em virtude de nenhuma das outras terem sido mencionadas pelos informantes. Mas é indubitável que elas estão, no momento, em franca circulação nos grandes centros brasileiros.

natural. À primeira vista, essas técnicas e cuidados corporais parecem dizer respeito à saúde estritamente física; entretanto, seu endosso à representação do indivíduo como um "todo integrado" as leva a proclamar o sentido abrangente da intervenção curativa. Tal como as outras técnicas corporais arroladas, parte-se da premissa de que subjaz à construção do indivíduo um processo biopsíquico, cujo desequilíbrio afeta ao mesmo tempo aspectos físicos e mentais. O outro lado da moeda – notável na vertente homeopática unicista – reside no suposto de que o entendimento do desequilíbrio e a busca do remédio único e adequado para cada indivíduo (ou, ao menos, para cada tipo de personalidade) prevêem incursão na instância psíquica. Tanto assim que o entendimento do mal que aflige o sujeito impõe a recuperação de sua história, não só clínica mas também psíquica. Questões tão caras ao psicologismo –, como relações familiares originais, relatos de sonhos, vida sexual –, constituem matéria-prima de fundamental importância nessas consultas. Pode-se assim concluir que a homeopatia configura-se como mais uma técnica terapêutica que estimula a reflexividade intimista.

Terapias psicológicas alternativas são cunhadas por Castel (1981) de "pós-psicanalíticas". Não se trata, adverte o autor, de insinuar uma derrocada da psicanálise, mas sim de salientar o fim de seu monopólio sobre o processo de difusão da cultura psi na sociedade. De outro lado, embora construídas em oposição à psicanálise (sobretudo na sua intenção de exceder a dicotomia corpo/mente), Castel reconhece que as terapias alternativas "retêm parte de sua mensagem" (1981:155 e segs.).

Especulando sobre a última observação do autor, suspeito que, apesar da ênfase na unidade psicossomática, as terapias alternativas mantêm a proeminência e antecedência conferidas à mente. A própria premissa de um equilíbrio bioenergético original corrompido, em última medida, pelas relações familiares primeiras inspira a conclusão. É nesse sentido que o corpo configura-se veículo de inscrição e de expressão de dilemas psicológicos. O duplo movimento de uma indistinção igualitária entre o corpo e o psíquico e, ao mesmo tempo, do englobamento do primeiro pelo último se expressa em uma rápida referência de um informante,

O casal grávido | 163

psicólogo de formação, que adotava as teses bioenergéticas: "Ninguém faz uma crise renal à toa. Rim está ligado a medos arcaicos".

Argumento, em suma, que as terapias alternativas não superam nem resolvem o dualismo, ou a relação hierárquica, entre corpo e mente. O que elas parecem realizar é a incorporação e submissão do corpo às premissas do psicologismo. O domínio corporal converte-se em mais uma entrada para abordar a subjetividade e com ela lidar, e a disposição cultural de exame, cultivo e liberação de cada *self* impõe-se agora também sobre essa instância. Visto de outra ótica, tanto a adesão a terapias alternativas como a "nova" concepção do corpo são tão-somente sintomas éticos do universo CG. Esses traços não comprometem o princípio da psicologicidade; pelo contrário, devem a ele sua razão de ser e sua inteligibilidade última.

As práticas místicas

Em aparente contraste com o "racionalismo" e o "agnosticismo" que Velho destaca nos *nobres*, verifica-se no universo do CG o recurso a diferentes práticas – que vão desde a astrologia, passando pelo tarô, até desembocar no Santo Daime (mencionado por apenas um casal) – aglutinadas aqui como místicas.[71] Elas não são equivalentes em termos de abrangência e de transcendência: diferentemente do Santo Daime,[72] as

---

[71] O procedimento encontra respaldo no modo como Evans-Pritchard define "noções místicas", a saber, "como formas de pensamento que atribuem qualidades supra-sensíveis aos fenômenos, isto é, qualidades que, integral ou parcialmente, não podem ser observadas ou deduzidas da observação". O autor contrapõe as noções místicas às científicas, embora sublinhe que "esse juízo nunca é absoluto" (1978b:284-285).

[72] De acordo com o casal adepto, a religião do Santo Daime refere-se a uma "experiência místico-religiosa" produzida por um estado alterado de consciência graças à ingestão de uma substância alucinógena, chamada Daime. Sua utilização pressupõe rituais litúrgicos e visa "trabalhar com a espiritualidade, criando correntes energéticas positivas" com vistas à "depuração e aprimoramento pessoais e grupais". A idéia de divindade implica uma fusão sincrética: Jesus Cristo, Nossa Senhora da Conceição e outros santos convivem com orixás.

práticas astrológicas não necessariamente implicam a crença ou a relação com o sobrenatural ou com divindades.[73] A inexpressiva representatividade do Santo Daime no universo pesquisado me exime de examiná-lo, e restrinjo-me às práticas astrológicas. Apesar de não imbuídas de religiosidade, elas importam aqui por duas razões: primeiro porque, à primeira vista, elas se contrapõem à razão iluminista. Em segundo, porque parecem anunciar a presença de código mais totalizante de orientação no mundo. Cabe por isso especular em que medida a adesão a elas compromete o endosso ao ideário individualista.

Malgrado não haver nenhuma pergunta a respeito, as referências ao código astrológico eram insistentes. Em dois casos fui perguntada sobre meu signo e ascendente; uma informante referiu-se, de passagem, às suas "aulas de astrologia" e, por vezes, recorria-se à linguagem astrológica para denotar e dar precisão a qualidades pessoais. Por exemplo:

> O [filho] é bem Leão: ele tem um temperamento danado. Ele é fogo e água e então por qualquer coisa ele ferve e leva um tempo pra esfriar. Não é um fogo ariano; é um fogo obstinado e teimoso.

> Vou te dar o telefone de uma amiga minha pra você entrevistar. Ela é ótima pra isso. É virginiana: dá todos os detalhes.

Ou, de forma ainda mais curiosa:

> Ontem fui numa astróloga fazer o mapa do [filho de dois anos]. É um mapa incrível, lindo. E ela disse que o fato de eu ter parado de amamentar com dois meses não fez ele sofrer não. Não está registra-

---

[73] Inspiro-me aqui em uma classificação proposta por Duarte que, ao discorrer sobre o "plano da hiper-relacionalidade", discrimina as disposições totalizantes em três níveis. O primeiro contempla "questões atinentes a uma certa ordem na natureza", entre as quais o autor inclui o sistema de horóscopo. O segundo articula questões que remetem a uma ordem mais propriamente "sobrenatural", enquanto o terceiro plano, mais abstrato, abarca Deus e engloba os outros dois níveis (1986b:243 e segs.).

do no mapa dele. Ela me explicou que foi uma conjunção astrológica que pintou na época, mas disse que não foi um trauma para ele.

Os depoimentos revelam um tipo de determinismo que esclarece tanto atributos idiossincráticos dos sujeitos quanto situações vividas, elidindo simultaneamente o domínio das relações sociais e o que designo *psicológico profundo*, isto é, o das relações familiares primeiras (cf. cap. 2). À primeira vista, a lógica noticia um sistema totalizante que integra, e mesmo subordina, a ordem individual – e quiçá, a social – à cosmológica. Parece esboçar-se o compromisso com um código holista e hierárquico.

Esse código é, num plano analítico mais abstrato, antagônico e incompatível com o individualista: enquanto um engloba e hierarquiza, outro destaca e igualiza; enquanto um admite, por definição, determinações extrapessoais das mais diferentes ordens, o outro, ancorado na idéia de liberdade, tende a negá-las; enquanto um é místico-religioso, o outro se quer racional e laico. Mas sabe-se que, em um plano mais propriamente etnográfico, cada um desses códigos está sempre de alguma forma presente no outro, ainda que de modo subordinado. Dessa perspectiva, a adesão à lógica astrológica pode ser interpretada como uma tendência holista num contexto individualista. Em vez disso, porém, prefiro argumentar que o modo como as práticas místicas são apropriadas pelo universo, mais do que evidenciar esse transbordamento, referenda o sentido individualista e psicologizante da configuração moral em questão.

Cabe notar que a subordinação do individual ao cosmológico se processa diretamente, isto é, sem a mediação do social. Desse ponto de vista, a modalidade estipulada de relação entre indivíduo e cosmos merece ser qualificada de individualista por trazer, em seu bojo, a marca da segmentação e da centralidade do sujeito. A postulação de Durkheim (1968) de que o transcendental, consubstanciado na religião, constitui expressão e objetivação do social é, no contexto do CG, colocada de cabeça para baixo: aqui, a transcendência – ainda que acoplada ao primeiro nível de abstração de que fala Duarte – elide o social. Por outro lado, a sugestão durkheimiana é mantida quando se equivale a transcendência em questão a um ideal coletivo corporificado no próprio indivíduo. Ou seja, a religião, no caso, é a do "culto do eu" (Mauss, 1974:211; Duarte, 1983: primeiro ensaio).

O compromisso entre o misticismo e o "culto do eu" – ou melhor, a subordinação do primeiro ao último – é reiterado quando se considera que as consultas astrológicas representam, para o grupo, mais uma prática de autoconhecimento e de mergulho para dentro de si. A leitura da carta astral visa mapear e explicar idiossincrasias; portanto, ela é individualizante e singularizante por excelência.[74] Não parece casual a explícita comparação entre consultas astrológicas e sessões psicoterapêuticas: "Uma boa leitura de mapa pode dizer mais que algumas sessões de psicanálise".

A sintonia entre essas práticas também se verifica por vias mais concretas. Existem hoje, no Rio, psicólogos que vêm se dispondo a incorporar conhecimentos astrológicos na sua prática clínica. Um dos meus informantes era caso ilustrativo. Além disso, quem já circulou nesse campo reconhece, no discurso de astrólogos (alguns dos quais psicólogos de formação), noções provindas das disciplinas psi – sobretudo na vertente junguiana, embora não exclusivamente. A afinidade ética entre essas práticas é notável também na coincidência quanto ao modo, individualizante e psicologizante, de representar a pessoa. Numa reportagem jornalística intitulada "Janela aberta para o Oriente", uma "astroanalista" expõe a concepção estratigráfica de indivíduo e suas premissas (cf. cap. 2):

No mapa astral eu tenho a personalidade verdadeira do cliente. Ele vai me mostrar no que se tornou. O resultado disso é saber quais os bloqueios que foram feitos pela sociedade e pelos pais.

(*Jornal do Brasil*, Caderno Domingo, n. 561, 1 fev. 1987).

---

[74] Uma reportagem publicada no *Jornal do Brasil* com renomados astrólogos cariocas tem, como lide, que "o caminho do autoconhecimento passa pela rota dos corpos celestes". Nela lê-se ainda: "a carta astrológica permite à pessoa a reflexão sobre si própria e sobre sua vida" etc. (*Jornal do Brasil*, Caderno Cidade, 11 jun. 1987).

Subscrevendo o preceito antinormativo – tão caro ao grupo –, as determinações cosmológicas são tidas como compatíveis com o livre-arbítrio. Há indícios de que a própria linguagem e leitura astrológicas vêm sofrendo transmutações para se harmonizarem com as disposições éticas de sua clientela (e dos próprios profissionais). Assim é que, em matéria jornalística, um conhecido astrólogo carioca relacionava a "crescente procura pelos mapas astrais com a abertura da disciplina às mudanças comportamentais dos últimos 20 anos, fundadas na liberdade individual". E prosseguia o raciocínio:

> O conhecimento astrológico evoluiu, rompendo com a visão fatalista e determinista dos tempos medievais. Desde os anos 60, com o surgimento das correntes humanistas, a astrologia tirou da cabeça das pessoas a idéia de um condicionamento e submissão e, hoje, é mais uma forma de ajudá-las em suas escolhas e opções.
>
> (*Jornal do Brasil*, Caderno Cidade, 11 Jun. 1987).

E, na pior das hipóteses, reconhece-se que as injunções cósmicas não são nem mais nem menos graves do que as atinentes ao *psicológico profundo*. O depoimento a seguir é curioso porque, embora o informante estivesse falando das determinações "de sangue", o vocabulário místico que empregou sugere que suas colocações eram igualmente válidas para a ordem dos constrangimentos cósmicos:

> Não posso negar esses laços de sangue, essa coisa ancestral, essa ascendência. Mas tem também toda uma série de coisas que você pode transformar. Nem tudo é carma, nem tudo é determinado pelo destino: tem a liberdade de escolher. Estamos condenados a essa liberdade de escolher sempre.

Até o momento venho trabalhando as práticas corporais e as místicas em separado, o que pode sugerir que elas constituem compartimentos estanques. Mas não o são: sua comunhão ética (o "alternativismo") é, ao menos em parte, alimentada por sua afinidade e confirmação no plano morfossociológico. E, ao mesmo tempo, esse solo ideológico comum constitui qualidade que torna possível, e mesmo provável, sua convergência no plano morfossociológico. Em suma, instala-se, entre essas duas ordens, uma dinâmica de mútuo-alimento e de mútua-confirmação, e é precisamente essa dinâmica que confere às práticas em pauta um sentido unitário.

Não parece casual que eu tenha me deparado com um cartaz dirigido a CG em uma loja de produtos naturais; nem que um instituto de saberes esotéricos incorpore, em suas dependências, o consultório de um médico homeopata unicista. Do mesmo modo, não é surpreendente que o casal adepto do Santo Daime tenha sido introduzido à doutrina pelas mãos da terapeuta bioenergética da mulher. Também não o é o fato de astrólogos ou tarólogos indicarem, nas consultas, terapias corporais a seus clientes. Tudo se passa como se, abrindo uma dessas portas, o sujeito se defrontasse com várias outras – todas indicando o caminho para o alternativismo. Depara-se efetivamente com uma *gestalt* simbólica que se afirma como coerente e solidária, apesar de eventuais competições internas. Visto de outra ótica, a rede social e ética na qual o sujeito se encontra enovelado conecta e aglutina as práticas em pauta, o que em certa medida elucida a monotonia das escolhas pessoais.

Duarte identifica o alternativismo – no qual inclui desde o *body-building* até o zen-budismo – com a busca de um modelo alternativo de pessoa, expresso no anseio de "transpor tanto o dualismo freudiano quanto a visão racionalista e desmagicizada do mundo" (1986c:6-7). Já tendo me pronunciado sobre a primeira disposição na análise das práticas corporais, cabe especular se há uma conciliação possível entre razão e noção vigente de pessoa, de um lado, e as práticas místicas, de outro.

Embora suscite questões pós ou antimodernas, a ética em pauta mantém um compromisso evidente com a moral moderna. As ressalvas à razão não a comprometem de forma visceral: é ela que instaura a possibilidade da auto-reflexividade, e o eventual reconhecimento de um imponderável e de uma sobrenatureza se superpõem a ela sem, todavia, dela prescindir. E, mesmo concedendo que as práticas místicas revelem reservas de inspiração românticas a um universo desmagicizado, deve-se admitir que essa inclinação não é apanágio do CG. Com efeito, nem o "racionalismo", nem o "agnosticismo" dos *nobres* os eximem de endossar a representação no inconsciente, ou seja, em algo que, provindo do interior do próprio sujeito, o constrange a despeito de sua razão, vontade e consciência. É bem verdade que a esses constrangimentos internos o CG agrega determinações de natureza externa. A diferença é sem dúvida bem significativa; de outro ponto de vista, porém, o inconsciente e as injunções cósmicas reúnem-se no questionamento da razão como arma suficiente para conferir sentido ao mundo.

O fato de a modalidade de individualismo aqui examinado – com suas conotações psicologizantes e libertárias – conter em si predisposições românticas faz com que a incorporação de elementos mágicos no ideário CG não chegue a provocar dissonâncias maiores. Espero também ter evidenciado que a articulação com o cosmos devolve o sujeito para si mesmo, condenando-o, nas palavras de um informante, "à liberdade de escolher sempre". É sintomático ainda que as ressalvas à fragmentação moderna privilegiem fundamentalmente a instância do sujeito, e que a recomunhão com a transcendência redunde, em última medida, em uma forma extrema de "culto do eu".

Argumento, em suma, que o individualismo psicologizante *engloba* tanto as práticas místicas quanto as corporais, dando-lhes forma e sentido. Colocando em termos mais gerais, postulo que o modo como estas (e outras) disposições são apropriadas pelo universo subordina-se e só adquire significação plena quando elas são remetidas aos três princípios nodais em torno dos quais se arma a moral em pauta. É justamente por isso que concedo aos princípios da psicologicidade, da igualdade e da mudança o atributo de estruturantes: são eles que conformam outras representações e ideais vigentes no universo. As práticas corporais e as místicas não merecem, em absoluto, o mesmo estatuto: elas são, pelo contrário, traços ou apêndices dessa configuração moral. Por maior que seja sua (inegável) relevância em termos etnográficos, elas devem ser consideradas, de um ponto de vista analítico, periféricas ao núcleo ético central. São, tão-somente, contingências.

Essas ilações têm implicações no modo como demarco as fronteiras sociológicas do universo ético examinado neste livro. Sabe-se que esta é uma decisão sempre e inescapavelmente arbitrária. Mas meu argumento é que seus limites são dados precisamente pelo partilhamento, nos moldes de um tipo ideal, dos três princípios citados. O fato de a eles se acrescentarem outros traços morais, à primeira vista idiossincráticos, não justifica o recorte de uma nova fronteira: tais apêndices criam apenas filiais de uma mesma matriz. Daí a sugestão de que o CG merece ser considerado uma eventualidade, ou um desdobramento possível dos *nobres*. Ao postular que o CG dramatiza disposições e tensões de uma ética, tenho como referente esse universo mais abrangente que partilha de uma mesma identidade simbólica. Esta engendra, de fato, uma realidade sociológica que conecta sujeitos, grupos ou redes que podem jamais vir a se encontrar e que podem eventualmente sentir antipatia uns pelos outros.

Ser CG significa, em sentido lato, ter uma identidade ética fundada nos preceitos da psicologicidade, da igualdade e da mudança. Ser CG em sentido estrito pressupõe, além desses princípios, outras qualidades. A adesão a práticas corporais e místicas importa, principalmente, pelo que elas simbolizam em termos de fronteiras etárias.

4. Da gravidez ao pós-parto: disposições e dilemas do casal igualitário

> *É possível, mas não interessante – respondeu Lönnrot. – O senhor replicará que a realidade não tem a menor obrigação de ser interessante. Eu lhe responderei que a realidade pode prescindir dessa obrigação, porém não as hipóteses.*
>
> Borges, 1982

Este capítulo reconstrói a trajetória típica que o CG realiza da gravidez ao pós-parto. Argumento ser a gestação uma etapa de sua construção; o parto, a condensação máxima de seu projeto; e o pós-parto, um momento de crise.

A noção de crise é categoria nativa. Encampo-a, e a concebo como a defasagem entre o projeto e os ideais postulados, de um lado, e o implantado na prática após o nascimento do bebê, de outro. Justamente por estar referida a preceitos éticos particulares, essa definição de crise impõe o reconhecimento de que os dilemas enfrentados pelo CG no pós-parto não são a manifestação de problemas universais. Antes, a crise exprime embaraços que lhe são específicos, tanto na sua razão de ser quanto no seu modo de expressão.

Subsumir gravidez, parto e puerpério às categorias analíticas seqüenciais de construção, condensação e crise implica adotar uma estratégia analítica que é indubitavelmente simplificadora em face do plano etnográfico. Há cônjuges que antecipam a crise para a gestação, e a severidade da crise puerperal não é idêntica para todos. Não se trata, porém, de retratar com fidedignidade a experiência de cada um e de todos os casais; cabe, sim, esquematizar a realidade de modo que dela se extraiam conotações mais propriamente sociológicas.

172 | Da gravidez ao pós-parto

Contudo, antes de desenhar tal percurso, enveredo no modo como o universo concebe o casal. Essa representação esclarece, em boa medida, a relação estabelecida entre os cônjuges e as famílias de origem, também examinada adiante. Mas ela importa aqui, principalmente, por conferir inteligibilidade ao projeto do CG bem como à crise que se instala no pós-parto. Em síntese, sugiro que, mais do que dramatizar questões sobre maternidade e paternidade, o CG põe em cena fundamentalmente um *ideal de conjugalidade* que designo *casal igualitário*.

Conforme esclarecida ao longo da análise, essa concepção de casal encontra-se profundamente comprometida com os princípios da psicologicidade, da igualdade e da mudança; ela é, de fato, uma *derivação* deles. Enquanto as práticas corporais e místicas (cap. 3) são contingências da configuração moral em questão, o ideal de conjugalidade que o CG abraça é *constitutivo* dela. Decorre daí, em termos analíticos, que o acompanhamento do trajeto da gravidez ao pós-parto fala do CG no máximo de sua especificidade e, simultaneamente, na sua generalidade, isto é, como fenômeno que expõe disposições e tensões éticas atinentes ao individualismo psicologizante libertário. Volta-se novamente aqui ao CG como *experiência sintetizadora*.

Muito do que é dito adiante sobre casal não deve ser lido como espelho de uma situação, mas sim como a formulação, para os próprios sujeitos, de uma exigência e de um ideal. Ou seja, é importante reter que a noção de conjugalidade cristalizada no casal igualitário exprime fundamentalmente um *valor ideal*. Torno a frisar que o fato de essa representação deter um sentido de idealidade não a converte em menos real. Sua concretude repousa em sua capacidade de conformar realidades, e a hipótese de que o ideal de conjugalidade informa o projeto e elucida a crise do CG é tradução desse pressuposto.

Ideal de conjugalidade: o casal igualitário

O ideal de conjugalidade corporificado no casal igualitário se apóia em algumas premissas centrais. Ele é primordialmente visto como tendo

O casal grávido | 173

uma existência em si, independentemente tanto do funcionamento da unidade doméstica quanto da própria procriação. Não se trata de sugerir que a prole seja questão acessória na vida do casal, mas sim de admitir que ela não pode servir de justificativa para a relação entre parceiros. A intensa valorização do vínculo propriamente conjugal – e da relação dual que o institui – exprime-se na representação de que ele não deve ser englobado por nenhuma instância mais abrangente. O vigor da premissa é também evidenciado às avessas, ou seja, na identificação, de todo incomum, entre crise matrimonial e a não-atualização desse preceito. Assim, são definidas como anômalas situações em que os papéis de pai e mãe, ou os de dona-de-casa e chefe de família, predominam sobre a relação entre cônjuges. O vínculo conjugal fala, em suma, de um modo de relação pessoal e inconfundível entre dois parceiros: ele tem um código próprio que não deve se subordinar, e muito menos se diluir, em nome de outro que lhe seja externo.

Com exceção talvez da relação dos pais com seus filhos, a relação marital é tida como mais fundamental e estreita do que qualquer outra. O destaque conferido ao dispositivo da escolha ou do "desejo" aclara o porquê de o valor atribuído aos laços conjugais suplantar os de sangue. Daí também a ânsia de diferenciação simbólica em face das famílias de origem. Esse vínculo eletivo e afetivo pressupõe ainda algo mais do que amizade: o companheirismo é qualidade necessária, mas não suficiente, para a constituição do casal. A expectativa de completude conferida à união marital impregna os casais ditos modernos, e sua maior propensão a desfazer casamentos (e a buscar outros, note-se bem) não contradita, pelo contrário reitera, a incessante busca da completude.

Consoante com o princípio da psicologicidade, o casal é percebido como composto de duas unidades fundadas antes em elos subjetivos do que em injunções sociais. Essa qualidade manifesta-se, por exemplo, na crença de que a parceria não deriva das famílias de origem nem é por elas autenticada: instituída pelo "desejo", ela é dotada de sentido em si mesma. A imagem adquire concretude máxima quando o casamento se consuma a despeito da vontade da parentela. Nesses casos, o casal se vê rompendo com o dispositivo da aliança: "eu não me casei com a família dela".

O princípio da igualdade fornece a base para essa representação, ao mesmo tempo em que a potencializa. É a aversão em ser contido por uma unidade maior que elucida a representação do casal como não encapsulado pelas famílias de origem; é ela também que esclarece o privilégio conferido à relação conjugal e à família nuclear em detrimento da extensa. O igualitarismo é expresso ainda, no plano do relacionamento entre parceiros, na indiferenciação; ou seja, na premissa de que não existem nem âmbitos nem qualidades simbólicas que sejam exclusivos de um dos gêneros e proibidos ao outro. Homem/masculino e mulher/feminino encontram-se investidos de igual valor; decorre daí, em conformidade com o preceito do *indivíduo plural*, a incitação para que cada um experimente, metafórica ou concretamente, o universo do outro.

Lévi-Strauss (1980:30) assinala que o princípio que preside o tabu do incesto é o mesmo operador da divisão sexual do trabalho, a saber, o da reciprocidade. Do mesmo modo que o primeiro impele as famílias a estabelecerem relações entre si, a divisão sexual de trabalho nada mais é do que "um dispositivo para instituir um estado recíproco de dependência entre os sexos". Já Dumont (1975:17-22) atrela a noção de "interdependência" não só à de diferença, mas à de "distinção hierárquica" entre as unidades que integram uma totalidade. Considerando que no casal igualitário a indiferenciação valorativa de domínios, atributos e funções impõe-se como premissa, cabe interrogar em que outro plano se realiza o princípio da reciprocidade como base da organização conjugal. Proponho que a *complementaridade simétrica* é instituinte de seu arranjo. Ou seja, diferenças entre os cônjuges são decerto admitidas e mesmo enaltecidas, mas elas se deslocam para o plano mais propriamente subjetivo: é exatamente aí que a complementaridade entre parceiros e a ansiada completude devem ser realizadas. Compatibilizam-se assim igualdade e distinção: a primeira se atualiza no plano formal ou externo, enquanto a última se refere ao subjetivo ou interno. A relação matrimonial, fundada em um laço de indivíduos iguais em valor porém distintos em suas individualidades, encerra um complexo jogo de reciprocidade e dependência afetivas. O amor é o valor, ou a regra sociológica, que a cimenta e, mais que um vínculo de deveres e direitos, os parceiros estabelecem um encontro psicológico (cf. sobre o último ponto, Castro e Araújo, 1977). A exigência de uma vida compartilhada e de uma existência comum é intensa na parceria igualitária e ela se exprime na *disposição para ser um só*.[75] À primeira vista tal propensão parece mais aguda na fase inicial de sua constituição. E ela o é. Mas o desafio de construir uma unidade persiste como anseio característico do vínculo que reúne os parceiros. Ainda que o formato dessa unidade se transforme ao longo do tempo, a aspiração pela completude, pautada em diferenças subjetivas, permanece vigorosa. Prova disso é que a separação dos parceiros é aventada justamente quando eles não mais se percebem como integrantes de uma unidade.

Alguns indícios atestam o que está sendo aqui entendido como *disposição para ser um só*. Deve-se consentir de antemão que o esfumaçamento das fronteiras entre o feminino e o masculino – marca registrada do princípio da igualdade que conforma a relação entre gêneros – prenuncia e incita essa inclinação do casal igualitário. Mas passemos a outras evidências mais propriamente etnográficas.

A primeira refere-se à premissa de que ser casal pressupõe *compartilhar* gostos, interesses e atividades. Essa disposição se manifesta, por exemplo, em um estilo de lazer compartido. Raramente os cônjuges saíam separados: dizia-se que, com o casamento, amizades mais antigas foram afastadas ou incorporadas pelo outro parceiro de tal modo que o grupo de relações converteu-se em comum a ambos. Essa representação do que significa ser casal contrasta com a que vige em contextos morais tradicionais, nos quais o reconhecimento das diferenças estatutárias e de outras ordens entre gêneros se faz acompanhar de uma segregação entre os mundos feminino e masculino.

---

[75] Não tenho intenção de enveredar no conceito psicanalítico de simbiose; ainda assim, merece registro a observação de Figueira de que "os casais individualistas encerram uma simbiose virtual" (1981b:111).

A segunda evidência apóia-se na constatação de que o sentido de privacidade pessoal, embora muito agudo no que respeita à relação do casal com as famílias de origem, revela-se pouco intenso entre os parceiros. O vínculo conjugal é, entre todos os outros, o "mais íntimo", e esse atributo recobre as mais diferentes esferas: além da pouca demarcação entre os corpos, a transgressão das fronteiras subjetivas pode, ao menos em certas circunstâncias, ser valorada como sinal da vitalidade da relação. Situações criadas pelo próprio trabalho de campo permitiram tangenciar essa relativa indeterminação de espaços privados. Ainda que eu tenha proposto entrevistar apenas um dos parceiros, em três casos, quando a entrevista estava em curso, o outro cônjuge se aproximou para "apenas ouvir" ou para intervir no relato. Os informantes escolhidos não manifestaram nenhuma surpresa ou contrariedade diante dessa atitude (pelo menos na minha presença), o que era bastante sugestivo partindo de um universo tão sensível à questão da "invasão".

O tema da fidelidade – que surgia esporádica e espontaneamente nos depoimentos – autoriza concluir por uma tendência à conjugalização das relações sexuais. Mas isso se deve – como frisam os informantes – não à observação de regras morais (ou "moralistas"), e sim a uma "tendência natural de pessoas que se amam". Ou seja, mais do que numa ética social, a monogamia é afirmada em uma moral subjetiva. Deriva daí que uma eventual infração do preceito é grave porquanto sintomática de que "a relação não está legal".[76] Dois informantes – um homem e uma mulher – defenderam um "casamento aberto", inserindo-se no que Heilborn denomina "casais emancipados".[77]

Há afinidades significativas entre o preceito que prega a exclusividade das relações sexuais e o que dela prescinde. Evoco, a título de

---

[76] O fato de a sexualidade ser tomada como indicador do fracasso, e possivelmente também do sucesso, do relacionamento atesta a importância simbólica que ela cumpre no universo.

[77] Heilborn (1980, 1981) nomeia "casais emancipados ou modernos" aqueles que constroem seu projeto de "relacionamento aberto" – sobretudo na esfera sexual – advogando a prevalência do indivíduo sobre a díade.

contraponto, a imagem que os casais têm da relação conjugal parental como marcada pela maior liberdade masculina em relação à feminina na esfera sexual. Em contraste, ambos os preceitos de convivência sexual que o CG proclama assentam-se na propagação de "direitos iguais" dos gêneros no domínio da sexualidade. Em outras palavras, é o princípio da *simetria* entre homem e mulher que confere a esses jogos conjugais seu sentido coincidente: num caso, a infidelidade é proibida aos dois; no outro, permitida a ambos. Os dois dispositivos se dispõem, em suma, a rever o "duplo padrão de moralidade" de que fala Pitt-Rivers (1977:75).

Tanto no esquema da exclusividade sexual quanto no do casamento aberto, noções como "infidelidade" e "traição", a rigor, não procedem. O pacto preestabelecido e sacramentado a dois dissolve o sentido de infração da relação sexualmente "aberta". E mesmo quando não legitimada de antemão, a traição pode ser compensada – e assim esvaziada – pela *fidelidade confessional*,[78] isto é, pela confissão, ao outro, da infração do preceito da exclusividade sexual. A transcrição a seguir ilustra a última possibilidade: ela condensa um longo depoimento de um informante que, de modo espontâneo, relatou sua primeira e única relação extraconjugal com uma moça que já fora sua namorada quando solteiro:

> Alguns amigos até me aconselharam a não contar nada para a [esposa], mas isso nem me passou pela cabeça. Existe entre nós um pacto de sinceridade e eu acho que nem eu nem ela conseguiríamos suportar uma mentira dessa por muito tempo. A omissão operativa é uma coisa, mas ocultar – isso não. A gente tem mais é vontade de falar. A [esposa] sabia da importância que esse encontro tinha pra mim no sentido de que eu estava resgatando uma série de coisas minhas. É claro que ela morria de ciúmes, mas também entendia que tanto eu quanto ela mesma estávamos num processo de retornar a pontos cegos da nossa história até mesmo como parte do

---

[78] O termo "fidelidade confessional" me foi sugerido por Maria Luiza Heilborn.

nosso processo de crescimento. Então, por incrível que pareça, esse lance uniu muito a gente. Um dia nós puxamos fumo e foi uma coisa fantástica porque a [esposa] atingiu uma explicação incrível para esse encontro que eu tive. O incrível foi que quem deu sentido a essa transa foi ela.

Para além de suas diferenças, a regra comum subjacente ao preceito da exclusividade sexual e ao da fidelidade confessional é que, no limite, os parceiros não estão autorizados a experiências não compartilhadas. No caso em que a exclusividade sexual é posta em questão, o procedimento da confissão atua como mecanismo compensatório: por meio dele se realiza a introdução e inclusão do outro cônjuge em uma experiência da qual ele havia sido inicialmente excluído. Já a doutrina do casamento aberto é a confissão da infidelidade com aviso prévio; nesse sentido, ela não deixa de ser uma variante da fidelidade confessional: num caso, confessa-se antes; no outro, depois. Os dispositivos da simetria, da confissão e da cumplicidade estão, em suma, presentes tanto no jogo da exclusividade sexual quanto no da fidelidade confessional e no do casamento aberto. Esses preceitos de convivência sexual reiteram, cada qual a seu modo, o anseio do casal igualitário em *ser um só*.

Não é só no princípio da igualdade entre gêneros que se funda essa ética conjugal. As mesmas normas que presidem o indivíduo psicológico são igualmente válidas para a díade: tal como aquele, ela também é convertida em objeto de reflexão, de cultivo e de "investimento". No diálogo conjugal, a arte de "discutir a relação" adquire papel proeminente. O casal se pensa como em permanente estado de reestruturação, e sua transformação em direção ao aperfeiçoamento é condição indispensável:

Meus pais estão juntos mais pelo costume do que qualquer outra coisa. Não é opção de vida. Já o [parceiro] e eu estamos juntos hoje, mas não tem essa coisa do tipo "vai ser eterno". Os casamentos estão acabando muito mais rápido hoje porque as pessoas estão sacando que não dá pé ficar investindo numa relação que não vai progredir. Então a gente está junto porque está progredindo, mas, se parar, não vou ter o menor escrúpulo de me separar. Meus pais não se questionam, enquanto nós vivemos nos questionando e investindo: "será que tá legal?", "onde dá pra melhorar?". Então a relação tem um outro pique de renovação.

Ao lado da transformação da díade como imperativo moral, há o reconhecimento de que a mudança se imprime também, de modo inexorável, na própria trajetória que o casal perfaz "da paixão ao amor". O percurso é em geral identificado como passagem da "simbiose" à impreterível "necessidade de discriminação" ou de "individualização" entre os parceiros. "Paixão", "simbiose", "grude federal" são vistos como atributos atinentes à fase inaugural do vínculo afetivo: instauradas sob a égide da fusão total, a unidade é por definição dada na fórmula *dois em um*. Tal configuração contrasta nitidamente com o momento seguinte, no qual vinga o imperativo moral da "discriminação". O principal desafio com que a parceria agora se defronta consiste, precisamente, em construir uma *unidade com dois*. Segundo duas entrevistadas:

> No início, quando se está naquela paixão, tudo é empolgação, tudo é superfácil. No meio daquele fogo você nem saca os defeitos do outro e, se saca, eles não têm a menor importância. Mas depois que a paixão começa a dar lugar a uma relação menos incandescente e mais sensata, aí entra o famoso "investir na relação". Aí começa a dar trabalho. Aí tem que estar a fim de investir mesmo porque, das duas, uma: ou ela se solidifica e vira amor, ou então a relação dança fácil.

> No início, nossa relação era muito simbiótica, uma coisa de muito grude. Agora eu sinto que tanto eu quanto ele estamos num processo de discriminação. Isso aparece nas coisas mais corriqueiras: só agora estou podendo aceitar que o [parceiro] é notívago e que gosta de ficar lendo até tarde. Antigamente eu sempre pedia pra ele dormir na mesma hora que eu, não por ele, mas por mim. Agora a gente está podendo se individualizar mais, se ver melhor. Até nos-

sas trepadas estão diferentes: antes era uma coisa de se comer mesmo, de se devorar, e agora é uma coisa menos aflita... O importante é você ter vontade de ficar com o outro enquanto um outro e, portanto, como diferente de você. Senão, o outro fica sendo só um suporte para tuas projeções.

A aludida "discriminação" ou "individualização" não compromete, contudo, a premissa de que o casal deve compartilhar gostos e interesses, nem contamina a aspiração de juntos construírem uma existência e projeto comuns. Nas palavras de um informante:

> Hoje a gente está se discriminando e por isso a gente está podendo trocar mais e ter uma relação a dois. Estamos até pensando em trabalhar juntos como co-terapeutas de um grupo. Então nosso caminho é este: juntar ainda mais e, ao lado disso, fazer todo um trabalho de discriminação.

No movimento da "simbiose" e no da "individualização" estão encerrados os grandes dilemas do casal igualitário. As mazelas da "simbiose" ou da "paixão" – em geral reconhecidas *a posteriori* – dizem respeito à diluição dos sujeitos na fusão total. Tal inquietação só faz sentido em um universo moral no qual os indivíduos são ciosos de suas próprias fronteiras; ou, visto de outro ângulo, são as lentes da "discriminação" que permitem enxergar as complicações da dissolução prévia do "eu" na unidade-casal.

O preceito da "discriminação", por sua vez, aponta para um outro dilema: o parceiro tem que ser valorizado como o outro por excelência, mas ao mesmo tempo deve ser reconhecido como constituinte de uma unidade substancial com o ego. Em suma, *o embaraço é como ser dois e simultaneamente permanecer como um só*. O limite entre "respeitar o movimento do outro" e continuar a concebê-lo como par é por vezes tênue demais:

Um ano e meio depois que o [filho] nasceu, eu me dei conta que nossas diferenças tinham ficado tão gritantes que não tinha mais sentido a gente continuar junto [a informante referia-se ao seu primeiro casamento].

No casamento cada um tem que ter o seu espaço, tem que ter essa abertura, tem que saber acochambrar. Mas a maior dificuldade é saber até onde liberdade quer dizer abertura e até que ponto quer dizer egoísmo. O casamento não pode anular a vontade de cada um; mas se a coisa fica muito egocêntrica também não dá pé. Eu acho que estabelecer esse limite é o ponto mais difícil na relação de casal.

Conclui-se dessas considerações que o casal igualitário não promove uma emancipação progressiva dos cônjuges com respeito à relação. Ao contrário, ele expressa um modelo forte de existência conjugal. O ideal da completude, assentado na *complementaridade simétrica*, constitui sua maior aspiração e sua razão de ser. Por outro lado, é precisamente na perseguição incessante desse ideal que se fundamenta sua vulnerabilidade: o casal converte-se em uma unidade tão carregada de sentidos e de expectativas que não é de todo surpreendente que seja alta a probabilidade de sua implosão.

Relação entre o casal e as famílias de origem

A representação da relação entre o casal e as famílias de origem decorre, ao menos em parte, do ideal de conjugalidade vigente. De fato, pensar a díade com tendo existência em si equivale à postulação de que os núcleos de proveniência não podem recobri-la. Os laços conjugais são concebidos como privados enquanto modo de existência, e suficientemente fortes e auto-referidos de sorte que isolem os parceiros no campo das relações familiares. O preceito de sua quase desfamiliarização decerto não implica um rompimento de relações com a parentela. O que a norma apregoa é que o casal deve ter uma identidade interna mais vigorosa do que aquela que vincula cada um de seus membros aos respectivos núcleos de origem.

Essas prescrições sintonizam-se com a percepção – tão entranhada no sistema – da parceria como imune a imperativos sociológicos. Fundado em um vínculo afetivo e psicológico dual, não cabe ao casal estabelecer alianças entre famílias. Tudo se passa como se os parceiros transpusessem o reino do parentesco, ingressando em um domínio onde só vingassem relações de escolha e de afinidade. Assim, impera a representação de uma *conjugalidade natural*, isto é, pré-social, senão anti-social. A proeminência valorativa outorgada ao casal, bem como à família conjugal, transparece claramente no seguinte depoimento:

> Minha família sou eu, a [esposa] e o [filho]. A gente dá mais ênfase à família nuclear e não à família extensa, tradicional. Minha visão de família no sentido maior não é da minha família ou da família dela; é a família no sentido de irmandade. Porque a gente vive em uma grande família dividida entre Reagans e Gorbachevs: é uma família que não se entende muito bem, mas que não deixa de ser uma família.[79]

A representação do casal como um conjunto desfamiliarizado encontra, até certo ponto, suporte na sua experiência concreta. É corrente a afirmativa de que, da consumação da união matrimonial ao anúncio da gravidez (e até o nascimento da criança, principalmente), a presença física da parentela na vida do casal é bem diluída. Contatos sem dúvida existem, mas, além de ocasionais, eles não necessariamente implicam o envolvimento do outro cônjuge. Além disso, a relação entre as famílias de origem é praticamente inexistente, não sendo incomum – sobretudo quando o vínculo matrimonial não é oficialmente selado – que elas só

---

[79] Na análise das práticas místicas (cap. 3) salientei a vigência de uma lógica segundo a qual o sujeito se liga diretamente ao cosmos, eliminando instâncias sociais intermediárias. Nesse depoimento reproduz-se lógica análoga: o indivíduo se congrega a uma entidade supra-individual (a "irmandade"), suprimindo elos sociais, inclusive os de sangue. O procedimento, conforme já justificado, expressa disposições do individualismo.

sejam apresentadas após o nascimento do neto. Infere-se daí que, na existência do casal, há um tempo sociológico em que ele de fato se experimenta como uma entidade nuclearizada e desfamiliarizada. Não se trata de derivar que essa dinâmica é responsável pelo ideal de conjugalidade vigente; o inverso é mais plausível.

Considerações já feitas autorizam concluir que as famílias de origem revelam-se fundamentais na construção de identidade dos casais em dois sentidos: por continuidade e por contraste. O primeiro encontra expressão no fato de a identidade de classe dos casais permanecer atrelada à de suas famílias (cap. 3). Em compensação, as últimas constam muitas vezes como referência negativa na elaboração de seus projetos de vida; ou seja, os cônjuges estabelecem, *vis-à-vis* os núcleos de proveniência, uma identidade contrastiva.[80]

Esse anseio distintivo é especialmente caro ao CG, que o explicita de modo particularmente enfático. Mas o fato de ele encarar as famílias de origem como um paradigma cultural a ser superado não implica reduzir sua experiência e seu projeto a um modelo reativo à geração parental. Primeiro porque essa ânsia de individualização simbólica, mais do que assentada apenas em uma negatividade (ou seja, contra os núcleos de origem), pode ser lida como um expediente positivo para afirmar seu ideal de conjugalidade. Melhor dizendo, mais do que uma relação de necessidade imperiosa, trata-se de uma *sintonia* entre o impulso de discriminação moral ante as famílias de origem e a representação do casal como um conjunto desfamiliarizado. Ao lado disso, esse anseio de diferenciação simbólica do CG merece ser lido como a manifestação de um valor mais abrangente consubstanciado no da *mudança*. Com efeito, o signo distintivo entre as duas gerações – ou entre as famílias extensas e o casal – corporifica-se, precisamente, na oposição maior reprodução/mudança. O depoimento de um rapaz é exemplar a respeito:

---

[80] Por outro lado, vale relembrar o argumento, sugerido no capítulo precedente, de uma articulação entre a situação de classe dos pais e a disposição para a distinção simbólica manifestada pelos filhos.

A família tem uma compulsão à reprodução, e ela fica muito ameaçada diante do novo. Eu acho que tudo aquilo que não se pensa tende a se reproduzir e só com muito trabalho é que a gente pode expurgar esses vícios e essas acomodações impostas pela própria estrutura da família (...) O nosso casamento instaurou uma grande subversão às leis e desde que a gente se encontrou sabia que tudo o que a gente ia construir seria sob o signo da marginalidade e da subversão. Marginalidade no sentido da diferença, da não-reprodução, do questionamento.

A disposição para a distinção simbólica em face das famílias de origem é, no mínimo, harmônica com o universo moral individualista–igualitário. Fundamentam a idéia a aversão de ser contido por instâncias mais abarcantes, o valor que se imprime à mudança e o modo como aí se representa o casal. Dessa perspectiva, a originalidade e a particularidade do CG assentam-se, basicamente, no radicalismo com o qual ele expressa esse intuito de discriminação. O fator etário, bem como o significado denso do primeiro filho nesse contexto moral, são considerações importantes para elucidar o extremismo com que o CG expressa não só essa disposição como também outros valores e dilemas inerentes ao individualismo aqui examinado.

Entretanto, o próprio CG admite um tipo de laço poderoso que vincula cada membro à sua parentela, capaz até mesmo de comprometer seu projeto "revolucionário" e "subversivo". Refiro-me especificamente ao que designo *psicológico profundo*; ou, como preferem alguns informantes, à "família introjetada" pelos sujeitos, sede de conteúdos mais arcaicos, mais totalizantes e ao mesmo tempo mais renitentes à mudança. A tensão entre o propósito de expurgar padrões familiares internalizados e o reconhecimento da preservação, no próprio sujeito, de marcas remotas, talvez irremovíveis, se expressa na oscilação entre o anseio de distinção radical e o consentimento de que "não dá pra mudar tudo". O nascimento da criança constitui, como veremos, momento privilegiado de revisitação, física e psicológica, dos casais às suas famílias.

O projeto do casal grávido

O projeto do CG em sentido estrito articula-se em torno de alguns preceitos sobre maternidade, paternidade e criança. Segundo reza o ideário, os papéis de pai e de mãe não são auto-evidentes, devendo por isso ser "discutidos" e "trabalhados". Mais do que tarefas instrumentais e estoque de conhecimentos práticos, seu desempenho exige intenso investimento emocional por parte do homem e da mulher.

A participação do pai durante a gravidez, no parto e na fase do pós-parto constitui item-chave do ideário. A "nova paternidade" é assinalada como "um desenvolvimento da cabeça das pessoas" e, por vezes, como "um questionamento da estrutura patriarcal em que vivemos". Contudo, aos olhos do CG, esse preceito fala prioritariamente de uma disposição psicológica; isto é, a verdadeira adesão a ele pressupõe, antes de tudo, sua confirmação no plano interno. Desse ponto de vista, a divisão de trabalho menos segregada entre o casal é decorrência:

> Se o homem tem um envolvimento emocional grande com o filho, se existe uma emoção partilhada, a divisão de tarefas pinta como decorrência natural. Não pode ser uma exigência mecânica e nem uma obrigação: as pessoas têm que curtir aquilo que fazem.

A proposta da "nova paternidade" associa-se à da "nova maternidade". Esta contém, como uma de suas características, o intuito de dedicação integral ao bebê em princípio por tempo indeterminado, mas que no universo investigado variava (salvo raríssimas exceções) de quatro meses a um ano. A importância atribuída à amamentação e a atenção aguda ao estado psicológico da criança eram as justificativas para a interrupção da atividade profissional da mulher. Apesar da insistência de algumas mães em que suas filhas contratassem enfermeiras para os primeiros meses do pós-parto (oferecendo-se inclusive para pagá-las), havia uma recusa peremptória à sugestão: ninguém podia exercer vicariamente o papel que afinal era dos pais. Assim, se bem que todos os casais contassem com o auxílio de empregada doméstica, os cuidados com o bebê estavam fora de sua alçada. Ainda de acordo com tal orientação, a relação com os futuros avós era programaticamente traduzida no preceito: "ajuda eventual, sim; interferência, não".

A intenção de uma dedicação exclusiva da mãe ao recém-nascido não fere, ao menos em tese, as premissas do casal igualitário. A suspensão das atividades extradomésticas femininas era tida como excepcional. Além disso, vingava a idéia de que era o casal, mais do que a mulher, que devia "assumir tudo sozinho". Em nome desse preceito alguns homens faziam coincidir suas férias profissionais com o período imediatamente após o nascimento. E, conforme comentado, o vigor do princípio igualitário imiscuía-se ainda na própria representação dos papéis parentais, descomprometida com as classificações pai/autoridade e mãe/afeto.

A autoconotação vanguardista reclamada pelo CG se afirmava ainda no diálogo que os casais travavam com a geração precedente. Dando seqüência ao dito no tópico anterior, também sua ideologia acerca da maternidade e paternidade estruturava-se, em larga medida, tomando o modelo parental como contraponto negativo. Por exemplo:

> Eu tinha a idéia de que eu precisava fazer tudo radicalmente diferente do que meus pais tinham feito. Meu medo era que, se não fosse tudo muito diferente, corria o risco de ficar igual. Então pra mim era uma coisa de vida ou morte. Era a possibilidade de fazer nascer alguma coisa de diferente, uma coisa que não fosse uma continuidade do que eu já conhecia.

> Eu queria ser anti minha mãe. Por exemplo, levei a amamentação como uma missão porque eu sabia que ela praticamente não tinha amamentado a gente. Eu me lembro de ter vivido muito com babás: eram elas que levavam a gente às festas, foram elas que tiraram nossas fraldas. Então eu entrei numa de que a gente tinha que fazer tudo sozinho e de não ter babá.

As reservas à geração parental incidem, principalmente, na forma de conceber a criança e de lidar com os afetos. A maioria dos informantes invocava termos como "repressão", "moralismo", "rigidez" para qualificar e criticar o modo como tinham sido educados. Em contraste, a ideologia do CG estava ancorada nos valores do "afeto", da atenção à subjetividade infantil e de um relacionamento mais "igualitário e livre" entre pais e filhos:

> Antes de tudo é importante ver a criança como uma pessoa. O importante é enxergar suas particularidades, ser o menos rígida possível e ouvir mais a criança. Acho que a relação deve ser mais solta, mais livre, mais íntima e de mais contato mesmo.

Por último, mas não menos importante, o projeto do CG está visceralmente comprometido com o intuito de realizar o parto natural. Quando perguntei a um informante sobre a agenda comum dos casais que participavam do curso pré-natal, obtive a seguinte resposta:

> Tinha gente de todo tipo, mas todo mundo trazia estampado na testa a intenção de buscar uma forma alternativa de parto. A palavra que unia todo mundo era parto natural.

Da gravidez ao pós-parto

Os preceitos arrolados no tópico anterior são os traços mais aparentes do projeto do CG. Mas, visto de outro prisma, seu ideário resulta fundamentalmente do preceito de uma conjugalidade que se quer igualitária no que toca aos parceiros, e nuclearizada em face das famílias de origem, além de uma acentuada predisposição para a mudança. Não sendo tais disposições exclusivas do CG, o fenômeno transcende a si mesmo: ele é tão-somente expressão exagerada dos princípios que constituem a ética individualista, psicologizante e libertária. Pautada nesse raciocínio, acompanho a trajetória que o CG perfaz da gravidez ao pós-parto como expressão de inclinações e tensões atinentes a essa configuração moral maior. Ou melhor, desenvolvo a hipótese de que o CG dramatiza um ideal de conjugalidade e seus impasses constitutivos.

A gravidez como etapa de construção do CG

O modo como o CG vive a experiência da gestação ilustra paradigmaticamente a disposição do casal igualitário para uma vida compartilhada e para uma existência comum. Os informantes salientam o espaço importante que a gravidez passa a ocupar na vida do casal, cuja rotina é significativamente alterada já nessa fase. Gestação e bebê convertem-se nos temas privilegiados de conversação e de investimento emocional, o que na quase totalidade dos casos redunda em maior aproximação dos cônjuges. Eles compartilham uma série de atividades agora dirigidas para a criança que está por nascer: leitura de manuais de gestação e parto, participação em cursos pré-natais, compra do enxoval, ida aos médicos etc. Alguns depoimentos insinuam o partilhamento de uma consubstancialidade até mesmo física: um informante garantiu ter experimentado "síndromes de *couvade*", enquanto uma mulher comentou que "o nível de identificação com o [marido] foi tão grande que eu passei a gostar de comidas que ele gostava e que até então eu detestava". Com bastante freqüência esboça-se um processo de ensimesmamento do casal, que passa a despender mais tempo de lazer em casa do que com amigos. Ocorre, portanto, um processo de reestruturação do casal: a partir da gravidez vivida como uma experiência a dois, ele se prepara para consumar, com o nascimento do bebê, uma *unidade a três*. Segundo um ex-"grávido":

> Foi um período fantástico. A gente começou a se pensar mais como uma família: que pais íamos ser, que casal somos nós. O trabalho sempre ocupou um espaço muito grande na nossa vida – tipo cachaça mesmo – e, de repente, a gravidez e o bebê conseguiram ganhar esse espaço. Foi um momento em que ficamos mais orais e tudo o que a gente queria era ficar um com o outro. Eu sempre adorei ter amigos em casa até tarde da noite, mas na gravidez nosso movimento foi de ficar mais sozinhos.

O movimento típico que o CG realiza na gestação é expressão exemplar da vocação para *ser um só* e/ou da aspiração de compartilhar interesses e projetos. Essa disposição ética prévia, corporificada no casal igualitário, constitui condição imprescindível da experiência CG. Por outro lado, e dando seqüência a considerações apresentadas no capítulo 2, argumento que sua qualidade simbólica de "grávido" é construída ao longo dos nove meses graças, sobretudo, a uma reestruturação seletiva na sua rede de relações, atuada com maior ou menor grau de intencionalidade. Tal mecanismo seletivo, além de apresentar uma instrumentalidade nômica evidente, contribui para confirmar a realidade do CG.

Tome-se o relacionamento modelar estabelecido entre os parceiros e os núcleos de origem. Já foi dito que, desde o casamento, esses contatos se tornam mais esporádicos. Em verdade, contudo, a diluição da presença física da parentela no cotidiano dos sujeitos se afirma com sua saída da casa paterna. Alguns entrevistados e/ou seus parceiros eram provenientes de outros estados brasileiros e, em certos casos, a família da mulher e/ou do homem não morava no Rio. Mesmo quando o afastamento da família não se deveu a movimento migratório, todos os informantes saíram de casa antes de casar em nome da "liberdade", "autonomia" ou em "busca de um caminho próprio". Se bem que quase sempre efetivada contra a vontade dos pais, a decisão dos filhos não criava um drama familiar. Por vezes a saída era viabilizada pelas famílias mediante ajuda financeira mais ou menos regular. Os entrevistados destacam a esporadicidade dos contatos com os pais nessa fase e até mesmo uma "cerimônia" na relação. Segundo uma entrevistada: "Minha relação com meus pais mudou e até melhorou depois que eu saí de casa. Claro! Virei visita".

Essa modalidade de relacionamento mantém-se após o casamento. Mesmo quando as uniões eram oficializadas, os contatos com os núcleos de proveniência permaneciam eventuais e não necessariamente envolviam o parceiro. Tudo se passa, portanto, como se as famílias consentissem, ao menos por um tempo, em tratar o casal como uma unidade individualizada e privatizada. Mas isso não impedia seu comparecimento ocasional com presentes mais ou menos vultosos.

O anúncio da gravidez produz alterações no arranjo, ainda que elas pareçam insignificantes quando comparadas com o que ocorre após o nascimento. Já nessa fase se observa um movimento de aproximação das famílias (da feminina, principalmente) em direção ao casal, denotado por um número maior de visitas e/ou telefonemas. A atitude é freqüentemente interpretada pelos cônjuges como uma "invasão" ou um "controle" sobre suas vidas particulares:

> A família dela sempre foi contra nosso casamento porque eu não sou judeu. Mas desde que souberam que a [esposa] estava grávida começaram a tentar impor o *britz* [ritual judaico de circuncisão], começaram a vir mais aqui, a invadir mais, a incomodar mais.

> Na gravidez e no parto, que eram coisas que tinham muito a ver comigo, eu batalhei e assumi todas as brigas com a família da [esposa]. Eu trabalhei como uma galinha protegendo meu ovo e meu lugar. Realmente fui até agressivo quando achei necessário: não me agradava a idéia de ter uma pessoa de fora e estranha participando da nossa vida.

Na tentativa de refrear a "invasão", os parceiros "escondem ou economizam informações" sobre a gravidez, ou ainda procuram esquivar-se desses contatos visando impedir a profanação do projeto da gravidez "a dois". Mas a evitação tem também um alvo futuro:

> Eu via a família como um polvo com tentáculos. Essa era uma visão mais minha, mas eu passava isso pro [marido]. Eu acho que nós trabalhamos preventivamente nos mantendo à distância das famílias sobretudo pra preservar o filho, quando ele chegasse.

Em suma, afirmar sua identidade por meio da oposição às famílias de origem, acarretando, inclusive, sua eventual exclusão da experiência, é um dos expedientes com base no qual o CG reforça seu projeto e se constrói como unidade.

Esse movimento é confirmado por um rearranjo nos demais outros significativos do casal. A rede de amigos não escapa a uma revisão: observa-se a tendência a afastamento gradual de amigos(as) solteiro(a)s ou sem filhos. Em certos casos, os casais admitem que a atitude partiu deles próprios em virtude do intenso envolvimento com a experiência; em outros, alegam que foram os amigos que tomaram a iniciativa:

> Eu tinha um amigo que era como um irmão meu: éramos dois caras que dividíamos as coisas, que chorávamos juntos e trocávamos corações muito facilmente. E até hoje ele está sumido e eu acho que foi por causa da gravidez, porque de repente é um outro mundo, uma outra linguagem. Com outros casais amigos sem filhos isso também aconteceu, mas no caso desse cara isso ficou ainda mais claro porque éramos muito ligados mesmo.

Em contrapartida, os entrevistados se aproximaram de outros casais também grávidos ou que tinham tido filho recentemente. Alguns eram membros da antiga rede, outros foram conhecidos nos cursos pré-natais. Assim, graças a um mecanismo de inclusão de uns e de evitação simbólica de outros, a nova teia de relações compartilha de igual experiência e ideologia. Esse processo de intervalidação da situação vivida é sem dúvida capital para a construção da identidade do casal como grávido.

Os obstetras e a dinâmica dos cursos pré-natais completam a rede de outros significativos que confirmam sua realidade e tipificam seu projeto. Embora o assunto já tenha sido examinado no capítulo 2, destaco que grande parte dos casais entrevistados foi paciente dos dois obstetras cariocas reconhecidos como especialistas em parto natural. Ao lado da exaltação de sua competência especificamente médica, os informantes sublinhavam o vínculo de "amizade" estabelecido com eles. A descrição das consultas mensais aludia a conversas sobre os mais variados temas, desde os mais gerais (música popular, por exemplo) até os mais privados, como a relação entre parceiros, a relação destes com suas famílias etc. No caso da obstetra homeopata, a incursão nessas questões era considerada imprescindível para acompanhar clinicamente a gestação.

Todos os casais comprometeram-se com algum tipo de preparação pré-natal, e mais da metade deles tinha sido cliente de Ana, a terapeuta corporal citada no capítulo 2. Nesses casos, os futuros pais começavam a participar das reuniões semanais noturnas ao mesmo tempo em que as mulheres ingressavam nas aulas vesperais de ginástica, ou seja, por volta do quarto mês de gestação. É unânime a importância atribuída aos encontros para casais, sobretudo para os homens. Os depoimentos sugerem um descompasso inicial entre os cônjuges por ser geralmente a mulher quem primeiro aderia à idéia do parto natural. Por conseguinte, mais ainda que ela, o parceiro devia ser submetido a um processo de persuasão e de conversão ao ideário. Para tanto, as sessões conjuntas com outros casais mostravam-se cruciais. De acordo com dois informantes:

> A decisão de ter um filho não foi um desejo que brotou dentro de mim; eu mais acompanhei o momento da [esposa]. Então eu tive que incorporar o fato de que eu ia ser pai e pra isso o curso da [Ana] foi de extrema importância. Eu via a barriguinha despontar, mas no princípio era uma coisa externa e longe de mim. E o grupo me possibilitou refletir e realizar a gravidez como uma coisa minha. A [esposa] me trouxe a coisa do grupo meio pronta. A primeira vez que eu fui lá, fui resistindo. Mas depois foi muito bom e eu até pedia mais. Achava que uma noite por semana era pouco.

> No princípio da gravidez eu era totalmente desinformado. Aí quando pintou esse curso, eu achei muito bom na medida em que deu pra discutir e me colocar. Pra mim foi muito útil porque eu tinha medo da violência do parto e não sabia se ia agüentar assistir a tudo aquilo. E no curso elas mostravam slides de partos, e com toda aquela discussão houve uma superação dos medos que me abalavam muito no início. A partir daí eu me senti com mais força e com mais vontade de participar: eu não quis ficar pra trás no processo e quis preencher o espaço a que tinha direito.

Os depoimentos revelam que a qualidade de grávido não depende de uma dinâmica restrita ao casal; ela é, em boa medida, instigada pelo suplemento ideológico fornecido por agências externas a ele. São elas que propiciam a tradução da disposição (prévia) dos parceiros para *ser um só* na forma simbólica de *grávido*. Mais ainda, essas agências confirmam o ideal de conjugalidade abraçado pelo CG: primeiro, e conforme evidenciado nestas últimas transcrições, ao nuançar eventuais defasagens entre o homem e a mulher, sintomaticamente qualificadas de "perigo". Segundo, agudizando sua aspiração individualizante em face das famílias de origem. Dramatizações do dia do nascimento encenam insistentemente esse valor:

> Um dia fizemos uma simulação do dia do parto. Cada pessoa fazia um personagem. Nessa dramatização todo mundo pintou no parto: sogro, sogra, tios. Então foi uma confusão geral: todo mundo queria dar palpite e todo mundo interferia. Tudo bem diferente do que nós estávamos imaginando e querendo. A mãe da grávida era uma que interferia muito: "menina, faz isso, não faz aquilo". O [parceiro] fez o papel do pai e era um pai todo jeitoso e consciente. Enfim, essa dramatização foi uma informação transmitida pra gente sobre a questão da interferência da família, que muitas vezes vem, não para ajudar, mas para atrapalhar mesmo.

Outro informante referenda a ambição nuclearizante da parceria igualitária ao equiparar o grupo pré-natal a uma "alternativa à família de sangue":

> O grupo me ajudou a fazer a cabeça porque a troca entre as pessoas foi muito boa. Ela dava um sentimento de uma família, de uma alternativa à família de sangue. As pessoas estavam ali irmanadas por uma coisa com a qual se sentiam identificadas e estavam ali constituindo uma família mesmo. Eram momentos de muita energia e como sempre havia casais saindo e outros entrando, o grupo não se cristalizava e não tinha vícios de acomodação. Aliás, eu acho que esses encontros deveriam acontecer antes da pessoa engravidar.

As considerações feitas neste tópico autorizam o argumento de que, mais do que dizendo respeito à maternidade e paternidade, o CG exprime um ideal de conjugalidade. De fato, o modo como os parceiros projetam e experimentam a gestação revela inclinações típicas do casal igualitário. A condição de "estar grávido" é apenas uma enunciação limite da disposição para ser um só, que é constitutiva dessa modalidade de parceria. O CG expressa ainda outro preceito intrínseco a ela: o da indiferenciação valorativa conferida aos gêneros e a suas qualidades, o que incita a – ou melhor, legitima o anseio de – experimentar, simbólica e/ou concretamente, o domínio do outro. O "grávido" constitui, tão-somente, uma das possíveis formas de realização desse preceito. Extremando essa reflexão, sugiro que o projeto do CG *lato sensu* é muito mais disseminado do que pode parecer à primeira vista.

O parto como condensação do projeto

Os relatos sobre o parto – sempre minuciosos, extensíssimos e emocionados – revelam que, em termos (anti-)médicos, nem sempre o evento ocorre do modo como foi projetado. Anestesia, descontrole diante da dor, cesáreas e até mesmo fórceps fazem parte da experiência do CG. Mas mesmo nesses casos os casais realizam o parto natural como expressão de um ideal de sociabilidade e de conjugalidade. Se a identificação que proponho entre essa modalidade de parição e a encenação desses ideais for convincente, deve-se consentir que um dos traços mais específicos do CG – o parto natural – exprime simbolicamente uma disposição ética que em muito o transborda.

Para além das singularidades de cada parto, os relatos invariavelmente ressaltavam que, envolvendo o casal naquela hora, estava a equipe médica e muito freqüentemente um amigo(a) convocado para assistir ao nascimento e/ou documentá-lo em fotos ou filmes. Em compensação, a presença das famílias de origem despontava como um verdadeiro tabu, isto é, como uma eventualidade capaz de poluir o intuito do casal de viver a experiência a dois. Para evitá-la, os cônjuges lançam mão dos mais variados expedientes: ou não comunicavam a parentela sobre a ida para a maternidade ou, nos raros casos em que o faziam, advertiam-na de que seu comparecimento antes do parto era indesejado. Quando, ainda assim, as famílias se dirigiam à casa de saúde, a elas era reservado o lugar que geralmente se destina ao pai da criança: do lado de fora do quarto da parturiente e da sala onde se dá o nascimento.

A presença da equipe técnica, bem como dos amigos, não desvirtua a representação do parto como uma experiência a dois. Mesmo nos casos em que houve intervenção médica mais significativa, os relatos a ofuscam salientando trocas simétricas e afetivas. Assim, o ideal de sociabilidade concretizado no parto natural é análogo ao de conjugalidade: ambos aludem a um reino especial em que os relacionamentos presididos pela escolha e pelo afeto prevalecem sobre os laços de sangue e de obrigatoriedade, e em que relações entre iguais imperam sobre as hierárquicas.

A exclusão das famílias de origem do evento evoca o rompimento simbólico com os elos de consangüinidade e de aliança sociológica. O casal se encena, de fato, como *casal natural,* isto é, de uma unidade desfamiliarizada e nuclearizada. Além disso, o CG se converte *em um só* por distinção das famílias, e mesmo por oposição a elas. Desse modo, ele atualiza no parto não só seu ideal de sociabilidade, mas também de conjugalidade. Em termos representacionais, o terceiro – a criança que nasce – sela a díade compondo com ela uma *unidade a três.*

Durkheim sugere que "ideais coletivos só podem constituir-se e tomar consciência de si com a condição de se fixarem sobre coisas que possam ser vistas por todos, representadas a todos os espíritos" (1970:111). Pois creio ser precisamente este o significado do parto natural no universo simbólico do CG: ele é um ritual que dramatiza uma situação na qual o CG se experimenta tal como, em termos modelares, ele se auto-representa. Dito em outras palavras, o parto natural estabelece a mediação entre o mundo "ideal" e o "real"; mais do que isso, ele funde esses reinos em um só. Portanto, ele é a antítese exemplar da crise. Daí seu caráter extraordinário.[81]

---

[81] Essa maneira de conceber situações rituais coincide com a proposta por DaMatta (1979:24): "(...) é como se o domínio do ritual fosse uma região privilegiada para se penetrar no coração cultural de uma sociedade, na sua ideologia dominante, no seu sistema de valores. Tudo isso porque é o ritual que permite tomar consciência de certas cristalizações sociais mais profundas que a própria sociedade deseja situar como parte de seus ideais eternos".

O pós-parto como crise

A ilusão jamais é durável, porque a própria exaltação não pode durar: ela é por demais extenuante. Uma vez passado o momento crítico, a trama social abranda-se, o comércio intelectual e sentimental torna-se mais lento, os indivíduos retornam ao seu nível habitual. Então, tudo aquilo que foi feito, pensado, sentido durante o período da tormenta fecunda, sobrevive apenas sob a forma de lembrança, de lembrança prestigiosa, sem dúvida, tal qual a realidade que ela evoca, mas com a qual deixou de se confundir.
Durkheim, 1970

O pior é que todo desvio acaba voltando à casa paterna.
Informante de Heilborn, 1980

A epígrafe de Durkheim, traduzida para meus propósitos, fala do deslocamento da "ilusão" que o parto encerra em termos simbólicos para um momento seguinte, em que o encantamento é desfeito. Identifico crise justamente com o rompimento dessa ilusão, isto é, como a dilaceração entre o ideal e o real. A crise só pode ser definida como tal quando em contraste com algum outro plano no qual se experimenta a fusão entre tais instâncias. Esse contraponto consubstancia-se na gravidez e, sobretudo, no parto natural, sendo o pós-parto crítico em relação a eles.

Mas as imagens de serenidade e de rotina anunciadas por Durkheim como subseqüentes ao período da "tormenta fecunda" revela-se, no caso em pauta, radicalmente inadequada. O pós-parto instala, segundo os próprios entrevistados, a "crise" e, mais ainda, o "caos".[82] Encampo a categoria nativa de crise, ainda que meu entendimento da noção não se confunda com o dos informantes. Estes identificam a crise do pós-parto com suas evidências: além das sobrecargas físicas e emocionais implicadas nessa fase,

---

[82] Ainda que os três ou quatro primeiros meses sejam considerados os mais difíceis, os depoimentos sugerem que a crise atravessa o primeiro ano, e que só a partir daí os casais se percebem saindo do pós-parto.

aludia-se invariavelmente à relação entre parceiros. De fato, havia sempre a admissão de uma crise conjugal mais ou menos contundente no pós-parto, e em alguns casos a separação configurava-se possibilidade iminente.

Já se disse que situações críticas são fecundas para depreender as regras de uma sociedade ou grupo. É precisamente este o significado analítico que confiro ao pós-parto do CG. Admito a presença de dificuldades próprias ao ingresso na maternidade e na paternidade; insisto, porém, que elas são potencializadas pelos valores adotados pelo universo. Mas a interpretação aqui pretendida desloca o foco para o casal. Seguindo a proposta de que o projeto do CG expressa um ideal de conjugalidade, argumento que a crise do pós-parto só adquire inteligibilidade quando referida a esse ideal. A maculação de seus preceitos nessa fase não implica, entretanto, sua abdicação. A crise atesta, ainda que às avessas, a obstinada persistência dos valores que informam o casal igualitário e expõe também tensões e impasses que lhe são constitutivos.

A primeira situação típica que se instala no pós-parto é a de que a unidade constituída pelo casal se cinde para dar lugar a outra, formada por mãe e bebê. A cena é definida como crítica justamente porque contrasta com o estado confusional a três idealizado durante a gestação. Há um reconhecimento, por parte de ambos os parceiros, de que a mulher vive a maternidade como uma experiência totalizadora, e recorre-se com freqüência à noção de "simbiose" para denotar a modalidade de relação da nova díade. Ao menos em certa medida, o próprio ideário do CG tomado em sentido estrito exacerba a situação. A percepção da criança como um ser psicológico e o decorrente receio de que qualquer passo em falso possa comprometer seu equilíbrio emocional não devem ser menosprezados. Resulta dessas premissas a intenção programática de que só os pais devem cuidar do bebê. Isso, aliado ao fato de o homem continuar regularmente envolvido em suas atividades profissionais, instiga a mulher a inflacionar o papel de mãe em detrimento de todos os outros:

> Depois que ele nasceu eu virei mãe, exclusivamente mãe, durante muito tempo. Eu não conseguia mais transar com ninguém, não

tinha saco pra ver amigos. Foi uma coisa muito louca, de muito enclausuramento.

Eu não tinha espaço pra pensar a relação de casal e nem mesmo tinha consciência do quanto eu estava amortecida enquanto mulher. Eu acho que eu intuía que nossa relação estava desmoronando, mas pra mim era mais prioritário ficar com o [filho] do que salvar meu casamento [a informante refere-se à sua primeira relação conjugal que resultou em separação].

A recomposição da díade privilegiada engendra a percepção de um desacordo entre "necessidades" e "movimentos" do homem e da mulher. Compromete-se assim, em seu pilar, a disposição do casal igualitário para ser um só, ao menos em seu formato "fusional". Novamente aqui, é o comprometimento desse ideal que elucida a definição da situação como crítica. Uma vez desfeita a unidade *dois em um*, a parceria se percebe composta de dois indivíduos distintos – o que, por sua vez, atiça as sensibilidades com respeito às fronteiras de cada "eu". Ou seja, o sujeito singular interpreta a unidade maior – no caso, o casal ou a nova família – como instância de constrangimento. A tensão é constitutiva do casal igualitário, tendo em vista sua aversão a englobamentos. A entrada do terceiro na relação configura-se uma situação privilegiada para que a tensão, de virtual, passe a efetiva. O dilema pode acometer indistintamente homens e mulheres, mas, se bem que elas lamentem o "tolhimento de sua liberdade", o sufoco é, sem dúvida, mais ressentido pelo homem.

Sinto que tem uma carga muito grande nas minhas costas: sou o pai da criança, o pai dela, o amante e o provedor. E eu? Como é que eu fico nessa história? Eu tenho uma necessidade interior de ter meu canto onde eu possa fechar a porta e viajar, escutar meus discos, queimar um baseado e até conversar com ela nesse espaço. E isso é uma coisa que eu não tenho mais em casa.

Nos quatro últimos meses da gravidez a gente se afastou do mundo, das pessoas, e ficamos só por conta dos preparativos pro neném. Na época eu entrei nessa e não medi as conseqüências dessa atitude. Mas hoje eu sinto que foi uma coisa que pesou demais pra mim, porque deixei de suprir uma série de necessidades minhas. Pra [esposa] essa coisa não se coloca, porque ela tem outras necessidades e a realidade dela é outra. Ela está com uma necessidade real de construir um ninho e eu com uma necessidade real de ir pro mundo, e aí as coisas começam a se chocar. Essa é a grande encruzilhada que estamos vivendo nesse momento.

É curioso, porém, que situações nas quais existe sintonia entre os movimentos do homem e da mulher – evidenciada por grande envolvimento de ambos nos cuidados com o bebê – podem igualmente ser admitidas como críticas. Depara-se, assim, com um aparente paradoxo: a "crise" também se instala quando o projeto do CG, tal como concebido na gestação, é consumado no pós-parto. Veja-se o seguinte depoimento:

> Depois que o [filho] nasceu começou um período dificílimo, porque tudo era feito por nós dois e acabou virando sufoco. A gente passava as noites se revezando: ou eu estava atendendo o menino e ele descansando, ou vice-versa. Então nunca podíamos estar sozinhos os dois, nunca falávamos da gente enquanto casal. Deixamos de ser um casal para sermos só pai e mãe. É claro que isso perturbou nossa relação. Por isso procuramos terapia de casal.

Na verdade, não há nenhum paradoxo em definir como crítica a realização do arranjo projetado: "virar pai e mãe" é uma ameaça ao ideal matrimonial vigente, já que a díade, ao sucumbir a códigos que lhe são externos, perde sua razão de ser. Reitera-se assim a interpretação de que são os preceitos éticos do casal igualitário que elucidam a crise instalada; ou melhor, eles são, de fato, *responsáveis* por ela. Paralelamente, o próprio reconhecimento de uma crise evidencia, em última instância, a obstinada persistência do valor e das premissas que informam essa modalidade de vínculo conjugal.

A segregação de funções e domínios femininos e masculinos – como mais uma situação típica do pós-parto – também é invocada como outra evidência da crise. E nem poderia deixar de sê-lo, tendo em vista que essa demarcação diferencial coloca em questão o princípio igualitário que sustenta a ética conjugal em pauta. Segundo uma informante:

> Nossa relação ficou caótica nesse primeiro ano. Eu me desvinculei do [companheiro] e passei a viver pro [filho] e pra rotina da casa. E ele também, por sua vez, ficou inteiramente distanciado e passou a viver pra carreira. Ele, que sempre foi ultracaseiro, passou a ter mil motivos pra adiar a chegada em casa. Foi uma barra. Eu queria entender o processo dele, mas também não agüentava. Eu me sentia a própria *sedotta* e *abbandonata*.

A persistência do valor igualitário se expressa, agora às avessas, em cobranças e acusações mútuas. É como se a disposição *natural* dessa modalidade de parceria para experimentar o universo alheio se convertesse, no pós-parto, em uma imposição provinda do outro. A mulher, afirmando-se "sobrecarregada" e "sugada", reclama mais presença e participação do homem. Este, por sua vez, a critica por comportar-se como "supermãe obsessiva", e por vezes insinua a instalação de uma dupla jornada masculina. Nas palavras de um informante, cujo filho tinha seis meses:

> O que ela não quer entender é que eu fiquei sendo o único responsável pelo orçamento doméstico. Ela tem que levar em conta que eu trabalho e que é um trabalho que me exige tudo, tudo, tudo. Então, se ela precisa descansar e dormir, eu também preciso.

A defasagem entre *ideal* e *real* manifesta-se ainda no plano do relacionamento entre o casal e núcleos de proveniência. Mesmo as famílias que dosaram sua presença durante a gravidez fazem-se mais visíveis após o nascimento do bebê: telefonemas e visitas tornam-se mais constantes e não raro as avós, sobretudo as maternas, dirigem-se diariamente à casa das filhas. Quando moram em outras cidades, elas se instalam na residência do casal, permanecendo por lá cerca de um mês.

Impõe-se, como regra, uma presença mais intensa da parentela feminina (da avó materna, principalmente) em relação à masculina. Os informantes justificavam o fato com argumentos fundados em idiossincrasias familiares ou em razões de ordem subjetiva: aludia-se tanto a conflitos remotos entre pais e filhos (homens) quanto à "força psicológica" da relação mãe/filha. Mas, quando perguntados, todos consentiam que uma mesma família apresenta comportamento distinto caso o bebê seja de seu filho ou de sua filha.

As hipóteses psicológicas ocultam que o maior comparecimento da família da mulher também se verifica na ajuda material dispensada aos cônjuges (cap. 3). Desse ponto de vista, a configuração instalada no pós-parto apenas explicita, de modo mais transparente, um padrão sociológico que preexiste ao nascimento da criança. Mas o fato de a avó materna despontar em cena de forma mais vigorosa nesse momento indica também que os cuidados com a criança são, em última medida, assunto feminino.

O novo arranjo afeta diretamente o parceiro. A chegada da criança produz tal dinâmica, que ele é, com maior ou menor resistência, atraído para a família da esposa e os contatos com ela passam a ser, inclusive, mais freqüentes do que os que ele mantém com a própria parentela.[83]

Conclui-se daí que o nascimento da criança, ao invés de isolar os cônjuges de seus núcleos de proveniência (conforme programado), promo-

---

[83] A incorporação do homem à família da mulher é examinada por Abreu Filho (1980, 1982) nos seus trabalhos com camadas médias interioranas mineiras. Em uma passagem, o autor sugere "uma matrifocalidade no plano das relações entre famílias" (1981:103). Tenho dúvidas quanto à pertinência de uma conclusão similar para meu universo. Nele, o valor da conjugalidade predomina sobre o dos laços que articulam mulheres de diferentes gerações. A inversão implantada no pós-parto é talvez tolerada como circunstancial; dessa perspectiva, ela não desautoriza o ideal de conjugalidade vigente, ainda que colida com ele.

ve uma soldagem entre as unidades familiares. O "terceiro" que se interpõe entre os parceiros não é só a criança, mas também as famílias de origem. A nova configuração não resulta, contudo, apenas de um movimento da parentela. É usual que a jovem mãe convoque a própria mãe – e eventualmente sua sogra – para ajudá-la a cuidar do recém-nascido. O triângulo projetado mãe/pai/filho é, em suma, preterido pelo arranjo avó/mãe/bebê. Esse novo arranjo adquire visibilidade máxima quando a avó, vinda de outros estados, se instala temporariamente na casa do casal. Nessas circunstâncias, o homem ressente-se de que seu espaço e mesmo seu papel como pai ficam comprometidos.

A recomposição familiar em termos da díade e da tríade privilegiadas é tida pelos informantes como mais uma evidência da crise. Primeiro porque, mesmo quando pressentida como circunstancial, ela é experimentada como eterna. Segundo, porque a nova composição colide tanto com a disposição nuclear quanto com a feição igualitária que conformam o ideal de conjugalidade vigente. Enquanto a gravidez é vivida como um momento do casal, o pós-parto impõe-se como um assunto de e entre mulheres. Simultaneamente, e reforçando uma tendência anunciada já na gravidez, os laços de sociabilidade do casal se retraem com relação aos amigos: além do "enclausuramento" que acomete os cônjuges (a mulher, especialmente) é digno de nota que raramente se recorre a amigos, mesmo quando estes têm filhos, para que ajudem nos cuidados com o bebê. Ou seja, a rede familiar e a de amizades não são intercambiáveis: apela-se seletivamente para uma ou para outra em função de necessidades distintas (cf. Velho, 1986, cap. I). Essas recomposições nas redes sociais do casal que o nascimento do primeiro filho deflagra são, em síntese, situações privilegiadas para que os sujeitos se percebam deixando o reino da escolha para o das determinações familiares e de sangue. Ou, em outras palavras, o CG é agora promovido de *casal natural* a *casal sociológico*.

No entanto, a força das premissas que informa o casal igualitário persiste. Afora o reconhecimento de uma crise conjugal, a outra evidência de que os cônjuges não digerem facilmente o novo arranjo se expressa nas fortes tensões que perpassam as relações mãe/filha e sogra/genro. As filhas tendiam a avaliar a presença materna no pós-parto de modo bastante ambivalente: ao mesmo tempo em que prezavam a conveniência prática da ajuda, elas se ressentiam de o apoio resultar freqüentemente em "interferência excessiva" ou "invasão". Eram constantes as reclamações de que as avós não poupavam críticas à orientação e recomendações dos pediatras – homeopatas, em sua maioria –, gerando um clima de pressões contraditórias que aumentava a confusão e a insegurança reinantes. Da perspectiva das filhas, a ajuda materna instala, na casa, poderes femininos concorrentes:

> Eu saí da casa dos meus pais de maneira meio brusca e desde então minha mãe tinha até certo receio de interferir na minha vida. Mas depois que eu fiquei grávida e principalmente depois que ele nasceu foi como se a porta tivesse se aberto pra ela invadir. É verdade também que pela primeira vez, desde que eu saí da casa dela, eu solicitei a presença dela. A situação piorou ainda mais quando eu voltei a trabalhar meio-expediente e ela vinha pra cá diariamente ficar com [o filho]. Ela tinha um horário rígido de trabalho aqui em casa. Ela se dirigia à empregada como se fosse a patroa da casa e um dia ela até mudou a decoração do apartamento.

> Ela começou a vir aqui todo dia e aí começou a me incomodar porque eu achei que ela estava querendo fazer coisa demais e viver a minha vida. Aí um dia eu disse pra ela: "você está me dando a maior força, mas cuidado pra não invadir". Foi um Deus nos acuda! "Invadir como? Eu estou te ajudando!". "Tá sim, mas eu não quero que você tome as rédeas: me dá a chance de eu tomar as decisões". Ela chorou pra burro, armou o maior clima comigo e passou uns dias sem aparecer nem telefonar. No terceiro dia, eu telefonei pra gente conversar. Foi um mal-estar terrível, mas acabou sendo bom porque, desde então, clareou pra ela essa coisa da

Da gravidez ao pós-parto

invasão. Mas até hoje ela não reconhece que estava invadindo, acha que estava só ajudando. Eu tinha que dar um basta porque do jeito que as coisas iam, ela ia acabar se mudando pra cá.[84]

Ao mesmo tempo, as jovens se ressentiam quando, por alguma razão, suas mães ou familiares mostravam-se mais retraídos. Por exemplo:

No dia que fomos pra maternidade, o [parceiro] ligou pros meus pais e disse: "ela está em trabalho de parto, mas nós não queremos que vocês venham para cá. Quando nascer a gente avisa". Depois mamãe me contou que esse telefonema provocou uma choradeira geral na casa: eles se sentiram rejeitadíssimos. A mágoa foi tanta que, a partir daí, eles ficaram com excesso de desconfiômetro e quase só apareciam quando eu pedia. A reação da minha mãe me incomodou muito porque, de repente, eu não queria isso. Eu me ressentia da ausência dela. Mas também era uma coisa muito dividida: às vezes ela começava a se sentir um pouco mais à vontade e interferia no sentido de dizer: "eu tô achando o bebê mais magro". Aí eu já me retraía de novo, porque esses comentários para uma mãe nova são um horror.

A tensão entre famílias se expressa também nas eventuais disputas entre genro e sogra, as quais introduziam mais uma complicação na relação do casal. Diante da instalação de um mundo de mulheres na casa, o homem tendia a hesitar entre duas saídas: numa primeira ele se "alienava

---

[84] Myriam Lins de Barros oferece a versão das avós nessa contenda. Elas alegam que a vida profissional de suas filhas é possibilitada graças à sua conversão em "avós de profissão" ou "avós-babá", mas ao mesmo tempo lhes é negada a voz em resoluções concernentes à educação das crianças (Barros, 1986:115). A sobrecarga de tarefas e responsabilidades que recaem sobre elas é que sustenta sua representação de que a família, no espaço de uma geração, se deslocou de um formato nuclearizado para outro, no qual a unidade doméstica se revela incapaz de prescindir da geração anterior, isto é, delas próprias. Nesse contexto, as avós também se melindram com a "interferência constante" dos filhos no seu cotidiano (Barros, 1986:239-243).

de tudo e se ausentava de casa o máximo possível". Embora desse a situação por consumada, nem por isso retirava dela o sintoma de crise. A outra resposta consistia em "enfrentar cotidianamente" a sogra ou demais familiares femininas. Ambas as estratégias denotam, cada qual a seu modo, a disputa pela proeminência da família nuclear sobre a extensa. A transcrição a seguir se aproxima de um tipo ideal:

> Eu era radicalmente contra que no primeiro mês a mãe e a avó dela viessem aqui justamente porque são pessoas esfaimadas e vorazes. Até por isso eu tirei 15 dias pra ficar em casa. Mas elas vieram e foi péssimo: atrapalharam na amamentação, deixaram a [esposa] nervosa e só falavam no *britz* [ritual judaico de circuncisão], que obviamente não fizemos. Minha casa virou um hospício e eu me sentia extremamente invadido. Eu disse pra minha sogra: "eu quero que você se policie porque você está dentro da minha casa e do meu espaço". A família dela é sufocante: ligam pra cá três mil vezes por dia pra pedir relatório de tudo: do xixi e do cocô do [filho] e até saber se eu comi, minha sogra quer saber! Essa loucura familiar sempre esteve latente e no pós-parto ficou flagrante. Aquelas duas mulheres ali [refere-se à mãe e à avó da esposa] representavam o decreto familiar: "reedita", "faz isso", "faz aquilo". O que mais me incomoda é que as pessoas na família dela não conseguem se discriminar, e essa simbiose é a coisa que eu mais abomino. Nossas crises [conjugais] eram muito em função da família dela, e sobretudo pelo que ela introjetou da família dela.

A última passagem da transcrição insinua que o drama da relação entre o casal e as famílias no pós-parto não se exaure na presença concreta destas em seu cotidiano. O momento revela-se também fecundo para que cada um dos cônjuges promova uma revisitação subjetiva às mesmas, deparando com o que designam "família internalizada ou introjetada". É essa revisitação intimista que acarretava o reconhecimento, muitas vezes desapontado, de que "não dá pra mudar tudo".

Alguns preceitos defendidos na gravidez são submetidos, no pós-parto, a um processo de revisão. Propostas como dedicação integral ao bebê, aversão a babás e "vivência totalizadora" da maternidade eram freqüentemente colocadas em questão pelas mulheres. Ainda assim, nenhuma delas se dizia arrependida, alegando que "eu sinto que eu tinha que passar por isso; tinha que ser como foi". Também a evitação concreta e/ou metafórica em relação às famílias de origem era, em muitos casos, reavaliada como "uma tremenda perda de tempo, fruto de uma insegurança infantil". Não parece ser casual que o nascimento do segundo filho – projetado ou já consumado – seja eleito para coroar a revisão de seu relacionamento com as famílias:

> O nascimento do [filho] me fez reviver uma série de coisas minhas com minha mãe e meu pai. Eu sinto que fui mais ao encontro da minha família e saquei que era impossível expurgar eles da minha história, porque isso seria expurgar a minha própria história. O que é que eu faria de diferente no segundo filho? Muita coisa! Primeiro, eu não ia me opor a quem vai ou deixa de ir pro hospital na hora do parto. Porque minha família queria estar lá e eles foram barrados no baile. Isso eu não faria mais. A gente quis se opor a eles pra marcar uma diferença. Mas pra que isso? A gente é diferente deles mesmo.

Outra informante, cujos pais também foram proibidos de ir à maternidade no primeiro parto, adota uma postura bastante distinta no dia do nascimento do segundo filho:

> Quando estourou a bolsa d'água, antes mesmo de ligar pro médico, eu avisei à minha mãe e eles foram pra maternidade. Eu fiz isso não porque precisasse do apoio dela; fiz como um ato de carinho pra com ela. E enquanto a vinda do meu primeiro filho funcionou como uma espécie de barreira entre a gente, o nascimento da minha filha representou um elo de ligação entre nós. Ela está sendo o bebê da reconciliação.

Em suma, o pós-parto impõe-se como situação privilegiada para que o CG coloque em questão uma série de itens que integram seu projeto *stricto sensu*. A observação reitera o argumento de que o ineditismo da experiência explica, em boa medida, o radicalismo com que os casais se dispõem a lidar com os eventos. As duas únicas informantes que já eram mães pela segunda vez atestam a idéia. Uma delas afirmou que a segunda gestação "já não foi vivida tão a dois, até porque a gente tinha que se dividir entre a barriga e o outro filho", enquanto a outra reconheceu que, em contraste com o caráter "romântico e idealizado" da primeira gravidez, a segunda tinha sido "mais chão e mais realista". Ambas admitiam também que a última maternidade estava sendo vivida de forma "menos totalizadora" do que a primeira (a respeito dos "ritos da primeira vez", ver Gennep, 1977:149; Freud, 1977).

No entanto – e é isso que importa –, a adesão às premissas que informam o casal igualitário mantém-se vigorosa. A persistência desse ideal é evidenciada no fato de ele elucidar, de um ponto de vista sociológico, a crise que afeta os cônjuges no pós-parto. A título de contraponto, pode-se especular que casais cuja ética prescreva como auto-evidente, e mesmo como valor, a segregação dos domínios femininos e masculinos, entendendo a conjugalidade como encapsulada e subordinada tanto à filiação quanto à parentela, devem passar por experiências puerperais distintas das do CG. Não se trata de sugerir que essa modalidade alternativa de parceria seja mais imune a crises conjugais ou de pós-parto, mas sim de reconhecer que o feitio das crises e os motivos sociológicos que as deflagram para aqueles casais diferem dos assinalados para o universo em pauta.

Diante da crise, o CG aciona duas respostas típicas que reiteram suas disposições éticas peculiares no que concerne a conjugalidade. A primeira cristaliza-se na separação, que em vários casos se configurava possibilidade iminente. Decerto ela não é específica do casal igualitário, ainda que as razões que a desencadeiam o sejam. No contexto focalizado, a percepção de que os cônjuges não mais compõem uma unidade fundada nas subjetividades é o principal motivo para consumá-la.

Enquanto a primeira resposta alude a uma separação física, a segunda insiste em uma separação subjetiva corporificada na "discriminação" dos parceiros como estratégia programática. O termo exprime, em linguagem nativa, a aversão a englobamentos. O reconhecimento das mazelas da "simbiose" ou do "grude federal" – que dilui as singularidades de cada um na "fusão total" – não faz com que sua inclinação para *ser um só* seja destituída, mas sim que mude sensivelmente de contorno. De *dois em um*, os parceiros devem compor agora uma *unidade com dois*. Isso implica, em outras palavras, o desafio de instaurar um arranjo no qual cada um seja valorizado como o outro por excelência, ao mesmo tempo em que se exige que eles componham uma unidade substancial:

> Até o [filho] nascer eu não tinha muita idéia do que fosse um casal. Na época que eu conheci o [marido] tinha uma coisa de ficar muito junto, muito simbiótico, muita fantasia. Hoje eu vejo uma coisa diferente disso: até pra estabelecer uma troca cada um precisa afirmar sua própria individualidade.

O casal igualitário defronta-se agora com a complicação adicional de acomodar o terceiro – o filho – na relação. O princípio igualitário que rege o relacionamento da díade já "dessimbiotizada" governa também a convivência a três. Assim é que a nova família, ao mesmo tempo em que se quer compondo uma unidade, deve realizar discriminações superpostas: cada sujeito que compõe a tríade deve separar-se subjetivamente dos outros; o casal não pode ser contido pela prole sob pena de perder sua razão de ser; cada uma das relações diádicas que o conjunto encerra deve ser singular e irredutível às outras. O depoimento a seguir expressa a lógica de que as relações mãe/filho e pai/filho devem estar, cada qual, investidas de uma identidade singular:

> Eu acho que o grande desafio que se coloca pro homem é o de construir sua identidade de pai sem passar pela mulher; estabelecer

uma relação com o filho sem a intermediação da figura da mãe. E isso é bem complicado pra ele, mais ainda que pra mulher.

Nos casos em que a gravidez ocorre antes do programado, essas discriminações são lembradas como ainda mais urgentes e dramáticas. Alega-se que, em virtude do curto intervalo entre casamento e nascimento, o casal não teve "tempo suficiente para se constituir". No depoimento que se segue a informante reitera, apesar da crise conjugal experimentada, a persistência do ideal de casal portador de um código próprio e irredutível a qualquer outro:

> A gente teve muito pouco tempo como casal porque o [filho] pintou nas paradas muito antes do previsto. Então hoje é difícil rolar uma situação que envolva só nós dois: geralmente é uma coisa que envolve os três. É aquela coisa: deixa de ser casal e vira família. Só agora é que estamos conseguindo separar um monte de coisas, só agora é que estou começando a viajar sozinha com o [companheiro]. Mas ainda é raro. Eu não consegui separar direito. Aliás, eu acho que nenhum dos três conseguiu separar muito bem ainda até onde vai o meu espaço, até onde vai o do [parceiro], onde fica o casal, onde fica o [filho]. Foi tudo tão de susto que eu acho que nenhum dos três conseguiu ver onde está o limite de cada um. Eu acho que o [parceiro] e eu até agora nos construímos muito como família e só agora estamos nos construindo como casal [O que você quer dizer com "se construir como casal"?] É ter uma vida mais centrada em mim e nele, independentemente de quantos filhos a gente venha a ter.

Em suma, desfeita a "simbiose" — ou seja, a unidade naturalmente dada —, o casal igualitário enfrenta o desafio de instaurar uma configuração na qual o preceito da "individualização" é afirmado como requisito para a preservação da unidade como tal. A expectativa de um máximo de fragmentação convive, no limite, com a expectativa de um máximo de junção: "Nosso caminho agora é esse: juntar ainda mais e, ao lado disso, fazer todo um trabalho de discriminação".

A principal questão do casal igualitário consiste em tatear a aura medida dos movimentos de "discriminação" de modo que eles não redundem na fragmentação da unidade. Isto é, o indivíduo deve ver saciado seu anseio de singularização e de não-englobamento pelo outro e, ao mesmo tempo, ser cúmplice de uma vida compartilhada e de uma existência comum. Em uma palavra, o desafio é, como casal, *ser dois e simultaneamente permanecer um só*. Essa questão parece constituir seu grande tema e seu maior dilema.

Conclusão

É possível, a essa altura, vislumbrar coincidências entre considerações feitas neste capítulo – sobretudo as referentes ao pós-parto – e conclusões de outros trabalhos nacionais que versam sobre camadas médias modernas. Embora não fale em *crise*, a literatura formula uma questão próxima a ela, ora referindo-se à "dificuldade de implementar valores individualistas", ora assinalando uma tensão derivada de orientações culturais subordinadas – hierárquicas ou "arcaicas", no caso – que em determinadas situações deixam-se vazar, contraditando os padrões modernos ou individualistas dominantes (no tocante às evidências etnográficas, ver Salem, 1986a:30-33).

Diferentes argumentos são invocados para esclarecer os entraves à realização do ideário individualista-igualitário. O conceito de "desmapeamento" proposto por Figueira (1985a, 1985e, 1987) sugere a convivência tensa, dentro do próprio sujeito, entre ideais modernos – incorporados em situações de modernização social acelerada – e conteúdos mais tradicionais e mais refratários à mudança. Nicolaci-da-Costa (1985) adjetiva a noção ao justificar que a obstinada presença dos significados arcaicos se deve à sua internalização na socialização primária, cujos conteúdos seriam mais renitentes a revisões. Traduzindo para o plano mais propriamente etnográfico, sugere-se que o "desmapeamento" que acomete as camadas médias modernas se origina do fato de a acelerada modernização pela qual atravessa a sociedade brasileira nos anos 50 não ser acompanhada, no mesmo ritmo, pelas subjetividades. Almeida (1985) encampa essas sugestões e as aplica em seu estudo sobre a "nova maternidade".

Outros autores, vinculados ou não à tradição teórica que investiga as camadas médias modernas, justificam a dificuldade de implementar valores individualistas ou igualitários acenando com características estruturais da sociedade brasileira. Freyre (1969:90) insiste no "familismo brasileiro", enquanto DaMatta (1979) postula seu caráter "hierárquico e relacional". Subscrevendo a interpretação, Velho (1981:119) propõe que "numa sociedade como a brasileira em que a hierarquia exerce um papel crucial (...) o pertencimento a uma família específica é elemento fundamental no sistema de classificação dos universos investigados, até mesmo nos processos mais radicais de individualização". Em suma, a precedência da família sobre o indivíduo e da hierarquia sobre a igualdade em contextos como o nosso é apontada como um complicador na implementação de preceitos individualistas e igualitários.

Focalizando especificamente a relação de gêneros, certos estudiosos procuram elucidar a resistente segregação entre domínios femininos e masculinos nos segmentos médios modernos também reportando a características de sociedades como a brasileira. Cardoso (1983) aventa que a instituição da empregada no contexto latino-americano permite, em boa medida, manter intacta a tradicional divisão sexual do trabalho na esfera doméstica. Eu mesma propus uma hipótese próxima à de Cardoso; salientava, porém, uma equivalência funcional entre a empregada doméstica e a parentela mais ampla em termos do seu impacto sobre a organização dos papéis conjugais. Assim, "aceitando a postulação de uma forte ideologia hierárquica e familista no Brasil, dir-se-ia que, mesmo os casais mais propensos a acatar o ideário individualista apresentam, tendencialmente, uma rede de relações mais densa, derivando daí – conforme as hipóteses de Bott (1976) – uma segregação mais acirrada dos papéis conjugais (...) As instituições da avó, da tia, da babá, interpondo-se entre o casal, fa-

212 | Da gravidez ao pós-parto

vorecem a vigência de uma divisão de trabalho mais nitidamente demarcada" (Salem, 1983:25-26).

Uma outra vertente analítica interpreta a oscilação, por parte dos sujeitos, entre códigos díspares e freqüentemente contraditórios como fenômeno intrínseco às sociedades modernas complexas. Sugere-se que, nestas, a coexistência de visões de mundo concorrentes leva os agentes não só a internalizarem diferentes linguagens, mas também a oscilarem entre elas, dependendo da situação em pauta (Velho, 1975, 1981, 1986, cap. 2; Velho e Castro, 1978; Barros, 1986).

Por último, cumpre mencionar a perspectiva que, situada em plano mais abstrato, sustenta que a tensão entre individualizar-se e ser engloba-do constitui dilema universal, embora mais grave em contextos nos quais o indivíduo é categoria fundamental: "a tensão entre individualização propriamente dita e a inserção em uma categoria mais ampla parece ser problema universal. Sem dúvida a consciência desta tensão emerge com mais nitidez com a própria ideologia individualista" (Velho, 1981:45).

Privilegiando questões e planos distintos, as explicações arroladas não são incompatíveis nem excludentes entre si. Pelo contrário, muitas se somam, o que acarreta um acirramento da fricção entre valores moder-nos e tradicionais e a decorrente dificuldade em fazer valer os primeiros. Creio ser pertinente acrescentar a elas *tensões lógicas inerentes ao próprio princípio individualista-igualitário*. Parece claro que fatores históricos, etnográficos e outros podem facilitar ou, em vez disso, introduzir com-plicações adicionais no projeto de implementação desse ideário. Ainda assim, o princípio individualista-igualitário padece de embaraços que lhe são constitutivos; desse ponto de vista, eles são logicamente anteriores a particularidades nacionais ou outras.

Essa hipótese foi se solidificando à medida que, ao discorrer sobre o ideal de conjugalidade vigente no universo considerado, e principalmen-te sobre seus impasses, tive a atenção despertada para o fato de estar diante de questões que também diziam respeito à ordem social individualista mais geral. Sem negar-lhe peculiaridades, creio que o casal igualitário encena premissas e expõe dilemas dessa configuração moral mais abrangente. Para desenvolver o argumento, retomo aquilo que postulei ser seu maior desafio, a saber: *construir uma unidade com dois*. Minhas considerações referem-se à etapa da trajetória do casal na qual vinga o preceito da "discriminação" em face do parceiro(a); e isso porque, no império prévio da "paixão" ou da "simbiose", a montagem da unidade não se coloca como problema: ela é, por definição, dada.

Em consonância com premissas da ordenação individualista, os cônjuges percebem-se como sócios livre-contratantes e a cada um é outorgada – tal como aos "cidadãos" – antecedência lógica e moral sobre o contrato que os une. Além disso, eles são representados e se auto-representam como independentes e senhores de si. No casal igualitário – que alude a um ideal de conjugalidade – os parceiros, embora ligados por laços afetivos, devem ser independentes um do outro: é este um dos sentidos embutidos na categoria nativa "discriminação".

Entender o indivíduo como realidade primeira equivale a representar a sociedade – qualquer que seja ela – não só como posterior e redutível aos sujeitos que a compõem, mas também como um arranjo destinado fundamentalmente à proteção e satisfação dos interesses deles. A sociedade está, em outras palavras, despida de qualquer transcendência. No casal igualitário, essa representação se explicita na idéia de que não há nenhuma lei ou código externo para além dele próprio que justifique sua existência. O contrato se desfaz quando a sociedade deixa de atender a necessidades dos parceiros.

Concebido como inteligível em si mesmo e por isso cioso de sua liberdade, o sujeito tenderá a se indispor com instâncias que, encapsulando-o, possam comprometer a atualização desse valor. No contexto do casal igualitário essa ânsia libertária parece aguçada, ou reduplicada, pela ética psicologizante que tende a priorizar a liberdade e a autenticidade do "eu" sobre elos e relações, os quais, por definição, implicam obrigações e impõem constrangimentos. Decorre, então, ser alta a probabilidade de que o relacionamento entre o indivíduo – seja ele singular ou coletivo – e a unidade maior que o abarca apresente cunho tensional. Reside justamente aí a significação sociológica do "sufoco" da vida a dois: tal qualidade constitui uma das manifestações possíveis da fricção entre indivíduo e sociedade. As poucas pesquisas nacionais que versam sobre o "casal moderno" atestam a idéia. O "casal emancipado" que constrói seu projeto de "relacionamento aberto" proclamando a prevalência do indivíduo sobre a díade (Heilborn, 1980, 1981); aqueles que decidem pela coabitação separada em nome da "preservação de um espaço próprio, da liberdade, da autonomia pessoal de cada parceiro" (Vaitsman, 1985) e até mesmo os *singles* estudados por Moraes (1985) – que optam por morar sozinhos alegando "mais autonomia, maior privacidade e maior liberdade" – são respostas diferentes a um mesmo dilema sociológico. Elas expressam a difícil convivência entre dois indivíduos que acreditam fazer sentido em si mesmos e a instituição do casal.

O "direito" à diferença, e mesmo a incitação a ela, é valor instituinte do sistema individualista mais abrangente. Como lembra Duarte (1983:8), a lógica que entroniza o sujeito singular o elucida: o cultivo da diferença é necessário para a própria preservação do valor-indivíduo. No casal igualitário esse preceito se expressa, sobretudo, no estímulo e no exercício das diferenças subjetivas e na sua desejável articulação naquilo que designei *complementaridade simétrica*. A regra moral da "discriminação" entre parceiros e a conotação positiva que ela carrega são condensadoras a respeito. Por outro lado, há também o reconhecimento explícito de que o preceito da diferenciação, se levado além de certo limite, pode inviabilizar o próprio casal.

Visto de outra ótica, o desafio na formação da *unidade com dois* se complica em razão do compromisso intrínseco entre o direito à diferença e o igualitarismo. Embutida nas noções de diferenciação, de diversidade – bem como na de "multiculturalismo" – pulsa a idéia de que as diferenças são iguais em termos de valor: elas merecem ser igualmente respeitadas, devem ser livres em sua manifestação e se mostram, por isso, avessas a encapsulação e a hierarquizações. A categoria nativa de "discriminação" é, mais uma vez, bastante significativa, porquanto ela conjumina, precisamente, a incitação à "diferenciação" dos parceiros com o valor da igualdade, o qual por sua vez se articula com os da autonomia e da liberdade.

O preceito da "discriminação" sumariza, assim, impasses enfrentados pelo casal igualitário: a complicação na armação da unidade resulta, em última medida, da repulsa dos sujeitos em se verem contidos por instâncias mais abrangentes.

Mas a própria idéia de *dilema* na montagem da *unidade com dois* só faz sentido quando se considera que os parceiros igualitários, ao mesmo tempo em que ciosos de suas fronteiras e resistentes a serem encapsulados por uma totalidade maior, almejam ser um casal. Tal inclinação se explicita na proposta, reiterada neste livro, de que o casal igualitário expressa um modelo forte de existência conjugal. É precisamente essa *duplicidade* que exprime um dilema importante das sociedades individualistas: equacionar e preservar a formação de uma unidade que enaltece as diferenças e as reputa como iguais, mas que deve também, por definição, transcender fragmentações. Nesse sentido, *o desafio de conjuminar dois em um enfrentado pela parceria é homólogo ao de instaurar e manter a unidade na diversidade que afeta a ordem individualista mais geral.*[85] Em ambos os casos, a missão é formar um corpo, político ou amoroso, que, preservando o contorno de cada um e o respeito às diferenças, seja simultaneamente capaz de se reconhecer na forma de um *nós*. Negociar essa tensão está no coração da política, inclusive na do casal igualitário – como admitem os próprios informantes. Depara-se, em ambos os casos, com o mesmo paradoxo que reside no empenho de "totalizar pela segmentação e individualização" (Duarte, 1983:16; Dumont, 1970a:32). Daí serem a "paixão" e a "simbiose" representadas, no contexto do casal igualitário, como antidi-

---

[85] No momento em que revejo essas páginas (agosto de 2006), a questão assinalada encontra-se na ordem do dia. Os países europeus, graças à imigração massiva de outros povos – que, além de culturalmente muito distintos, anseiam por conservar sua herança cultural – vêm se tornando, ao que tudo indica, irreversivelmente multiculturais. Daí o fervoroso debate em curso de como preservar a unidade/identidade nacional em meio à crescente diversidade. A política britânica e a francesa ilustram diferentes respostas ao dilema: a primeira, aderindo a uma perspectiva mais *igualitária*, aposta no "multiculturalismo"; visa, assim, integrar pelas diferenças. A francesa, em contraste, enfatiza a homogeneidade sobre as particularidades culturais: a proibição do uso das burcas nas escolas públicas em 2004 exemplifica essa tendência.

lemas; não há tensão em construir a unidade: as individualidades se diluem – ou de bom grado, ou de modo desavisado – no todo. Contudo, uma vez ultrapassada essa etapa, pode-se transportar e subscrever a afirmativa de Dumont de que "a crise é consubstancial ao sistema" (1977:19).[86]

Não se trata, com essas considerações, de incorrer na falácia "Jonesville é a América" (Geertz, 1978:32) nem, acrescento, em seu inverso: América é Jonesville. Ou seja, não estou endossando a idéia das formas simples – no caso, o casal – como via privilegiada para aceder às complexas – isto é, à sociedade individualista-igualitária – nem vice-versa. Sem desprezar especificidades próprias da parceria e da organização individualista maior, essas reflexões finais insistem que a implementação do princípio individualista-igualitário encerra tensões e complicações que lhe são constitutivas. Também não se trata de concluir por sua inviabilidade ou falência. Configurações morais alternativas decerto também enfrentam seus dilemas próprios.

---

[86] A alternativa, que permite ser lida como tão custosa quanto a "crise", expõe-se nas palavras do psicanalista Hélio Pellegrino: "um casamento feliz é uma prisão de cinco estrelas".

Referências bibliográficas

ABREU FILHO, Ovídio. *Sangue, raça e luta:* identidade e parentesco em uma cidade de interior. Dissertação (Mestrado em Antropologia Social) – Museu Nacional/UFRJ/PPGAS, Rio de Janeiro, 1980.

_____. Parentesco e identidade social. *Anuário Antropológico*, Brasília: UnB/ Tempo Brasileiro, v. 80, p. 95-118, 1981.

ALEXANDER, Jeffrey. The new theoretical movement. In: SMELSER, N. (Ed.). *Handbook of sociology*, Beverly Hills: Sage, 1986. p. 77-102.

ALMEIDA, Maria Isabel Mendes de. *A modernização da maternidade (1950-1980):* uma abordagem sociológica da construção da subjetividade na família de classe média brasileira. 1985. Dissertação (Mestrado) – Iuperj, Rio de Janeiro, 1985.

_____. *Maternidade, um destino inevitável?* Rio de Janeiro: Campus, 1987.

ARIÈS, Phillipe. *História social da criança e da família.* Rio de Janeiro: Zahar Editores, 1978.

BADINTER, Elizabeth. *L'amour en plus.* Paris: Flammarion, 1980.

_____. Entre a rejeição e a androginia: o masculino em busca de modelo. *Mulherio,* ano 6, n. 24, p. 11, 1986a.

_____. *Um é o outro.* Rio de Janeiro: Nova Fronteira, 1986b.

BARROS, Myriam Lins de. *Avós: autoridade e afeto*. Um estudo de famílias em camadas médias urbanas. Tese (Doutorado) – Museu Nacional/UFRJ/PPGAS, Rio de Janeiro, 1986.

_____. *Autoridade e afeto*: avós, filhos e netos na família brasileira. Rio de Janeiro: Jorge Zahar Editor, 1987.

BASBAUM, Cláudio. É importante seu marido estar com você na sala de parto? *Grávida e seu Bebê,* out. 1982.

BATESON, Gregory. Problems and methods of approach. In: _____. *Naven*. 2. ed. Stanford, California: Stanford Univ. Press, 1980. p. 108-122.

BELL, Colin. *Middle class families*. London: Routledge and Kegan Paul, 1968.

BERGER, Peter. *Perspectivas sociológicas*. Petrópolis: Vozes, 1976.

_____; KELLNER, Hansfried. Marriage and the construction of reality. In: DREITZEL, H. (Ed.). *Recent sociology*: patterns of communicative behavior. New York: Macmillan, 1970. v. 2, p. 50-73.

_____; LUCKMANN, Thomas. *A construção social da realidade*. Petrópolis: Vozes, 1973.

BERTLOLO, Maria Carla. *La décision de devenir mère*. Tese (Doutorado) – École des Hautes Études en Sciences Sociales, Paris, 1982.

BLUMER, Herbert. *Symbolic interacionism:* perspectives and method. New Jersey: Prentice Hall, 1969.

BOLTANSKI, Luc. *Prime éducation et morale de classe*. Paris: Le Haye Mouton, 1969.

_____. *As classes sociais e o corpo*. Rio de Janeiro: Graal, 1979.

BORGES, Jorge L. A morte e a bússola. In: _____. *Ficções*. Porto Alegre: Globo, 1982.

BOTT, Elizabeth. *Família e rede social*. Rio de Janeiro: Francisco Alves, 1976.

BOURDIEU, Pierre. *Esquisse d'une théorie de la pratique*. Genebra: Droz, 1972.

_____. Condição de classe e posição de classe. In: _____. *A economia das trocas simbólicas*. São Paulo: Perspectiva, 1974. p. 3-26.

CARDOSO, Ruth. A adesão dos homens ao feminismo: uma estratégia de sobrevivência. In: ENCONTRO ANUAL DA ANPOCS, 7., 1983. *Anais...* Águas de S. Pedro. ms.

CASTEL, Robert. *La gestion dês risques:* de l'anti-psiquiatrie à l'après-psycanalyse. Paris: Minuit, 1981.

CASTRO, Eduardo Viveiros de; ARAÚJO, Ricardo B. de. Romeu e Julieta e a origem do Estado. In: VELHO, G. (Org.). *Arte e sociedade:* ensaios de sociologia da arte. Rio de Janeiro: Zahar, 1977. p. 130-169.

CHERTOK, Louis. *Feminité et maternité.* Paris: Desclée de Brouwer, 1966.

COOPER, David. *The death of the family.* Harmondsworth: Penguin, 1974a.

_____. *The grammar of living.* London: Allen Lane, 1974b.

COSER, Lewis. *The functions of social conflict.* New York: The Free Press, 1956.

COSTA, Jurandir Freire. *Ordem médica e norma familiar.* Rio de Janeiro: Graal, 1979.

COSTA, Maria Cecília. *Sobre o segredo:* adoção em famílias de camadas médias. Tese (Doutorado) – Museu Nacional/UFRJ/ PPGAS, Rio de Janeiro, 1985.

DAMATTA, Roberto. O oficio de etnólogo, ou como ter "anthropological blues". In: NUNES, Edson O. (Org.). *A aventura sociológica.* Rio de Janeiro: Zahar, 1978. p. 23-35.

_____. *Carnavais, malandros e heróis:* para uma sociologia do dilema brasileiro. Rio de Janeiro: Zahar, 1979.

DAUSTER, Tânia. *A experiência obrigatória:* notas sobre o significado do filho em camadas médias urbanas. Rio de Janeiro: Museu Nacional/UFRJ/PPGAS, 1984. ms.

_____. *Laços e nós:* indivíduo, família e amigos. Rio de Janeiro: Museu Nacional/UFRJ/PPGAS, 1985. ms.

_____. A invenção do amor: amor, sexo e família em camadas médias urbanas. In: FIGUEIRA, S. (Org.). *Uma nova família?* O moderno e o arcaico na família de classe média brasileira. Rio de Janeiro: Jorge Zahar, 1986. p. 99-112.

DAVIS, Kinsley; MOORE, Wilbert E. Alguns princípios de estratificação social. In: BERTELLI, A.; PALMEIRA, M.; VELHO, O. (Orgs.). *Estrutura de classes e estratificação social.* Rio de Janeiro: Zahar, 1969. p. 114-132.

DICK-READ, Grantly. *Childbirth without fear.* 4. ed. New York: Perennial Library, 1979.

DONZELOT, Jacques. *A polícia das famílias.* Rio de Janeiro: Graal, 1980.

DREITZEL, Hans P. Introduction: patterns of communicative behavior. In: _____. (Ed.). *Recent sociology.* New York: Macmillan, 1970. v. 2: Patterns of communicative behavior. p. vii-xxii.

DUARTE, Luiz Fernando D. Três ensaios sobre pessoa e modernidade. *Boletim do Museu Nacional,* Rio de Janeiro: Museu Nacional/UFRJ, 1983. (Nova série: Antropologia, 41).

_____. Classificação e valor na reflexão sobre identidade social.In: CARDOSO, R. (Org.). *A aventura antropológica.* Rio de Janeiro: Paz e Terra, 1986a. p. 69-72.

_____. *Da vida nervosa nas classes trabalhadoras urbanas.* Rio de Janeiro: Jorge Zahar Editor/CNPq, 1986b.

_____. What it means to be nervous: competing concepts of the person in Brazilian urban culture. In: CONGRESSO INTERNACIONAL DA LATIN AMERICAN STUDIES ASSOCIATION (LASA), 13., 1986c, Boston. *Proceedings...*ms.

_____. Pouca vergonha, muita vergonha: sexo e moralidade entre as classes trabalhadoras urbanas. In: LEITE LOPES, J. S. (Org.). *Cultura e identidade operária.* Rio de Janeiro: UFRJ/Marco Zero/Proed, 1987. p. 203-226.

DUMONT, Louis. Introduction. In: *Homo hierarchicus:* le système de castes et ses implications. Paris: Gallimard, 1966a. p. 13-35.

_____. Castes, racisme et "stratification": reflexions d'un anthropologue social. In: *Homo hierarchicus:* le système de castes et ses implications. Paris: Gallimard, 1966b. p. 305-323.

_____. Le rénoncement dans les religions de l'Inde. In: *Homo hierarchicus:* le système de castes et ses implications. Paris: Gallimard, 1966c. p. 324-350.

_____. Religion, politics and society in the individualistic universe. *Proceedings of Royal Anthropological Studies of Great Britain and Ireland for 1970.* 1970a. p. 31-40.

_____. The individual as an impediment to sociological comparison and Indian history. In: *Religion, politics and history in India.* Paris: Mouton, 1970b. p. 133-150.

_____. La civilization indienne et nous. In: *La civilization indienne et nous:* esquisse de sociologie comparée. Paris: Armand Colin, 1975. p. 89-113.

_____. Une étude comparative de l'idéologie moderne et de la place en elle de la pensée economique. In: *Homo aequalis:* gênese et epanouissement de l'idéologie moderne. Paris: Gallimard, 1977. p. 11-40.

_____. La conception moderne de l'individu: notes sur sa genèse, en relation avec les conceptions de la politique, de l'État à partir du XIIIe siècle. *Esprit,* n. 14, p. 18-54, 1978.

DURHAM, Eunice. A família operária: consciência e ideologia. *Dados,* v. 23, n. 2, p. 201-213, 1980.

DURKHEIM, Émile. *Las formas elementares de la vida religiosa.* Buenos Aires: Schapire, 1967.

_____. *Sociologia e filosofia.* Rio de Janeiro: Forense, 1970.

_____; MAUSS, Marcel. Les formes primitives de classification: contribuition à l'étude des représentations. In: MAUSS, M. *Ouevres.* Paris: Minuit, 1968. v. 2, p. 13-89.

EHRENREICH, Barbara; ENGLISH, Deirdre. *Witches, midwifes and nurses:* a history of women healers. London: Compendium, 1974a.

_____. *Complaints and disorders:* the sexual politics of sickness. London: Compendium, 1974b.

EVANS-PRITCHARD, Edward E. *Os Nuer.* São Paulo: Perspectiva, 1978a.

Referências bibliográficas

_____. *Bruxaria, oráculos e magia entre os Azande*. Rio de Janeiro: Zahar, 1978b.

FAY-SALLOIS, Fanny. *Les nourrices à Paris au XIXe siècle*. Paris: Payot, 1980.

FIGUEIRA, Sérvulo A. Psicanálise e antropologia: uma visão de mundo brasileiro. *Jornal do Brasil*, Rio de Janeiro, 20 dez. 1981a.

_____. *O contexto social da psicanálise*. Rio de Janeiro: Francisco Alves, 1981b.

_____. Modernização da família e desorientação: uma das raízes do psicologismo no Brasil. In: _____. (Org.). *Cultura da psicanálise*. São Paulo: Brasiliense, 1985a. p. 142-146.

_____. Introdução: psicologismo, psicanálise e ciências sociais na "cultura psicanalítica". In: _____. (Org.). *Cultura da psicanálise*. São Paulo: Brasiliense, 1985b. p. 7-13.

_____. Psicanalistas e pacientes na cultura psicanalítica. *Religião e Sociedade*, Rio de Janeiro: Iser/Campus, v. 12,

_____. No reino da opção. *Jornal do Brasil*, Rio de Janeiro, 14 jul. 1985d. Caderno Especial.

_____. O pós-*boom* da psicanálise no Brasil. *Jornal do Brasil*, Rio de Janeiro, 10 nov. 1985e. Caderno B.

_____. O "moderno" e o "arcaico" na nova família brasileira: notas sobre a dimensão invisível da mudança social. In: _____. (Org.). *Uma nova família?* O moderno e o arcaico na família de classe média brasileira. Rio de Janeiro: Jorge Zahar Editor, 1987. p. 10-30.

FIRTH, Raymond. *Family and their relatives*. London: Routledge and Kegan Paul, 1969.

FISCHER, Michael. Da antropologia interpretativa à antropologia crítica. *Anuário Antropológico*, Rio de Janeiro: UnB/Tempo Brasileiro, v. 83, p. 55-72, 1985.

FLANDRIN, Jean-Louis. *Familles*: parenté, maison, sexualite dans l'ancienne société. Paris: Hachette, 1976.

FOUCAULT, Michel. *História da sexualidade*. 4. ed. Rio de Janeiro: Graal, 1982. v. 1: A vontade de saber.

_____. *História da sexualidade*. Rio de Janeiro: Graal, 1984. v. 2: O uso dos prazeres.

_____. *História da sexualidade*. Rio de Janeiro: Graal, 1985. v. 3: O cuidado de si.

_____; SENNETT, Richard. Sexuality and solitude. *London Review Books*, v. 3, n. 9, p. 3-7, 1981.

FRANCHETTO, Bruna; CAVALCANTI, Maria Laura; HEILBORN, Maria Luiza. Antropologia e feminismo. In: FRANCHETTO, B. et al. (Orgs.). *Perspectivas antropológicas da mulher*. Rio de Janeiro: Zahar, 1981. v. 1, p. 13-47.

FREUD, Sigmund. The taboo of virginity. In: *On sexuality*. London: The Pelikan Freud Library, 1977. v. 7, p. 265-283.

FREYRE, Gilberto. *Casa-grande e senzala*: formação da família brasileira sob o regime da família patriarcal. 14. ed. Rio de Janeiro: José Olympio, 1969.

FRY, Peter. Da hierarquia à igualdade: a construção histórica da homossexualidade no Brasil. In: *Para inglês ver*: identidade e política na cultura brasileira. Rio de Janeiro: Zahar, 1982. p. 87-111.

GABEIRA, Fernando. *Nós que amávamos tanto a revolução*: diálogo Gabeira-Cohen-Bendit. Rio de Janeiro: Rocco, 1985.

GEERTZ, Clifford. *A interpretação das culturas*. Rio de Janeiro: Zahar, 1978.

GENNEP, Arnold van. *Os ritos de passagem*. Petrópolis: Vozes, 1977.

GIDDENS, Anthony. *Novas regras do método sociológico*. Rio de Janeiro: Zahar, 1978.

GRANET, Marcel. Le language de la douleur d'après le rituel funéraire de la Chine classique. *Journal de Psychologie Normale et Pathologique*, v. XIX, 1922.

HEILBORN, Maria Luiza. *Compromisso de modernidade*: casal, vanguarda e individualismo. Rio de Janeiro: Museu Nacional/UFRJ/ PPGAS, 1980. ms.

_____. *Notas para um estudo sobre casais*: a fidelidade em questão. Rio de Janeiro: Museu Nacional/UFRJ/PPGAS, 1981. ms.

224 | Referências bibliográficas

_____. *Conversa de portão*: juventude e sociabilidade em um subúrbio carioca. Dissertação (Mestrado) – Museu Nacional/UFRJ/PPGAS, Rio de Janeiro, 1984a. ms.

_____. Visão de mundo e ethos em camadas médias suburbanas. *Anuário Ciências Sociais Hoje*, São Paulo: Cortez, p. 88-99, 1984b.

HÉRITIER, Françoise. Les dogmes ne meurent pas. *Autrement,* v. 3: Finie, la famille, p. 150-162, 1975.

ILLICH, Ivan. *Limits to medicine:* Medical Nemesis – the expropriation of health. Harmondsworth: Penguin, 1977.

JORDAN, Brigitte. *Birth in four cultures.* Montreal: Eden Press Women's Publications, 1980.

KITZINGER, Sheila. *The experience of childbirth.* 4. ed. Harmondsworth: Penguin, 1978a.

_____. *Women as mothers.* New York: Random House, 1978b.

_____. *Giving birth*: emotions in childbirth. London: Sphere Books, 1979.

_____. *Gravidez e parto.* São Paulo: Abril, 1981.

KNIBIEHLER, Yvonne; FOUQUET, Catherine. *L'histoire des mères du moyen-âge à nos jours.* Paris: Montalba, 1980.

_____. *La femme et les médicins.* Paris: Hachette, 1983.

LAGET, Mireille. *Naissances*: l'accouchement avant l'âge de la clinique. Paris: Seuil, 1982.

LAING, Ronald D.; ESTERSON, Aaron. *L'équilibre mental, la folie et la famille.* Paris: Françoise Maspero, 1975.

LAMAZE, Ferdinand. *Qu'est-ce que l'accouchement sans douleur par la méthode psychoprophylactique?* Paris: Savoir et Connaitre, 1956.

LASCH, Christopher. *The culture of narcissism.* New York: Warner Books, 1979.

LEBOYER, Frédérick. *Nascer sorrindo.* São Paulo: Brasiliense, 1974.

LÉVI-STRAUSS, Claude. Introdução à obra de Marcel Mauss. In: MAUSS, M. *Sociologia e antropologia*. São Paulo: Pedagógica Universitária, 1974. p. 1-36.

_____. A família. In: _____; GOUGH, K.; SPIRO, M. *A família*: origem e evolução. Porto Alegre: Villa Martha, 1980. p. 7-45.

LINS, Fernando Estelitta. *O parto natural*: conceito e doutrina. [s.d.]. ms.

_____ et al. *O parto natural*: a mais nova, ou a mais antiga, forma de dar à luz. Rio de Janeiro: Bloch, 1983.

_____. *Autoridade e afeto*: avós, filhos e netos na família brasileira. Rio de Janeiro: Jorge Zahar Editor, 1987.

LO BIANCO, Anna Carolina. Concepção de família em atendimentos psicológicos fora do consultório: um estudo de caso. In: VELHO, G.; FIGUEIRA, S. (Orgs.). *Família, psicologia e sociedade*. Rio de Janeiro: Campus, 1981. p. 151-182.

_____. *The medical ordering of early motherhood*: two London groups compared. Tese (Doutorado) – Chelsea College, London, 1983. ms.

_____. A psicologização de feto. In: FIGUEIRA, S. (Org). *Cultura da psicanálise*. São Paulo: Brasiliense, 1985. p. 94-115.

MALDONADO, Maria Tereza; NAHOUM, Jean Claude; DICKSTEIN, Júlio. *Nós estamos grávidos*. Rio de Janeiro: Bloch, 1985.

MARCUSE, Herbert. *Ideologia da sociedade industrial*. Rio de Janeiro: Zahar, 1967.

_____. *Eros e civilização*. Rio de Janeiro: Zahar, 1968.

MAUSS, Marcel. *Sociologia e antropologia*. São Paulo: Pedagógica e Universitária, 1974.

_____. A expressão obrigatória dos sentimentos. In: FIGUEIRA. S. (Org.), *Psicanálise e ciências sociais*. Rio de Janeiro: Francisco Alves, 1980. p. 56-63.

MEAD, Margareth; NEWTON, Niles. Conception, pregnancy, labor and puerperium in cultural perspective. Médicine psychomatique et maternité. In: CONGRES INTERNATIONAL, 1., Paris, 8-12 juil 1963. *Annales...* Paris: Gauthier-Villars, 1965.

MORAES, Davi P. A opção de ser solteiro. *Jornal do Brasil*, Rio de Janeiro, 14 jul. 1985. Caderno Especial.

NEILL, A. S. *Liberdade sem medo*. 18. ed. São Paulo: Ibrasa, 1979.

NELSON, Margareth. Working-class women, middle-class women and models of childbirth. *Social Problems*, v. 30, n. 3, p. 284-297, 1983.

NICOLACI-DA-COSTA, Ana Maria. Mal-estar na família: descontinuidade e conflito entre sistemas simbólicos. In: FIGUEIRA, S. (Org.). *Cultura da psicanálise*. São Paulo: Brasiliense, 1985. p. 147-168.

_____. Família e pedagogia: nostalgia do tradicional ou carência do novo? In: FIGUEIRA, S. (Org.). *Uma nova família?* O moderno e o arcaico na família de classe média brasileira. Rio de Janeiro: Jorge Zahar Editor, 1987. p. 31-42.

OAKLEY, Ann. Wisewoman and medicine man: changes in the management of childbirth. In: MITCHELL, J.; OAKLEY, A. (Orgs.). *The rights and wrongs of women*. Harmondsworth: Penguin, 1976. p. 17-58.

_____. *Becoming a mother*. Oxford: Martin Robertson, 1979.

ODENT, Michel. *Bien naître*. Paris: Seuil, 1976.

_____. *Genèse de l'homme écologique*: l'instinct retrouvé. 2. ed. Paris: Épi, 1979.

_____. The evolution of obstetrics in Pithiviers. *Birth and Family Journal*, v. 8, n. 1, 1981.

_____. *Birth reborn*. New York: Pantheon Books, 1984.

_____. *Physiology of natural labour and pain relief*. [s.d.]. ms.

PACIORNIK, Moysés. *O parto de cócoras*: aprenda a nascer com os índios. 3. ed. São Paulo: Brasiliense, 1979.

PARSEVAL, Geneviève. *La part du père*. Paris: Seuil, 1981.

PITT-RIVERS, Julian. *The fate of Shechem, or the politics of sex*. Cambridge: Cambridge University Press, 1977.

REICH, Wilhelm. *A função do orgasmo*. São Paulo: Brasiliense, 1975.

REVAULT D'ALLONES, Claude. *Le mal joli*: accouchements et douleur. Paris, 1976. ms.

RIVIÈRE, Pierre. The couvade: a problem reborn. *Man*, v. 9, n. 4, p. 423-435, 1974.

ROCHA, Ana Luiza C. *A dialética do estranhamento*: a reconstrução da identidade social em mulheres separadas em Porto Alegre. Dissertação (Mestrado em Antropologia) – Departamento Antropologia Social/UFRGS, Porto Alegre, 1985.

ROPA, Daniela; DUARTE, Luiz Fernando D. Considerações teóricas sobre a questão do atendimento psicológico às classes trabalhadoras. In: FIGUEIRA, S. (Org.). *Cultura da psicanálise*. São Paulo: Brasiliense, 1985. p. 178-201.

ROTH, Philip. Profile. Entrevista concedida a Jurgen Frank. *The Guardian*, 11 set. 2004.

SAHLINS, Marshall. *Cultura e razão prática*. Rio de Janeiro: Zahar, 1979.

_____. *Critique de la sociobiologie*: aspects anthropologiques. Paris: Gallimard, 1980.

SALEM, Tania. Entrevistando famílias: notas sobre o trabalho de campo. In: NUNES, Edson de Oliveira (Org.). *A aventura sociológica*. Rio de Janeiro: Zahar Editores, 1978. p. 47-64.

_____. *O velho e o novo*: um estudo de papéis e conflitos familiares. Petrópolis: Vozes, 1980.

_____. Mulheres faveladas: "com a venda nos olhos". In: FRANCHETTO, B.; CAVALCANTI, M. L.; HEILBORN, M. L. (Orgs.). *Perspectivas antropológicas da mulher, 1*. Rio de Janeiro: Zahar, 1981. p. 49-99.

_____. O ideário do "parto sem dor": uma leitura antropológica. *Boletim do Museu Nacional*, Rio de Janeiro: Museu Nacional/UFRJ, 1983. (Nova série: Antropologia, 41).

_____. O século XVIII e a nova moral familiar: o discurso rousseauniano. In: REUNIÃO DA ASSOCIAÇÃO BRASILEIRA DE ANTROPOLOGIA, 14., *Anais...* 1984.

228 | Referências bibliográficas

_____. A trajetória do casal grávido: de sua constituição à revisão de seu projeto. In: FIGUEIRA, S. (Org.). *Cultura da psicanálise*. São Paulo: Brasiliense, 1985a. p. 35-61.

_____. *O período pré e pós-natal*: estudo de uma política assistencial sob uma ótica interativa. Rio de Janeiro: PUC, 1985b. Relatório de pesquisa. ms.

_____. Família em camadas médias: uma perspectiva antropológica. *Boletim Informativo e Bibliográfico de Ciências Sociais*, v. 21, p. 25-39, 1986a.

_____. Filhos do milagre. *Ciência Hoje*, v. 5, n. 25, p. 30-36, 1986b.

_____. *Sobre o "casal grávido"*: incursão em um universo ético. Tese (Doutorado) – Museu Nacional/UFRJ/PPGAS, Rio de Janeiro, 1987.

_____. A família em cena: uma leitura antropológica da obra de Nelson Rodrigues. In: *Cadernos do IMS*. Rio de Janeiro: IMS, 1988. v. 3, p. 151-180.

_____. Casal igualitário: princípios e impasses. *Revista Brasileira de Ciências Sociais*, v. 3, n. 9, p. 24-37, 1989.

_____. O individualismo libertário no imaginário dos anos 60. *Physis – Revista de Saúde Coletiva*, v. 1, n. 2, p. 59-75, 1991.

_____. *Manuais modernos de auto-ajuda*: uma análise antropológica sobre a noção de pessoa e suas perturbações. Rio de Janeiro: IMS/Uerj, 1992. (Série Estudos em Saúde Coletiva, 7).

SAUSSURE, Ferdinan. *Curso de lingüística geral*. São Paulo: Cultrix, 1969.

SCHNEIDER, David. *American kinship:* a cultural account. New Jersey: Prentice Hall, 1968.

SCHUTZ, Alfred. *On phenomenology and social relations*. Chicago: The University of Chicago Press, 1970.

SENNETT, Richard. *The fall of public man*. New York: Random House, 1978.

SHORTER, Edward. *Naissance de la famille moderne*. Paris: Seuil, 1977.

_____. *Le corps des femmes*. Paris: Seuil, 1984.

SILVA, Paulo Sérgio Lima; LIMA SILVA, M. A.; PRZEMYSLAW, R.; MONTEIRO, M. E. D. Quem está pirando no Rio de Janeiro? As transformações da demanda de psicoterapia. *Ciência e Cultura*, v. 35, n. 8, p. 1078-1100, 1983.

SIMMEL, Georg. Individual and society in eighteenth and nineteenth-century views of life. In: WOLFF. K. L. (Ed.). *The sociology of Georg Simmel*. New York: The Free Press, 1950. p. 58-84.

_____. *On individuality and social forms*. Chicago: The University of Chicago Press, 1971.

THOMAS, William I. Situations defined as real are real in their consequences. In: STONE, G.; FABERMAN, H. (Eds.). *Social psychology through symbolic interactionism*. Waltham, Mass: Xerox College Publishing, 1970. p. 154-155.

TURNER, Victor. *O processo ritual*: estrutura e antiestrutura. Petrópolis: Vozes, 1974.

VAITSMAN, Jeni. Casal, sim, mas cada um na sua casa. *Jornal do Brasil*, Rio de Janeiro, 14 jul. 1985. Caderno Especial.

VELHO, Gilberto. *A utopia urbana*. Rio de Janeiro: Zahar, 1973.

_____. *Nobres e anjos*: um estudo de tóxico e hierarquia. Tese (Doutorado) – FFLCH/USP, São Paulo, 1975. [Publicado com o mesmo título. Rio de Janeiro: Fundação Getulio Vargas, 1998.]

_____. Observando o familiar. In: NUNES, E. (Org.). *A aventura sociológica*. Rio de Janeiro: Zahar, 1978. p. 36-46.

_____. *Individualismo e cultura*: notas para uma antropologia da sociedade contemporânea. Rio de Janeiro: Zahar, 1981.

_____. Sistemas cognitivos e sistemas de crenças: problemas de definição e de comparação. *Comunicação*, Rio de Janeiro: Museu Nacional/UFRJ, v. 8, 1984.

_____. *Subjetividade e sociedade*: uma experiência de geração. Rio de Janeiro: Zahar, 1986.

_____; CASTRO, Eduardo Viveiros de. O conceito de cultura nas sociedades complexas: uma perspectiva antropológica. *Artefato*, v. 1, n. 1, p. 4-9, 1978.

VELHO, Otávio. As bruxas estão soltas e o fantasma do funcionalismo. *Boletim do Museu Nacional,* Rio de Janeiro: Museu Nacional/UFRJ, 1984. (Série Antropologia, 48).

WEBER, Max. Science as a vocation. In: GERTH, H. H.; MILLS, C. Wright (Eds.). *From Max Weber:* essays in sociology. New York: Oxford University Press, 1946. p. 129-156.

_____. Conceptos sociológicos fundamentales. In: *Economía y sociedad*. México: Fondo de Cultura Econômica, v. 1, 1964. p. 5-45.

_____. L'objectivité de la connaissance dans les sciences et la politique sociales. In: *Essais sur la théorie de la science*. Paris: Plon, 1965. p. 180-195.

_____. *A ética protestante e o espírito do capitalismo*. São Paulo: Pioneira, 1967.

_____. Classe, status e partido. In: BERTELLI, A.; PALMEIRA, M.;VELHO, O. (Orgs.). *Estrutura de classes e estratificação social*. Rio de Janeiro: Zahar, 1969. p. 61-83.

WILLMOTT, Peter; YOUNG, Michael. *Family and class in a London suburb*. London: The New English Library, 1971.

ZELDITCH, Morris. Role differentiation in the nuclear family: a comparative study. In: PARSONS, T.; BALES, R. F. (Eds.). *Family, socialization and interaction process*. London: Routledge and Kegan Paul, 1968. p. 307-352.

Esta obra foi impressa pela
Imprinta Express Gráfica e Editora Ltda.
em papel offset Primapress para a Editora FGV
em maio de 2007.